互联网+创业

邵明 主编

李勇 王兆军 副主编

Internet Plus
Entrepreneurship

化学工业出版社

·北京·

《互联网＋创业》共分10章，第1章全面分析当前我国的经济环境，指出现在的中国就是全民创业的大好时代；第2章引入互联网的基础概念，并逐渐深入到互联网创业的主题上来；第3～7章是本书主体的全面展开，外到互联网创业的各个方面，内到互联网商务模式的各个环节都进行了讲解，尽量做到面面俱到，并结合实例帮助读者理解。从第8～10章，通过最简单也是最实用的互联网创业手段，分步骤全方位的讲解，手把手地将读者从书本上带到实践中，以期带给本书的读者最实操、最接地气的创业路径。

　　《互联网＋创业》不仅仅适用于未踏出校园的大学生，也同样适用于已经在社会上打拼多年，正积极寻找时机的工作者；同时也适用于在传统行业取得一定成就，正寻求转型升级的企业家。希望通过本书的学习，能获得一定的帮助。

图书在版编目（CIP）数据

互联网＋创业/邵明主编. —北京：化学工业出版社，2016.6
（国家电子商务发展丛书）
ISBN 978-7-122-26984-3

Ⅰ.①互… Ⅱ.①邵… Ⅲ.①互联网络-应用-企业管理-研究-中国 Ⅳ.①F279.23-39

中国版本图书馆 CIP 数据核字（2016）第 094414 号

责任编辑：宋湘玲　王淑燕　　　　　　　　装帧设计：王晓宇
责任校对：宋　玮

出版发行：化学工业出版社（北京市东城区青年湖南街 13 号　邮政编码 100011）
印　　装：大厂聚鑫印刷有限责任公司
787mm×1092mm　1/16　印张 12½　字数 292 千字　　2016 年 7 月北京第 1 版第 1 次印刷

购书咨询：010-64518888（传真：010-64519686）　　售后服务：010-64518899
网　　址：http://www.cip.com.cn
凡购买本书，如有缺损质量问题，本社销售中心负责调换。

定　　价：49.90 元

前　言

FOREWORD

随着经济全球化的进一步发展，以及信息技术的进步，中国乃至世界都进入了一个全新的互联网经济时代。互联网经济模式作为一种新型的经济商务模式已经开始向各行各业渗透，正慢慢地将整个社会的生产生活方式带入到全新的信息时代。

在这样全新的大环境下，中国的一些有先见之明的企业已经在积极地接受改变。运用互联网思维重新组织企业的生产、运输、销售等各方面环节，将传统的企业生产运作方式向互联网方向转型，成功地抢占了新时代的先机。而我国政府也准确地把握住了时代的脉搏，积极地引导全社会各行各业向着互联网商务模式转型；同时在这个遍地机遇的新时代，政府也积极倡导大学生创业，希望这些有知识、有活力、敢拼搏的新时代大学生们抓住机遇，在为祖国的经济建设贡献力量的同时，成就自己的一番事业。

《互联网+创业》就是写在政府积极倡导"互联网+"新型经济以及鼓励双创的大环境下，希望从业者能通过本书的学习，具备创业者的基本素质，同时掌握互联网创业的基本技能，使其可以自己分析、把握商业机会，并有能力把创意转变为互联网创业的实践。教师在讲授这门课时，可以根据不同的对象和本人教学经验，灵活安排教学内容。

《互联网+创业》是一门多学科知识交叉融合的复合型课程，共有10章，每章都有充分的展开，内容涉及互联网和创业的方方面面。本书将从当前经济社会大环境开始展开，对互联网和创业两方面的基础原理也都有涉及，可以使从业者迅速掌握丰富的互联网以及创业的知识，尽量减少创业之初的误区。

本书由邵明负责大纲编写和统稿工作。其中第一章由李勇负责编写，第二章由王兆军负责编写，第三章由吴悦春、陈旭负责编写，第四章～第十章由邵明负责编写；邹耀、李梦琳、刘恩博、李化芸、高乐、徐召、韩开铭负责相关资料整理。在成书的过程中，特别感谢吉林市商务局李勇的大力支持和提供翔实的案例，亦感谢南开大学王兆军教授丰富的互联网知识和真知灼见的建议，同时也要感谢汤兵勇教授、倪明教授、李鸣涛、于君英副教授等在本书编写的过程中给予的帮助。

由于知识水平有限，加之互联网及电子商务发展变化很快，书中难免存在疏漏之处，欢迎各位同行专家和读者批评指正。

编者
2016 年 4 月

目录
CONTENTS

绪论

　　创业是一个跨学科、多层面的复杂行为，对创业的研究始于 18 世纪中期，如今已取得了丰富的研究成果，但对于创业的具体含义学术界仍然没有形成统一意见。不同的学者从不同的角度看创业，给出了创业的不同定义。目前，具有代表性观点的主要有以下几种。

　　① 奥地利经济学家约瑟夫·熊彼特（Joseph Alois Schumpeter）认为创业是实现创新的过程，这个创新过程主要包括新产品、新工艺、新生产原料、新市场以及制度创新等。

　　② 罗伯特·荣斯戴特（Robert C. Ronstadt）定义创业是一个创造增长财富的动态过程。这些创造财富的创业者要承担资产价值、时间承诺或提供产品和服务的风险，这些产品或服务未必是新的或唯一的，但其价值是由创业者通过获得必要的技能与资源并进行配置来注入的。这一定义强调了创业者的基本职能。

　　③ 霍华德·斯蒂文森（Howard Stevenson）认为："创业是个人——不管是独立的还是在一个组织内部的——不拘泥于当时掌握资源的限制而追踪和捕获机会的过程。"这一定义指出个人追逐机会的意愿、成功的信心是创业的重要因素。

　　④ 柏格拉夫（W. D. Bygrave）、侯佛尔（C. W. Hofer）认为创业是与机会的感知、组织的创建相关的所有功能、活动和行为。

　　⑤ 法国经济学家萨伊（J. B. Say）认为创业就是把生产要素组合起来。创业者（或企业家）是冒险家，是把土地、劳动力、资本等生产要素结合起来进行生产的第四个要素，他们可以把经济资源从生产力和产出率较低的领域转移到较高的领域。

　　⑥ 美国管理学会认为创业是与新企业、小企业和家族企业的开创及管理有关的概念。

　　综合目前学术界和企业界的观点，我们给出创业的定义："创业是一个人或一个团队发现和捕获发展机会并由此创造出新产品、新服务或新型运作模式而实现其潜在价值的过程"。创业者要付出大量时间和精力，并承担有关财务的、精神的和社会的压力和风险，但渴望获得较高的物质回报、个人成就满足感或相对独立自主的社会经济地位。

　　创业是创业者对自己拥有的资源或通过努力对能够拥有的资源进行优化整合，从而创造出更大经济或社会价值的过程。创业是一种劳动方式，是一种需要创业者运营、组织、运用服务、技术、器物作业的思考、推理和判断的行为。根据杰夫里·提蒙斯（Jeffry A. Timmons）所著的创业教育领域的经典教科书《创业创造》（New Venture Creation）的定义：创业是一种思考、推理结合运气的行为方式，它为运气带来的机会所驱动，需要在方法上全盘考虑并拥有和谐的领导能力。

创业作为一个商业领域，致力于理解创造新事物（新产品，新市场，新生产过程或新原材料，组织现有技术的新方法）的机会，如何出现并被特定个体发现或创造，这些人如何运用各种方法去利用和开发它们，然后产生各种结果。创业是一个人发现了一个商机并加以实际行动转化为具体的社会形态，获得利益，实现价值。

（1）创业的构成因素

创业包含创业者、创业机会、组织和资源四个因素，创业是这四个因素之间相互作用、相互匹配以创造价值的动态过程，创造价值是创业的主要目的。创业者创业的个人动机不尽一致，但成功的创业者往往是因为他们想为社会创造价值，将商业机会转变为社会需要的产品和服务而创业的。大量事实证明，成功的创业者往往是为了成就一番事业而创业，那些极端自私、一心追逐权力和金钱的人，很难保持长久的成功，往往会成为昙花一现的过客。

创业活动具体表现在以下四个方面。

① 创业是一个创造的过程，要创造出有价值的新事物。在这一创造过程中，创业的具体目标对象会因所在行业或选择领域不同而有巨大差别。

② 创业需要贡献必要的时间，付出极大的努力。要完成整个创业过程，要创造出有价值的新事物，往往需要花费大量时间和精力，不付出巨大的努力和艰辛是很难获得成功的。

③ 创业会面临较多的机会，同时也要承担相应的风险。在创业过程中会遇到各种各样的问题，给创业者带来形形色色的风险，比如财务风险、市场风险以及社会风险等，任何方面考虑不周或处理不当都可能造成创业失败和损失。

④ 创业在满足社会需要的同时，也要给予创业者相应的回报。创业的回报包括金钱物质收益、个人满足感和独立自主地位。对不少创业者甚至旁观者来说，物质回报往往被视为创业成功与否的重要尺度，但这不应是唯一的尺度。

创业过程一般包括以下步骤：识别和评价创业机会；拟订创业计划；确定和获取创业资源；管理成长中的企业；收获创业价值。值得注意的是，如今创业的范畴已经超出了早期企业创立的含义，可以包括各类企业与组织，涵盖各个阶段。因此，创业可以发生于：新企业和老企业；小企业和大企业；快速成长企业和缓慢成长企业；私营部门、非盈利部门和公共部门等。

（2）创业的分类

创业按照不同标准，可以分成许多不同的类型。按照创业动机，创业可分为生存型创业、机会型创业、生存加机会型创业；按照创业主体的不同，创业可分为大学生创业、农民创业、失业者创业、退休者创业、残疾者创业、辞职者创业、兼职者创业；按创业项目性质不同，可以分为传统技能型创业、高新技术型创业、知识服务型创业和体力服务型创业等；按创业风险类型的不同，创业可以分为依附型创业、尾随型创业、独创型创业和对抗型创业；按创业周期划分，可分为初始创业、二次创业与连续创业；按照新企业建立渠道的不同，可以分为独立创业、母体分离和企业内创业。

下面对比较重要的分类做进一步分析阐述。

a. 按新企业建立渠道的不同分类

独立创业，是指创业者个人或创业团队白手起家进行创业。产生独立创业的原因很多，例如：发现了很好的商业机会，个人独立性强不愿受别人管制，失去原有工作或找不到理想的工作，对组织内部的官僚作风和个人发展前途感到无望，受其他人创业成功的影响和激励等。

独立创业的过程充满挑战和刺激。创业者的想象力和能力可以得到最大限度的发挥，不必忍受单位中官僚主义的压制；创业者可以自由施展才能和实现抱负，不会有人指手画脚或发号施令；创业者可以多方面接触社会、各类人物，从事各类工作，经历各种感受，而不是日复一日地从事单调、乏味的工作；创业者有可能在短时期内积累财富，奠定人生的物质基础，实现更高的发展目标。

万事皆有两面性，独立创业不只具有吸引人们的各种魅力，其风险和难度也很大。创业者往往缺乏足够的资源、经验和支持。需要费尽周折去筹集资源，需要在成功与失败的实践中积累经验，但来自各方的支持却十分有限。

独立创业失败往往是由多方面原因造成的，既有外部的原因，如经济不景气、竞争加剧等，也有内部原因，包括财务负担过重、没有足够的现金流、缺乏经验、创业者团队的矛盾与冲突、陷入法律纠纷等。从大量独立创业失败的案例中，可以发现创业失败的主要原因往往是两个方面：一是创业者对自己开发的新产品或进行的服务以及进入的新领域缺乏了解，准备不足，一旦遇到挫折就应对无策，处置失当，导致失败；二是创业初期很容易取得的进展使创业者盲目乐观，变得自高自大和过于自信，把偶然性当成了必然性，继而作出盲目的脱离实际的战略决策，使企业迅速扩张，超出创业者的管理能力，导致管理失控，产品和服务质量迅速下降，亏损加大，使企业陷入危机。

独立创业的风险也是多方面的。首先，创业者可能发现自己开办企业并不如想象中那么容易和顺利。与在大公司工作不同，创业者必须每日为企业的产品寻找出路来维持企业生存，否则企业很快就会被市场所淘汰。其次，小企业比较脆弱，当市场竞争变得激烈时，小企业首当其冲受到冲击：产品和服务难找出路，融资变得十分困难甚至不可能；企业员工因前景悲观而纷纷外流；企业时刻面临被兼并的危险。从创业者本身来看，独立创业失败的风险可以归为创业者遭受意外事故、授权不当、资金滥用、计划与控制失调等。

独立创业自身又有多种形式，主要包括创新型创业、从属型创业和模仿型创业。

创新型创业。创新型创业是指创业者通过提供有创造性的产品或服务，填补市场需求的空白。

从属型创业。从属型创业大致有两种情况：一是创办小型企业，与大型企业进行协作，作为整个价值链中一个环节或者承揽大企业的外包业务。这种方式能够降低交易成本，减少单打独斗的风险，提升市场竞争力，且有助于形成产业的整体竞争优势；二是加盟连锁、特许经营，利用品牌优势和成熟的经营管理模式，减少经营风险。

模仿型创业。根据自身条件，选择一个合适的地点，或者进入壁垒低的行业，模仿别人成功的经营模式独立开办企业。这类企业往往投入较少，市场风险较小，在市场格局中拾遗补缺，并且通过逐步的业务经验积累，也有可能寻找机会跻身于强者行列，创立属于自己的有影响的品牌。

母体脱离创业，是指公司内部的管理者、技术人员或职员从母公司中脱离出来，利用组织中的资源，新成立一个独立企业的创业活动。母体脱离的创业者往往拥有创业所需的专业知识、经验和关系互联网，生产同原公司相近的产品或提供互补的服务。母体脱离也是一种常见的创业形式，有可能是创业者与管理层意见不合而分离出来的，或者是创业者发现了商业机会而管理层不重视等原因促成；也有可能是在原公司一些管理人员的支持鼓励下由创业者创建的新实体。母体脱离创业的频繁程度往往与产品所处的生命周期阶段和行业类型有关。当产品供不应求、竞争不激烈、市场空间很大时，也即产品处于生命周期的早期或在新兴行业中，此时预示着巨大的商业机会，更容易发生母体分离的创业行为。

美国硅谷和北京中关村的发展就是典型的由一家公司裂变为两家、两家裂变为多家创业的例子。母体脱离创业能否成功，关键在于创业者筹集资金的多少和组建团队的能力。寻求资金支持是母体脱离的创业者面临的最大挑战之一，因为离开资金支持，创业活动难以起步和展开，因而创业者必须在筹集资金以及运用资金方面具有创造力。同时因为母体脱离的创业者往往只是某一方面的专家，最常见的是技术专家或营销高手，他们欠缺其他方面的管理技能，这就需要组建一个高效的创业团队，来各尽其职、各显其能地进行创业活动。

企业内创业，即在大企业内部创业，它是进入成熟阶段的企业为了获得持续增长和长久的竞争优势，为了倡导创新并使其研发成果商品化，通过授权和资源保障等支持而进行的企业内创业。现在的大企业已经不是创业热潮中的旁观者和被动的应对者，甚至非常知名的大公司也在积极寻找和追逐新的、有利可图的创意和商业机会，这就是内部创业者们要完成的工作。企业内创业是动态的，正是通过二次创业、三次创业乃至连续不断的创业，企业的生命周期才能在循环中不断延伸。

b. 按创业周期分类

初始创业，是人们理解的一般意义上的创业，也称一次创业，它着眼于企业的创立，是一个从无到有的过程。创业者经过市场调查，分析自己的优势与劣势和外部环境的机遇与风险，权衡利弊确定自己的创业类型，履行必要的法律手续，招聘员工，建立组织，设计管理模式，投入资本，营销产品或服务，不断扩大市场，由亏损到盈利这个过程就是初始创业。一次创业之初，大部分企业既不具备其他企业在已有市场上竞争所必需的资本优势，也难以从政府、金融部门获得资金支持，具备的优势往往只是一项或几项科技成果和所拥有的开发人才。因此，一次创业往往是科技知识的商业进入以及科技成果的二次开发和商业应用。对一次创业的研究，主要是探索新企业创立的过程、方法及企业创立以后的生存机制。一次创业的目的是先求生存、再求发展，而求生存要靠良好的内外环境。所以一次创业时，要与客户、银行、股东等方面建立良好的关系，企业才能够建立、成长、生存。一次创业往往应具有以下几个因素。

① 要有独到的眼光。能够发现别人发现不了的机会。

② 要有过人的胆量。有了机会还要勇于行动，才能抓住机会。机会随时可能出现甚至就存在于自己的周围，关键是能否发现它，并在发现之后能否有勇气抓住它。

③ 要有坚强的毅力。有毅力的人，才能坚定不移地把握机会，屡败屡战，愈挫愈勇，直到把机会变成现实。

④ 要有特有的资源或者能力。例如与本地政府之间的关系；拥有别人所没有的专利；拥有大客户等。当拥有这些特有的资源或者能力时，企业一次创业将会比较顺利，有更多超越别人的机会。

二次创业，是指企业创立并运行一段时间以后，随着环境的变化，企业建立合理发展机制的过程。创业是个动态的过程，伴随着企业全部的生命周期，如果把企业的生命周期分为投入期、成长期、成熟期和衰退期四个阶段，成熟期的再创业就是二次创业。进入二次创业阶段，企业已经具备了一定的事业基础，取得了一定的经营经验，积累了一定规模的资产，具备了一定的竞争能力，但由于市场格局会不断发生变化，企业也可能面临新的竞争压力，面对更为强大的竞争对手。此时，企业必须提出新的发展思路，制定新的发展战略。总的来说，二次创业的目的是谋求新的发展。二次创业时期尽管也需要考虑生存问题，但考虑的重点是如何在原有基础上求得进一步发展。当企业有了品牌、产品有了一定的市场占有率、拥有一定的融资渠道时，企业持续发展的关键是充分利用现有的条件，最大限度地发挥企业的内部潜力。

二次创业的成功需要依靠规范的管理，要重视持续创新。产生二次创业的因素之一是"自我否定，持续创新"的企业精神。重视创新就要重视创新的三要素：人才、市场、资本。创新还要靠良好的资本运作来支持，否则创新就会失去保障。市场发展就是不断创新和淘汰的过程，只有存在永远保持活力、持续创新的企业家和企业，市场才能健康地生存发展。二次创业是基于群体素质的创业，当企业发展到一定规模，并且运行良好，企业如果想进一步发展，就要依靠整体素质的提高，推动企业的高速运转，而要实现这一目的就要建立起正确决策、规范管理、持续创新、齐心协力的体系。

连续创业，即创业是一个动态的过程。初始创业，体现的是从无到有；而把企业生命由原来所系的产品嫁接到另一种新产品上，由此产生二次创业；但任何新产品的生命都是有限的，还需要第三次创业甚至多次创业。进入第三次创业的企业往往有了较大的实力和规模，抗风险能力比较强，其中的一些企业会走向分权化、集团化。

（3）创新与创业的关系

李克强总理最早在 2014 年 9 月的夏季达沃斯论坛上发出"大众创业、万众创新"的号召，他提出，要在 960 万平方公里土地上掀起"大众创业""草根创业"的新浪潮，形成"万众创新""人人创新"的新态势。此后，他在首届世界互联网大会、国务院常务会议等各种场合中频频阐释这一关键词。每到一地考察，他几乎都要与当地年轻的"创客"会面。他希望通过此举激发民族的创业精神和创新基因。

2015 年李克强总理在政府工作报告又提出："大众创业，万众创新"。政府工作报告中表述："推动大众创业、万众创新，既可以扩大就业、增加居民收入，又有利于促进社会纵向流动和公平正义"。在论及创业创新文化时，强调"让人们在创造财富的过程中，更好地实现精神追求和自身价值"。

对大众创业、万众创新来说，"专业人士"也不是天生的，而是在市场历练中培养成长的。一方面，"双创"可以促使众人的奇思妙想变为现实，涌现出更多各方面的"专业人士"，让人力资源转化为人力资本，更好地发挥我国人力资源雄厚的优势。另一方面，采取包括"双创"在内的各种方式，允许和鼓励全社会勇于创造，大力解放和发展生产力，有助于社会最终实现共同富裕。

当前，大众创业、万众创新的理念正日益深入人心。随着各地各部门认真贯彻落实，业界学界纷纷响应，各种新产业、新模式、新业态不断涌现，有效激发了社会活力，释放了巨大创造力，成为经济发展的一大亮点。

a. 创新的含义

从经济学角度来看，创新是指通过社会或市场的一项变革，能给使用者带来更大的利益，给社会带来更多财富、更高的价值、更大的满足，或是改变资源的产出，改变资源对于消费者的价值，使资源进一步满足消费者的需要。可见，只要是通过变革给社会、消费者带来更多的财富和利益，或者使现有资源生产财富的能力发生改变的行为，都称为创新行为。创新的内含，一是创造，即创造新的价值、财富；二是改变或变革，促使资源产出的增加。

与创业的含义一样，对于创新的含义，不同的学者从不同的角度给出了不同的定义。从英语的字意上看，创新源自拉丁文 Innovare，其意思是 "to make something new"。狭义的解释认为创新过程就是技术创新，是将研发成果商品化的过程。

著名经济学家熊彼特认为，所谓创新，是指把一种从来没有过的关于生产要素的"新组合"引入生产体系。这种新组合包括 5 项内容：引进新产品、引进新工艺、开辟新市场、掌握新的原材料供应来源、实现新的组织形式。其中前 3 项内容为产品创新、工艺创新、市场创新，即是对创业企业最有实际意义的创新。

著名的管理学家德鲁克认为，将新的构想，通过新产品、新工艺及新的服务方式，在市场中得到有效实现，并能够创造新价值的过程，就是创新过程。他强调创新是一个过程，而且强调创新要有市场效应，能够创造出被市场认可的新价值。

按照"企业制度三层次模型"，创新既可以是产品（服务）创新，也可能是营销模式创新，还可能是企业组织制度创新。在以上三个层面的企业制度创新中，产品创新和营销模式创新都有可能在已有的企业组织框架内进行，而它们与"创建企业"这种最终要涉及到企业组织制度层面上的创新有着本质区别。正是这种区别，构成一般意义上的"企业家活动"和"创业活动"的不同。

创新涵盖众多领域，包括政治、军事、经济、社会、文化、科技等各个领域的创新。因此，创新可以分为科技创新、文化创新、艺术创新、商业创新等。

进入 21 世纪，信息技术推动下知识社会的形成及其对技术创新的影响进一步被认识，科学界进一步反思对创新的认识：技术创新是一个科技、经济一体化过程，是技术进步与应用创新"双螺旋结构"（创新双螺旋）共同作用催生的产物，而且知识社会条件下以需求为导向、以人为本的创新 2.0 模式进一步得到关注。技术创新是各创新主体、创新要素交互复杂作用下的一种复杂涌现现象，是技术进步与应用创新的"双螺旋结构"共同演进的产物；信息通讯技术的融合与发展推动了社会形态的变革，催生了知识社会，使得传统的实验室边界逐步"融化"，进一步推动了科技创新模式的嬗变。要完善科技创新体系急需构建以用户为中心、需求为驱动、以社会实践为舞台的共同创新、开放创新的应用创新平台，通过创新双螺旋结构的呼应与互动形成有利于创新涌现的创新生态，打造以人为本的创新 2.0 模式。

b. 创新过程的分类

创新过程是指将科研成果转化形成商品的过程，它一般有技术推动型与市场推动型两种不同的模式。

技术推动型创新过程是先将研发成果变成产品，再通过市场营销变成消费者需要的商品。即从科研成果的转化作为出发点，一旦转化成功，就去开拓市场，遵循的是以下一条基本路线：基础科学——应用科学——设计试制——制造——销售。这类创新过程的风险在于产品是否被市场接受，因为在科研成果转化时，并没有经过充分的调研，而是在转化成功后再去开拓市场，所以风险比较大，成功的概率较低。这是科技人员创新会经常采用的方式，实践证明，这种创新的做法，由于没有把握市场的脉搏，企业运作还是围绕着技术开发，即使科技成果转化为商品，也需要漫长的市场开拓与推广过程，在此过程中企业可能因缺乏资金或市场推广人才而陷入困境。

需求拉动型创新过程遵循的路线是市场需求——销售——发明——制造——生产，即根据市场消费者的需求，利用已有的科研成果与技术来开发产品满足需要，并为企业创造利润，这类创新过程通常存在于一些小型技术行业中。这种模式由于对市场有充分的了解，根据市场需求再去开发新产品，并把科研成果转化为贴近市场的新产品，因此风险较小。对于没有创业经验的人来说，应该通过学习、摸索，尽量采用这种模式创新。

两种创新活动原本都是按照线性模型展开，所有活动都在一个企业的内部完成。但是，由于知识经济和经济全球化，现在很少企业具有开发复杂技术产品和成功销售产品和服务必需的所有能力，所以企业必须在多个领域实行跨企业、跨部门的协作，以此发掘人才和技术潜力。不但中小企业进行技术创新需要进行合作，即使是大公司，在进行技术创新时，往往也采取建立战略伙伴关系的方式。现在的企业，在产品设计、开发和生产方面越来越多地需要供应商的参与，把企业、大学和研究所联系到一起的互联网正在成为各个产业部门创新思想的重要源泉。通过技术创新伙伴关系的建立，可以获取新的、互补的技术，获得协同的经济效果，分散风险，促进与供应商和用户的联合研究开发，从互补资产和知识利用的结合中加快学习过程，降低交易成本，克服市场进入壁垒。

c. 创业与创新的关系

虽然创业与创新是两个不同的概念，但是两个范畴之间却存在着本质上的契合，在内涵上相互包容和实践过程中互动发展。第一次提出了创新概念的奥地利著名经济学家熊彼特认为，创新是将生产要素和生产条件进行一种从未有过的新组合，这种新组合能够使原来的成本曲线不断更新，由此会产生超额利润或潜在的超额利润。创新活动的这些本质内涵，体现着它与创业活动性质上的一致性和关联性。

创新是创业的基础，而创业推动着创新。一方面，从总体上说，科学技术、思想观念的创新，会促进人们物质生产和生活方式的变革，引发新的生产、生活方式，进而为整个社会不断地提供新的消费需求，这是创业活动之所以源源不断的根本动因；另一方面，创业在本质上是人们的一种创新性实践活动。无论是何种性质、类型的创业活动，它们都有一个共同的特征，那就是创业是主体的一种能动的、开创性的实践活动，是一种高度的自主行为，在创业实践的过程中，主体的主观能动性将会得到充分的发挥和张扬，正是这种主体能动性充分体现了创业的创新性特征。

由创新与创业的含义可以看出，创业与创新有着密切联系。创新是创业的手段，创业者只有通过创新，才能使创立的企业生存发展并保持持久的生命力。早在 20 世纪初期，熊彼特就提出了创业的创新理论，在他看来，经济发展是动态过程，关键在于"创新"，他认为静态情况下，经济发展缓慢，企业的总收入等于总支出，管理人员不能称为企业家。创新理论具有以下的特点。

① 经济发展关键在于创新。生产技术的革新和生产方式的变革是经济发展的根本保

证。任何一个只有单一品种产品的企业，随着时间的推移，必然会从成长、发展、停滞到衰退，只有不断进行生产技术革新和再创造，才能永远处于成长发展阶段。

② 经济发展依靠创新性变动，而不仅仅是人口、资本、工资、地租、房价等方面的变动。

③ 当管理者有创新能力时，才能称之为企业家。企业家在经济发展中有独特的作用。

在经济全球化、信息互联网化、竞争国际化的新形势下，自主创新是创业企业立足市场的根本，是推动创业企业发展的无形力量。一个企业拥有多少自主品牌，是衡量其发展水平的重要指标，反映创业企业发展的水平。在现代经济中，创业企业必须进行有效的自主创新，从而获得自主品牌，自主品牌的获得是指企业通过自身的努力和探索产生技术突破，并在此基础上依靠自身的能力，系统推进创新后续环节，从而达到技术创新成果商品化和产业化，进而实现技术创新利润和价值的创新活动。自主创新所需的核心技术来源于企业内部的技术突破，是企业依靠自身力量，通过独立研究与开发而获得的具有自主知识产权的技术系统。图 0.1 说明了创新与创业的关系。

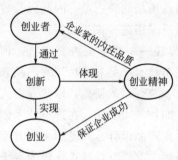

图 0.1　创新与创业关系图

图 0.1 说明，创新是创业者实现创业的核心，创业者通过创新实现创业，而且创业者要通过创新体现创业精神，如果没有创新，整个创业的链条就会断裂，而创业精神既是创业者必须具备的品质，是创业者的一种内在品质，也是创新的一种具体表现。

通过以上对于创业与创新关系的论述知道他们相互之间内在相关、密不可分，并且了解到创业与创新的联合对于解决我国目前就业问题至关重要，可能影响到我国的发展与前景。由于创新与创业的密切关系，我国高等院校的创业与创新教育应该相互渗透融合，弘扬创新创业精神，健全创新创业机制，完善创新与创业的环境，加强产学研结合，加强创新与创业的交叉渗透和集成融合，并且通过不断在实践中结合，进而推动社会的可持续发展。

第1章
它来了——请抓住创业的最好时机

苏东坡的父亲苏洵在《审势》中告诫人们："不先审天下之势而欲应天下之务，难矣！"如果创业者能把自己的事业与科学技术的突破方向以及社会发展潮流统一起来，往往可以提高创业成功的几率，加快成功的步伐。

创业环境研究是创业研究的关键问题之一。创业环境指对创业活动产生影响的各种外部环境要素，如政治、经济、社会、文化、政策、技术、法律、教育等，相互影响相互作用所构成的外部生态系统。创业环境是一系列概念的集合体，是各种因素综合的结果，正确认识和了解创业环境的前提是对创业环境进行评价。

1.1 全民创业时代已经到来！

1.1.1 我国经济发展的特殊性

新常态下，我国经济发展表现出了速度变化、结构优化、动力转换等重要特点。推动"十三五"时期经济社会发展，必须充分考虑到这些特点、趋势和要求，按照适应新常态、把握新常态、引领新常态的总要求进行战略谋划，不断地开拓发展的新境界。

实行改革开放政策 36 年来，中国取得了世界瞩目的发展成就，开辟了一条发展中人口大国利用社会主义市场经济机制实现快速发展的独特道路。对于中国的发展经验和特殊性，国内外都在总结归纳，大体可以看出以下一些特点。

（1）国家信息化建设继续快速推进

2014 年全国信息化发展指数为 66.56，比 2013 年增长了 5.86。网络就绪指数为 60.94，增长了 10.05；信息通信技术应用指数为 69.38，增长了 3.05；应用效益指数为 72.19，增长了 3.11。一是我国信息互联网加速完善，信息通信技术继续深化应用，信息化应用效益提升明显，信息化发展指数保持快速增长态势。2014 年全国信息化发展指数比 2013 年增长了 8.8%，高于同期 GDP 增速。其中增长幅度超过 8% 的有 4 个省份，分别为贵州、重庆、湖南、浙江，增长幅度在 5% 以上的有 20 个省市，增长幅度超过全国平均增长水平的有 14 个省份。二是信息互联网建设受政策驱动影响明显。在网络就绪指数、信息通信技术应用、应用效益三个分指数中，网络就绪指数增长最快，2014 年比 2013 年增长了 10.05，增长率达到 19.75%，31 个省份的网络就绪指数增长幅度均超过 7 个百分点，这主要得益于国家政策强力支持宽带互联网建设。2013 年，国家发布了《关于促进信息消费扩大内需的若干意见》、《"宽带中国"战略及实施方案》。工信部制定了《信息化和工业化深度融合专项行动计划（2013-2018年）》，组织实施了"宽带中国2013专项行动"，住建部组织开展193个智慧城市试点。这些政策有力地促进了各地信息互联网基础设施的演进升级。三是东部和中部地区信息化发展水平差距基本保持不变，东中地区与西部地区的差距小幅缩小。2014年，东部和中部地区的信息化发展指数增长幅度均为5.6，西部地区增长幅度达6.26，明显高于东部和中部地区。这主要得益于国家大力支持西部地区开发建设，加大了对西部地区的财政转移支付力度，促使西部地区互联网基础设施建设和信息通信技术应用大幅提升。

（2）创业氛围日益浓厚

我国庞大的廉价劳动力资源、特别是大量农村剩余劳动力，既为国民经济工业化提供了重要条件和发展动力，也形成了巨大的社会就业压力。就业问题始终是各级政府、社会各界和老百姓都十分关注的大问题。随着国有企业改革的全面推进，产业结构的调整和升级，下岗和失业问题也变得相当严峻，特别是在国有企业比较集中的大中城市，就业问题已成为关乎"国计民生"的头等大事，既关系社会稳定，又关系个人基本生存条件。然而，解决就业问题的关键是创造新的就业岗位，或者鼓励个人创业。如果没有大量愿意并敢于当"老板"的创业者，从哪来新的雇主和就业岗位？如果越来越多的大学毕业生都挤在招聘会投递简历，就业市场的供给和需求将进一步失衡，青年人的就业难度会越来越大，得到的岗位报酬也越来越低。因此，国家应鼓励和帮助创业者实现他们的理想，这是利国利民的大事。

（3）乡镇企业助力经济发展

改革开放以来，中国农村出现了大量乡镇企业，这些中小企业在农村工业化进程中发挥了极为重要的作用，也大大缓解了农村剩余劳动力转移的压力。但乡镇企业的一个突出特点是创业者多为素质较低的农民，缺乏掌握专业知识和广阔视角的管理人才，其发展后劲明显不足。与此形成对比的是，城市中高学历者创业的比例反而很低。为此，国家必须创造一种鼓励那些具有高学历高职称的高素质人才创业的政策环境和社会氛围；同时，在高校的课程设置等方面做出调整，加强创业学、成功学方面的课程，以利于培养更多的具有创业意识和创业能力的高层次人才。

随着经济全球化和信息化进程的加快，世界已进入以互联网信息技术为代表的信息（知识）经济时代。信息（知识）经济正在深刻影响和改变着传统产业格局，使我国面临新的发展机遇和投资机会，这将会吸引越来越多的高素质人才投身于创业事业。

1.1.2 影响我国经济发展的重要因素

现阶段影响中国经济发展主要有五大因素：一是经济增长动力不足；二是电子商务的快速发展；三是区域经济发展不均衡；四是全面建成小康社会；五是世界经济一体化速度加快。下面就这五个因素做一些分析，希望对创业者能有所启发。

（1）经济增长动力不足

20世纪90年代中后期，家电等生活必需品基本在城市普及，而房地产市场化及其引致的新一轮家电、建材消费热潮还未出现，中国也没有加入WTO的红利，而国有企业改革还造成了失业严重，这给有创业想法的创业者们提供了难得的机遇。但是，随着我国人口红利的逐渐消失，用工成本的提升，当前房地产市场化的红利受到了压制，WTO 红利逐渐收敛，新的增长动力尚不明朗。金融危机后启动了一系列促消费的措施，把耐用消费品的消费扩大到了农村，家电下乡等政策用到了极致，导致耐用消费品后续增长潜力被过分透支。这又向那些已然创业成功和打算创业的人提出了新的要求。

（2）电子商务的快速发展

如果回顾一下电子商务短短几年间在中国走过的不平凡历程，就会对她的未来发展充满信心。根据《2014 年度中国电子商务市场数据监测报告》，2014 年中国电子商务市场交易规模达 13.4 万亿元，同比增长 31.4％。其中，B2B 电子商务市场交易额达 10 万亿元，同比增长 21.9％。网络零售市场交易规模达 2.82 万亿元，同比增长 49.7％。电子商务服务企业直接从业人员超过 250 万人，由电子商务间接带动的就业人数，已超过 1720 万人。2014 年中国互联网广告市场规模达到 1565.3 亿元，同比增长 56.5％，与去年保持相当的增长速度，整体保持平稳增长。

2015 年中国电子商务市场整体交易规模达到 16.2 万亿元，其中企业网购市场交易规模有望达到 12.9 万亿元，占电商整体交易规模的近八成，同比增长 27.2％。

与其他事业一样，电子商务发展最需要的是人才，特别是新型复合式人才。电子商务这一神奇的力量正在改变着世界。我国经济学家乌家培先生曾说过："20 世纪最伟大的发明是电子计算机，电子计算机最伟大的发展是互联网，互联网最伟大的应用是电子商务。"尽管电子商务的发展难免还会遇到新的困难，但我们有理由相信她的发展会越来越快，使我们的生活变得越来越美好。

互联网作为一种"新能源"正在改变着整个社会生活的面貌，这种"网能"虽然看不见、摸不着，但可以提高社会经济的运行效率，其作用比电能、核能毫不逊色。人们需要对这种能量和它带来的机会有深刻思考，因为机遇只属于那些有准备的大脑和敢于承担的肩膀。

互联网为中小企业和新生企业提供更好的发展条件，只要有好的创意和独特的竞争优势，新产品或服务可以迅速覆盖全国甚至全球，知识创新的价值空前提升，风险投资和纳斯达克股市等可以提供助力，甚至有时完全不必借助外力。如果认为自己既没有资金，又不懂技术，那就更需要发挥自己的想象力和创造力。下面这个例子是否有些启发。

英国有个青年大学生 Alex Tew，为了赚取学费和生活费，想到一个创意，于 2005 年 8 月创立 Milliondollarhomepage.com，他的设想是把这个网站划分为一百万个格子，任何公司或个人可以出价一美元购买一个格子做广告。他的家人和朋友们帮忙买了 1000 个格子，在赚了 1000 美元之后，Alex 写了一篇新闻稿，引起了媒体的关注和报道，很快他就赚进 10 万美元、20 万美元……。一些美国商家邀请他介绍他的创意和网站，Alex 会见了不同的商界人士，接受了电视采访。广告格子飞快被卖出，当剩下最后 1000 个格子时，Alex 关闭了所有销售渠道，把它们放在 ebay 互联网上拍卖，从而轻松成为百万富翁。正像 Alex 接受英国《金融时报》记者采访时所说："在互联网，任何事情都可能发生，这需要决心和准备，如果你准备好了，任何人都能赚一百万美元。"

（3）区域经济发展不均衡

东西部经济差距的扩大是我国经济发展面临的重大问题，也是目前和今后相当一段时期影响中国经济政策的重要因素，中央政府调控地区差距的力度会不断加强，进而对中国青年就业或创业的区域选择产生影响，蕴含着新的发展机遇。

中西部地区发展的最大阻碍是市场机制不完善，办事效率低，加上人事制度落后、财政能力薄弱、基础设施不足等，削弱了本地的资源优势。因此，应规范政府行为，为大批新企业建立和发展创造良好环境。

对近些年内地人才流向东南沿海地区的趋势，即所谓"孔雀东南飞"，可以从一个新的角度看：一些内地省区由于用人机制和人才选拔机制不够灵活合理，使一些人感到英雄无用武之地；对于一些"存而不用"的单位而言，人才实际上成为相对过剩资源，大家挤在一起，反而容易发生内耗，外流一部分是坏事变好事，特别是如果外流的人才能把沿海城市的信息、资金带到内地来，创办新型企业，成为当地稀缺的企业家资源，作用就会更大。当然，这不是说人才大量持续外流对内地省份是好事，内地省份应当从中吸取一些经验教训，尽快改革不合理的人才选拔使用机制，为本地人才成长创业和吸纳外地人才创造条件。

（4）全面建成小康社会

在十八大报告中提出了到2020年全面建成小康社会，实现国内生产总值和城乡居民人均收入比2010年翻一番的目标。这是决定中国中长期发展方向的重大国策，对中国人的未来工作和生活将产生深刻影响。如果能顺应国家发展方向和社会潮流，培养锻炼自己的创新思维能力，就会成为社会最为宝贵的人力资源，获得较多的创业成功机会。

（5）世界经济一体化速度加快

经济全球化意味着各国之间的经济贸易联系越来越密切，分工和相互依赖越来越深入，形成"合作两利，单干难赢"的利益关系，各国政府、企业、学者甚至普通百姓对此都有越来越深刻的认识。

近些年来，随着中国经济的快速发展和中国企业融入世界分工体系，中国已成为"地球村"的重要成员，中国对外贸易和引进外资的规模在全球位居第三和第二位，成为举足轻重的贸易大国。2001年加入WTO后，中国对外贸易持续大幅度增长，全球排名由第六位逐年上升，2013年中国进出口贸易总额历史性地突破4万亿美元大关，达到4.16万亿美元，赶超美国位列全球第一大贸易国的基本格局已然形成（而在1978年仅列第三十二位）。

对外贸易和外商投资越来越深刻地影响着中国普通人的生活。据国家统计局有关资料测算，平均每1亿美元出口可创造14860个就业岗位，每吸收1亿美元外资可创造2900个就业岗位。除了我国贸易型产业和服务业对外开放带动劳动就业之外，对外贸易为金融、保险、运输、仓储等其他产业部门也间接创造了大量就业机会。

我国虽然已是举世瞩目的贸易大国，但离贸易强国仍有很大差距。一个国家的产业核心竞争力包括产业的基础生产能力、技术水平、技术工人素质、企业管理水平等多方面。据我国劳动部和社会保障部统计，高级技工只占我国工人数量的3.5%，与发达国家产业工人中高级技工占40%的比例相差甚远，而技师和高级技师数量更少，只占1.5%。技术工人素质和企业管理水平低，不仅影响产品的质量，还降低劳动生产率，我国工业企业的全员劳动生产率仅及美国的1/10。

随着我国对外开放水平的提高，由"引进来"发展到"走出去"，要更好地利用国内国外两种资源来推动中国经济发展。入世为中国企业走出去提供了良好的外部经济环境，走出去可以充分利用国外信息、技术、人力资源、资金、原材料和市场来发展壮大中国的企业，在世界范围内开辟多元化市场。一方面有利于中国将优势的产品和机器设备进行输出，扩大市场占有率；另一方面也可以使国内一些生产技术水平有相对优势，生产能力过剩的产业向发展水平较低的国家梯度转移。

伴随着我国对外经贸规模日益扩大，对国际化经营人才的需求必然大量增加。国际化人才不仅是懂外语，或者读过一些西方经济学、管理学书的人，而是一种高素质复合型人才，除了熟练掌握外语之外，还要有快速适应复杂环境的能力、多文化沟通和协调能力、团队合作精神、探索冒险精神、开放心态和持续学习热情等，这些都是国际化人才应具备的素质条件，也是中国青年应当积极培养的品格。

目前，全球500强企业中已有400多家在中国投资，投资项目达到4500多个，中国作为第一人口大国，既有巨大的消费市场潜力，也有巨大的劳动力和人才资源潜力。我国加入WTO以来，跨国公司加大了在中国争夺人才的力度，跨国公司对高校优秀毕业生和留学归国人员的吸引力明显高于国有企事业单位，国有单位在人才竞争方面处于相对劣势。由于国际化人才的相对稀缺，这一人才争夺战将在一个较长时期存在甚至加剧，年轻人能成为这种稀缺资源，意味着更好的发展环境和更多的发展机会。

1.1.3　我国鼓励创业的重要意义

自从《政府工作报告》正式提出，要将"大众创业、万众创新"打造成经济发展的新引擎，各地创业创新之火迅速呈现燎原之势。在经济下行压力持续加大的情况下，鼓励创业创新已成为稳增长、保就业、促转型的重要抓手，被认为是中央推进经济工作的"一招妙棋"。

"大众创业、万众创新"对经济发展的促进作用正在被实践证明。需要指出的是，"双创"战略看似是个纯经济政策，其影响和意义却绝不止于经济领域。各地政府不应仅将其视作稳增长的短期政策工具，更要用长远的眼光，重视其在转变政府职能、提升社会治理、保障社会公平等方面的溢出效应。

（1）自主创业将推动我国的科技进步和生产力的发展

当前，中国经济结构调整的重点是发展高新技术产业和传统产业的升级改造，在此过程中，人才开发和技术创新是提高企业竞争力的关键。创业企业的诞生，往往会伴随着新技术、新方法进入市场，特别是高新技术企业的诞生，对提高全社会的科技生产水平具有不可替代的作用。因为高新技术企业的建立，往往是新技术、新工艺创新的结果，对促进中国整体科技实力的提高将产生积极影响。

（2）自主创业可缓解我国的就业压力

市场竞争的加剧，给中国就业带来很大影响，大学生存在严重的就业难问题。政府机关减员增效，难以大量接收大学毕业生；国企改革、结构调整、产业优化升级，难以提供大量就业机会。因此，通过创业来解决大学生就业是一种新渠道，一个学生创业可以吸收若干学生参与，创业成功后可以解决一批学生就业。如果全社会能够为创业提供良好的条件，创造良好的外部环境，在社会上形成良好的创业氛围，会有越来越多的学生选择创业发展道路，这将缓解社会就业压力。现在各地政府纷纷出台对大学生创业企业实行减免税等优惠政策，对鼓励大学生创业会产生积极影响。

（3）自主创业有利于社会资源的合理配置

创业企业要能够生存并获得持续发展，必须有很强的竞争力。从行业内部发展来看，创业企业的成功会影响行业现有的经营格局，加剧本行业的竞争，造成优胜劣汰的局面，有利于资源向经营良好、效率较高的企业流动，促进社会资源的优化配置。

（4）自主创业可以促进知识向资本转化

一个国家知识密集型企业所占比重的大小，往往反映出这个国家科技实力与综合国力的强弱。知识密集型企业能够为社会创造较高的附加值，创造更多的社会财富。在当今中国，创业企业正开始转变为由具有较高知识水平的创业者创办的企业，知识与管理已经成为重要的资本，参与企业利益分配。国家对技术、专利和管理团队参与创业企业的股权分配也给予一定的政策倾斜，允许高科技创业企业中无形资产的比重最高达40%，技术、专利股权最高可占30%。国家政策的支持有利于调动创业者的积极性，促进创业企业的成功。因此，创业成功有利于知识向资本的转化，资本与知识、技术的融合，将促进中国整体产业水平的提高。

1.2　走中国特色的创业之路

在中国的创业环境中，诸如市场机会、文化和社会规范、政府税收优惠、有形基础设施等方面拥有一定的优势地位，但是在金融支持、研究开发转移、商务环境和创业教育等方面与发达国家相比，差距仍然很大，这些都成为制约中国创业活动的重要瓶颈因素。在金融支持的途径方面，诸如创业投资、IPO以及权益资金、债务资金和政府补贴方面中国仍处于很低的水平，因此需要进一步拓展创业金融支持的途径。此外在商务环境方面，我们相对于亚洲GEM参与国家和地区也有明显的差距，我们也需要进一步创造有利于创业的商务环境，为创业企业创造更好的信息咨询、法律和会计服务。在研究开发方面，亚洲国家相对于GEM其他发达国家都有明显的差距，因此，需要注重研究开发的转移以及加强对知识产权的保护。

1.2.1　创业环境的分析

创业环境是指围绕企业的创业和发展而变化，并足以影响或制约企业发展的各种外部条件的总称。创业环境一方面是指影响创业活动的所有政治、经济、社会、文化诸要素；另一方面是指获取创业帮助和支持的可能性。创业环境是这些因素相互交织、相互作用、相互制约而构成的有机整体。企业的创业过程并不仅依靠某一方面的推动，也不是某个单一因素作用的结果，而受到多方面的影响。如果说创业企业是从一粒"种子"开始萌芽并成长为参天大树，其赖以生存的"土壤、阳光、空气"等环境因素起着重要的作用。具体来说，创业环境分为以下三个方面。

1.2.1.1　宏观环境

一个国家或地区的宏观环境对一个新企业的创办、生存和发展有重要影响，对创业者的投资兴业起着较大的诱导和促进作用。宏观环境主要包括以下几个因素。

（1）政治环境因素

政治环境因素是指国家政治形势、政局以及政府制定的各种方针政策、法令、法规，政府机构的组成，办事程序和办事效率等。一些政治因素对创业行为有直接的影响。一般来讲，政府主要是通过制定一些法律和法规来间接影响创业活动。因此，作为创业者应具备一定的政治头脑与法律意识。此外，政治环境因素对创业者来说是不可控的、带有强制性的因素，只有适应这些条件，使自己的行为符合国家政策、法令、法规的要求，才能顺利进行创业活动。

（2）经济环境因素

经济环境因素是指国内外经济形势及发展趋势，构成企业生存和发展条件的社会经济状况及国家的经济政策。经济环境是个多元动态的系统，主要由社会经济结构、经济发展水平、经济运行体制和宏观经济政策四个要素构成，这四个要素相互结合，综合影响着企业发展。宏观经济环境往往是通过微观经济变化具体地对企业发生作用。

（3）技术环境因素

技术环境因素是指企业所处的社会环境中的科技要素及社会科学技术水平的总概括。技术进步可以极大地影响到企业的生产、产品、服务、市场、供应商、分销商、竞争者、用户等，技术进步可以创造新的市场，生产大量新型产品，改变创业企业在产业中的相对成本及竞争位置，带来新的竞争优势，也可以使现有产品及服务过时。技术变革可以减少或消除企业间的成本壁垒，缩短产品的生命周期，并改变管理者、员工、用户的价值判断与预期。科学技术的发展既给创业提供了新的发展机会，也会给企业带来威胁。创业者要关注最新的科学技术发展动向，能正确识别和评价关键的技术机会与威胁。当前，科学技术发展的一些重点领域是：信息技术、新材料技术、新能源技术、电子技术、生物工程技术、航空航天技术等。

（4）自然环境因素

创业企业的自然环境，主要指企业所在地的自然资源与气候地理环境条件。对于创业者来说，创业时必须考虑当地的资源情况和气候地理条件，对于选定的创业项目，需要认真分析是否需要并有足够的自然资源来支持创业企业的发展。

（5）社会文化环境因素

社会文化环境因素是指一定时期社会文明发展的一般状况。在企业成长过程中，社会文化环境始终在有形或无形地影响着企业，因此，制定企业发展目标和经营战略，不能忽视文化环境对企业的影响。社会文化环境中的关键因素包括：社会文化教育普及情况、人口密度、人均收入水平、生活方式及其演变、人们的价值观念等。

上述因素都影响、制约着企业的经营行为。随着我国企业改革进入到制度创新阶段，国家制定了一系列搞活企业的政策措施，企业发展的宏观环境不断改善。创业者要培养自己的宏观战略思维能力，充分考虑和利用各种宏观环境因素，加快创业企业的发展。

1.2.1.2　地区环境

每个企业都是设立在一定区域内的，因而创业企业必然受到该地区环境的影响。评价地区环境，关键因素是新企业相对本地其他企业的规模以及这个地区本身的经济规模。一个企业在地区内的重要性，取决于企业的营业额、员工数量和纳税规模以及对地区的其他贡献。一个地区对创业者的支持程度，则取决于创业者对该地区的责任承诺、忠诚和贡献。承诺、忠诚和贡献程度越高，创业者从该地区所获得的支持也就越大。对于地区环境，创业者可以从以下一些方面考虑。

① 创业者对该地区的熟悉程度如何，是否有很好的人际关系互联网；

② 该地区的社区支持体系是否完善，当地民情风俗对创业有无外部性；

③ 新创企业在该地区会有何影响，与地区经济的兼容性、互补性如何；

④ 本地区的交通通讯等基础设施条件如何；

⑤ 当地是否有充足的生产要素资源，生产成本如何；

⑥ 当地的生活质量和社会治安状况如何。

1.2.1.3 行业环境

行业环境分析对新创企业也十分重要。一般来说，创业的行业环境主要关注两个问题：一是行业内的竞争程度及变化趋势；二是行业所处的生命周期阶段。如果行业内竞争十分激烈、进入壁垒高或已处于夕阳阶段，新创企业成功的概率就不高，即使成功了，以后也会十分艰难。

（1）行业的竞争结构

美国迈克尔·波特教授提出了一个分析行业结构的框架，较好地反映了新创企业的行业环境因素。他认为，市场中的竞争，主要是行业内企业间的竞争。一个行业的激烈竞争，其根源在于其内在的经济结构，在一个行业中存在有五种基本竞争力量。

- 现有公司之间的竞争；
- 新进入者面临的障碍；
- 购买者的议价力量；
- 供应商的议价力量；
- 替代产品的威胁。

波特模型中的五种竞争力量共同决定行业竞争的强度和获利状况。企业竞争战略的目标是找到较好地防御这五种竞争力量的位置，或是能够对这五种竞争力量施加影响，使它们发生有利于本企业的变化。下面依次讨论这五种力量。

a. 竞争。波特认为有许多因素决定着一个行业的竞争强度。

① 市场趋于成熟，产品需求缓慢增长或下降。公司只有从竞争者那里夺得市场份额才能保持增长速度。这样，由于削减价格或其他增加销售的努力都会造成市场的争夺战，加剧行业竞争的激烈程度。

② 高固定费用。行业中固定费用高的企业必须承受要充分利用生产能力的巨大压力。

③ 不同性质的竞争者。如果一个行业由各种各样的企业组成，其行为就更不易预测。

④ 低转移成本。当购买者从一个供应商转移到另一个供应商时，会发生转移成本。如果行业中的转移成本很低，购买者可以在各供应商间进行选择。

⑤ 行业内生产能力大幅度提高。若由于行业的技术特点和规模经济的要求，行业内企业生产能力大幅提高，将导致一段时间内生产能力过剩，竞争加剧。

⑥ 退出壁垒高。退出壁垒是指企业退出某个行业时要付出的代价，包括经济上、战略上及感情上的因素。退出壁垒高，即使企业经营遇到困难时，仍不愿轻易退出这一行业，会使行业内竞争加剧。

b. 进入市场的障碍。

新企业进入市场，往往通过降低产品价格或改善产品特性，以求在市场中占有一定份额。因此，新的进入者会降低整个行业的获利水平，自然是行业内原有企业不希望看到的。

① 规模经济。如果大规模经营已产生显著的成本优势，新进入者若以较小的规模进入该行业就处于成本上的劣势地位，反之要增大投资规模，则风险加大。

② 特色产品或服务。具有特色产品或服务的企业可以获得较高的商誉及顾客忠诚度。新进入者若想与之竞争，要付出更大的代价。

③ 投资成本。原有企业的大量投资已构成了一种进入壁垒，会限制潜在进入者的数量。

④ 销售渠道。新进入者往往要靠有吸引力的价格或加强广告宣传来打入他人已有的销售渠道，这样做会降低利润。

⑤ 特有技术。专利技术的独享可防止新的进入者或增加进入的难度。

⑥ 政府政策。政府通过对某些行业限制发放许可证，颁布一些强制政策、法规，来控制行业的进入者。

c. 购买者的议价力量。

① 购买者数量较少，但每个购买者的购买数量较大。

② 购买者转向购买其他行业产品的选择余地越大，对本行业形成的压力越大。

③ 本行业产品对购买者有重要的影响，则用户对价格不敏感，对企业压力较小。

④ 当存在较大风险时，购买者决定后向一体化，即自己生产而非购买产品。

⑤ 若购买者赢利能力低，则购买者对价格很敏感；反之则不太敏感。

⑥ 购买者掌握了充分的信息，可用来讨价还价。

d. 供应商的议价力量。

① 若本行业供应商集中度较高，原材料的供应由少数几家企业所控制，对供应商来说，任何一个购买者都不是重要的客户。

② 所供应的原材料来源很有限。

③ 如果有产品替代品，则供应商的竞争能力会减弱。

④ 当存在较大风险时，供应商有可能选择一体化，不通过经销商而自行销售，可以增强他们对本行业的竞争压力。

e. 替代品的威胁。

① 若替代品具有较大的赢利能力，则对原有产品形成较大压力。

② 生产替代品的企业若采取迅速增长的发展战略，会对本行业构成威胁。

③ 购买者改用替代品的转变费用越小，则替代品对本行业的压力就越大。

通过对以上五种基本竞争力量的分析，可以为企业的管理者提供一种思考竞争环境的框架，有利于更好地制订竞争战略，使企业在行业内选择最佳定位。

（2）行业生命周期

行业的生命周期是指从行业产生、发展直到完全退出社会经济生活所经历的时期。行业生命周期会影响到企业的竞争状况。

新兴的行业处于萌芽期时，由于需求增长快，技术不成熟，行业进入壁垒较低，所以许多企业会在此阶段进入和占领市场，发展新用户；在成长期时，市场增长率很高，需求高速增长，行业中的许多企业用不同的方法促销产品，企业从占有的市场份额获得较好的收益；当行业走向成熟时，市场需求增长率不高，技术水平相对成熟，竞争会随生产能力扩大而变得紧张，产品市场趋于饱和，行业进入壁垒很高；行业处于衰退期时，需求下降，产品品种和竞争者数目减少，只有少数最有效率的企业才能赢利，但如果企业从行业退出有障碍，则竞争会更激烈。企业应识别所处行业在其生命周期的哪个阶段，分清不同阶段的特征，制订出相应的发展战略。

1.2.2 中国的创业环境

经过改革开放 30 多年的发展，中国不仅在观念上改变了对民营企业的认识，而且在政策上为个人创业活动提供了较好的条件。民营经济从当初被定义为"可以尝试"，到"有力补充"，再到"重要补充"，直到现在"重要的建设力量"，由此看出，政府对民营经济发展的日益重视，个体、私营等民营企业的社会地位正在发生重大变化。中国经济体制转型和经济增长方式的转变，为中小企业发展提供了千载难逢的机会，也为个人提供了自主创业的机会。

当今中国的法律环境得到明显改善，社会化服务体系正在不断完善，市场准入门槛的降低，鼓励创业的政策不断出台，创业者受到人们的尊敬，社会地位提高，为有理想和抱负的个人创业者提供了施展才能的广阔空间。国家为实施"科教兴国"战略，发挥科技力量的优势和潜力，以市场为导向，促进高新技术成果商品化、高新技术商品产业化和高新技术产业国际化，国务院批准实施了办好高新技术产业开发区和创业服务中心、创造适合高新技术产业发展环境的火炬计划。21 世纪初，中国的高新技术产业园区开始向专业化发展，形式趋于多样化，既有面向特定领域的软件产业园、新材料产业园、生物医药产业园等，又有面向特定对象的大学科技园、留学生创业园等。

我国的文化和社会规范中，有对个人创业持肯定态度的积极方面，如提倡自立自强，鼓励人们通过个人努力取得成功，也鼓励创造和创新精神，鼓励创业者承担相应的风险，也获得相应的收益。

虽然我国的创业环境已有改善，但仍存在不少缺陷，抑制着人们的创业热情，需要进一步改善。

(1) 企业登记审批程序繁琐

2005 年美国哈佛大学、耶鲁大学和世界银行集团的 4 位教授对 85 个国家和地区的创业环境作调查，结果表明，从注册一家公司到开业平均所需时间，加拿大需 2 天，而我国内地则需要过 7 道关，历时 111 天；注册审批费用在美国、英国、加拿大不到其人均年薪的 1％，而在我国内地，各种审批费用相当于其人均年薪的 11％。

(2) 税费负担重

一些刚成立的小企业，就要面对 17％的增值税、33％的企业所得税和各种附加税等；一些业主还要缴纳个人所得税；还有政府各个部门名目繁多的收费。

(3) 创业融资困难成为"瓶颈"

相关研究表明，自 20 世纪 90 年代以来，个体私营企业虽然解决了国内 70％以上的新增城镇就业、70％以上的城镇再就业和 80％以上的进城务工农民就业，但从银行得到的短期贷款只相当于国有和集体企业的 2.3％。大量与中小企业相关的创业基金，有时也到不了创业者手中。

(4) 知识产权保护落后

我国知识产权法规的制定和实施效果仍不令人满意，非法制作销售盗版软件、影像制

品等情况很普遍，这使得以新技术、新产品为核心竞争力的创业者很难相信自己的专利和技术能得到有效保护，不敢走上创业之路。

1.3　创业机会在哪里

对于创业投资者来说，市场机会的甄别类似于投资项目的评估，对创业能否成功是十分重要的，帮助创业者分析其创意是否有发展成为一个企业的实际价值。可以根据一定准则来评判一个创业方案的市场潜力。

1.3.1　创业机会的类型

（1）创业机会

"机会"一词在汉语词典中的解释是"恰好的时候"。创业的恰好时机对于每个人是不同的，因为每个人的兴趣爱好、技能专长、资源条件不同，生活经历和目标设定不一样，从而对机会的认知也是不一样的。虽然机会的识别和开发利用依赖于创业者的主观价值判断，但机会实际上也是一个客观存在。所谓创业机会，是指有吸引力的、适时的一种商务活动空间，并最终能表现在为客户创造价值的产品或服务之中。

（2）创业机会的类型

美国经济学家 Alexander Ardichvili 等根据创业机会的来源和发展情况对创业机会进行了分类，他的创业机会矩阵中有两个维度：横轴以探寻到的价值（即机会的潜在市场价值）为坐标，代表着创业机会的潜在价值是否较为明确；纵轴以创业者的创造价值能力为坐标，这里的创造价值能力包括通常的人力资本、财务能力及各种必要的有形资产等，表示创业者能否有效开发利用创业机会。按照这两个维度，他们把机会分成四个类型（见图1.1）。左上角的第一象限中，机会的价值不确定，Ardichvili 称这种机会为"梦想"。右上角的第二象限中，机会的价值已经较为明确，但如何实现这种价值的能力尚未确定，这种机会是"一种尚待解决的问题"。左下角的第三象限，机会的价值尚未明确，而创造价值的能力已经较为确定，这一机会实际上是一种"技术转移"。右下角的第四象限中，机会的价值和创造价值的能力都已确定，这一机会可称为"业务或企业形成"，成功的可能性最大。

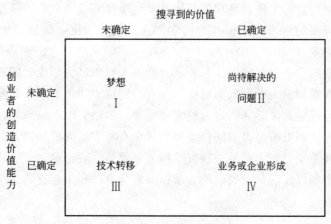

图 1.1　机会的四个类型图

英国的爱德华·狄波诺博士（Edward de Bono）在《Atlas of Management Thinking》一书中把机会分为以下几个类型。

① 寻找机会。机会是一个隐秘的空间与园地，创业者若想进入这个隐秘地，必须费心去寻找入口。

② 明显的机会与隐蔽的机会。对于明显的机会，企业组织能够凭其自身的技术能力、行销力量开发便可以获取；但是对于隐蔽的机会，就只能由个人的事业逐步形成并发展才能获取。

③ 拥挤的机会空间。市场开拓者与市场追随者共同开发某个市场空间，随后由于竞争者的加入，使得现有的机会空间变得拥挤不堪，如果经过竞争者不遗余力地开发新市场，机会空间又会变得宽广。

④ 狭窄的机会空间。市场潜力或市场容量太小，不宜产生大的经济效益，大企业不想插手，小企业却可视为市场空隙，充分利用策略产生效益。

⑤ 假机会。很多人有时会突发奇想，但是经过深入探讨后，却发现不现实。然而其他一些投资者可能利用假机会赚取财富。

⑥ 察觉机会。在实际发现机会之前，人们常会感到就在机会区徘徊，却无法进入。创业者必须有这样的认知：所有机会区的入口并不一定都能使人成功地掌握机会。创业者必须持续尝试错误失败，才能对机会的整体有完整正确的认识。

⑦ 迟来的报偿。只要热情、诱因或资源仍能继续维持，创业者应该在投资未获报偿之前，坚持追求理想。

1.3.2 发现创业机会的方法

创业机会识别是创业领域的关键问题之一。从创业过程角度来说，它是创业的起点。创业过程就是围绕着机会进行识别、开发、利用的过程。识别正确的创业机会是创业者应当具备的重要技能。

创业机会以不同形式出现。虽然以前的研究中，焦点多集中在产品的市场机会上，但是在生产要素市场上也存在机会，如新原材料的发现等。许多好的商业机会并不是突然出现的，而是对于"一个有准备的头脑"的一种"回报"。在机会识别阶段，创业者需要弄清楚机会在哪里和怎样去寻找，在现有的市场中发现创业机会，是很自然和较经济的选择。一方面，它与我们的生活息息相关，能真实地感觉到市场机会的存在；另一方面，由于总有尚未全部满足的需求，在现有市场中创业，能减少机会的搜寻成本，降低创业风险，有利于成功创业。

成功的创业者们白手起家取得非凡业绩，使得人们常以为创业者们有着某种特别敏锐的洞察力，使他能看到别人没看到的机会，并有特别能力知道如何来开发这个机会。事实上，在机会发现过程中，灵感和创造力确实很重要，但创业者在发现和评价创业机会过程中所采用的正确方法和艰苦努力也同样重要。其中有些方法简单易懂，以致创业者们也没有意识到自己正在使用它们，而另一些方法则复杂难懂，要正确、有效地使用需要专家的帮助。掌握分析市场以发现创业机会的方法以及在这个过程中起支持作用的工具和技术是十分重要的。

（1）启发式方法

这种方法与创业者的创造性联系最为密切。它首先是分析，即选取一个特定的市场或产品领域并弄清楚相关概念；然后是综合，即将这些概念以一种新视角归纳起来。这个过程是相互作用、相互启发的，每一次分析-综合的循环都可改进对机会的观察认识并使之更加清晰。

（2）问题分析法

这种方法起始于个人或组织的需求及其所面临的问题。这些需求和问题可能明显或不太明显，可能被认识到或未被认识到。这种方法的应用，首先是询问"什么事情可以做到更好？"接下来的问题是："怎样才能做得更好？"一个有效的解决方案往往就是创业者创业的基础。

（3）顾客建议

一个创业机会也可能是顾客基于自己需求的建议而产生的。如果顾客认为其需要没有得到满足或没有很好地得到满足，则意味着潜在的市场机会。顾客基于自己的认识来提出建议可以采取各种形式，最简单的形式可能是非正式的交谈"如果……岂不是更好吗？"，如果顾客是一个组织群体，这种建议会对组织有重大影响，比如涉及组织的大笔支出，那么提出的建议可能是正式而具体的，并有详尽的资料说明来佐证。某些组织会积极主动地向供应商"逆向营销"自己的需求，要求其设法满足。无论顾客采取什么方式来提出请求和建议，创业者都应当热情听取并做出相应反应，因为这往往是一个商业机会。

（4）创造性团体

一个有效的创业者不一定完全依赖自己的创造力，也可以积极地发现、利用和支持其他人的创造力。在一个创造性团体中，有少量经营专家或产品专家，他们思考某一特定市场领域的需求，并思考如何更好地去满足这些需求。如果要创造性团体提供建议，需要对其进行领导和控制，对其建议加以认真分析。一些市场调查和研究公司提供这方面的专业服务，但要认真地加以选择。

（5）市场坐标图

市场坐标图是一项正规技术。这种方法是：根据产品的价格、质量和功能等参数来定义某一产品种类的维度，将顾客的特性参数作为另一维度，这两个维度构成一种市场坐标图，产品基于坐标图中的位置被定位于不同的组，即坐标图中不同的象限。这种图的制作需要有效地确定产品和顾客的纬度，有充分的市场信息和有关的统计技术来处理这些信息。这种二维的市场坐标图不仅可以分析产品在市场中所处的位置，而且可以说明产品之间的相互关系及留下的市场空缺。

（6）特性延伸法

特性延伸法是指确定一个产品或服务的基本特性，然后去考察如果它们以某种方式发生变化，会发生什么事情。应用特性延伸的技巧是，以一系列适当的形容词来试验每个特性，如"更大"、"更强"、"更快"、"更方便"、"更多乐趣"等。例如，"傻瓜"相机是为使用者"更方便"而制造的，电脑的更新换代是以芯片运行速度"更快"为标志的。特性延伸也可以采取更加复杂的、混合的方式，即它不只是改变一个产品特性，而是将来自不同产品的特性混合起来创造新产品。在产品的特性延伸上，孕育着巨大的商机。

以上各种方法不是孤立的和相互排斥的，它们可以单独使用，也可以结合起来使用。

而这些方法的有效使用，不仅依赖于创业者本身的知识和创造力，也依赖于其他人，例如，员工、顾客等的知识和创造力。不同的人，在不同的环境中，采用不同的方法，可以发现不同的创业机会。

案例分析：创建百度的李彦宏

2005 年 8 月 5 日，李彦宏创建的百度在美国纳斯达克上市，首日挂牌，股价猛涨，以破天荒的最高 150 美元单日涨幅刷新了美国股市多年来外国股票单日涨幅最高纪录。李彦宏持有百度 22.9％的股权，价值 5.9 亿美元。

（1）李彦宏简况

1968 年，生于山西阳泉。

1991 年，毕业于北京大学信息管理专业，随后赴美国布法罗纽约州立大学完成计算机科学硕士学位。

在美国的 8 年间，李彦宏先后担任道·琼斯公司顾问，《华尔街日报》互联网版实时金融信息系统设计者，国际知名互联网企业 INFOSEEK 资深工程师。李彦宏最先创建了 ESP 技术，并将它成功应用于 INFOSEEK/GO.COM 的搜索引擎中。

1999 年年底，携风险投资回国与好友徐勇共同创建百度，一年后百度成为全球最大的中文搜索引擎技术公司。

2001 年，被评选为"中国十大创业新锐"之一。

2002 年、2003 年获首届、第二届"IT 十大风云人物"称号。

2004 年 4 月，当选第二届"中国软件十大杰出青年"。

2005 年 12 月，荣获"CCTV 2005 中国经济年度人物"。

2006 年 12 月 10 日，当选美国《商业周刊》2006 年全球"最佳商业领袖"。

2009 年 12 月 8 日，获 2009 年度华人经济领袖奖。

2010 年 4 月 30 日，获"全球 100 位影响力人物，领袖类榜单第 24 位"。

2010 年 7 月 29 日，荣获"首都杰出人才奖"。

2010 年 11 月，荣获"《福布斯》2010 全球最具影响力人物"。

2010 年 11 月 18 日，《财富》年度商业人物 CEO 李彦宏上榜。

2012 年 3 月 8 日，列 2012 福布斯全球亿万富豪榜第 86 位。

2013 年 11 月，截至 11 月 20 日百度股价增长了 63％，李彦宏成为了中国大陆第 2 大富豪。

2013 年 12 月 4 日，据彭博亿万富豪指数，百度创始人李彦宏以 6360 万美元微弱优势，超越大连万达集团董事长王健林成为中国内地首富。

2014 年 6 月 5 日，联合国世界环境日环保公益大使。

（2）李彦宏走向成功的六部曲

a. 美国硅谷

1991 年圣诞节，李彦宏从北京飞往美国，去布法罗纽约州立大学攻读计算机博士学位。在美国，李彦宏经历了补习、上课、打工三种生活，在度过了最困难的"磨合期"之后，李彦宏产生了出去"闯一闯"的念头。

1993 年 5 月，Matsushita 公司（松下信息技术研究所）接受他去做实习工作。在研究所，李彦宏从事的是 OCR（光学字符识别）领域的研究。在实习期间，他提出一种能提高识别效率的算法，受到松下的重视，当他结束暑期实习返回学校时，松下继续聘用他在公司里兼职，并鼓励他把这一研究成果发表。李彦宏在一次国际学术会议上宣读这个研究成果的时候，得到国际 OCR 领域一位权威的赏识，在他的推荐下，这一成果发表在国际权威学术期刊《模式识别与机器智能》上。

攻读博士学位期间能写出具有国际水平的论文，导师认为他获得博士文凭只是时间问题。而且，如果不出意外，松下会在他博士毕业后高薪聘请他，李彦宏的美国之路仿佛一片坦途。

然而，在 1994 年暑假前夕，李彦宏突然接到华尔街一家小公司的聘书，邀请他去做带有工程师性质的高级顾问工作。做工程师还是做科学家——李彦宏面临重要的人生抉择。李彦宏很想拿到博士文凭后再去工作，但这家公司对他非常热情，老板对他的研究非常欣赏，而且两人在学术上谈得非常投机。李彦宏最后决定放弃博士学业，到这家公司做高级顾问。

1997 年夏天，李彦宏离开工作了 3 年的金融信息公司，从新泽西州前往硅谷，加盟 Infoseek。

b. 回国创业

1999 年 10 月，中国政府邀请了一批海外留学生回国参加国庆典礼，李彦宏也在受邀之列。这次中国之行，坚定了他回国创业的决心。

国庆典礼后返回美国，李彦宏想起了好友徐勇。徐勇是他闯荡硅谷时认识的，也是北京大学高材生，生物学博士后，在一家制药公司做销售。经过一夜畅谈，两人的互联网公司计划已是"万事俱备，只欠投资"。他们的融资目标是 100 万美元，有三家风险投资愿意给他们投资，风险投资看好他们公司的三个概念是中国、技术和团队。徐勇找理由把一家不太中意的风险投资婉拒了，另外两家，用他的话说，"热情得实在无法拒绝"。后来选择两家一起投资，每家各 60 万美元。

1999 年 12 月，李彦宏带了 120 万美金天使投资资金从美国硅谷回到北京中关村创业，建立了百度。

c. 与 Google 的竞争

2002 年春节后，李彦宏感觉到中文搜索引擎的市场已经成熟，而 Google 在中国网民中的口碑也越来越好。此时，有一种压力开始令李彦宏不安——一方面是百度占据着中国市场 80% 的份额，另一方面 Google 已在国际上成为最主流的搜索引擎。百度要做中国最大的中文门户，最大的对手将是来自国外的 Google。Google 作为全球最大的搜索引擎公司，一旦介入中国市场，百度将面临一场激烈的市场保卫战。

针对 Google 的压力，2002 年下半年，李彦宏不仅忙于公司的经营，而且要组织一支强大的研发队伍，准备抢在 Google 登陆中国之前使百度的产品成熟起来，在各方面做得比 Google 更强。李彦宏给这次技术行动命名为"闪电计划"，并下达了具体指标，要求"闪电计划"完成后，百度的日访问页面（Pageview）要比原来多 10 倍，日下载数据库内容比 Google 多 30%，页面反应速度与 Google 一样快，内容更新频率超过 Google。2002 年 12 月，"闪电计划"大功告成。

d. 从技术提供商到搜索门户的转变

2001 年 8 月，李彦宏在董事会上提出要将百度做成一个直接面对终端网民的搜索引擎网站。时逢 IT 行业的低潮，互联网业务一片萧条，因而反对意见很大。公司进行战略转型，将百度由技术提供商转变为一家直接面对终端网民的搜索引擎网站，这样的好处在于，不会对门户网站产生依赖；坏处则是百度将与最大客户发生竞争关系，当时来自门户网站的收入已经占到公司收入的 50%～60%，这对公司是极大的冒险。

董事们持反对意见的人很多，几乎是李彦宏一个人在坚持自己的观点，连他的搭档徐勇也表示反对。决定性的电话会议是在深圳开的，董事们几乎毫不客气："我们当时投资可不是让你做这个的"。李彦宏在会议上滔滔不绝、慷慨激昂地说了 2、3 个小时，拿出了当年在北京大学参加辩论赛的劲头。直到最后虽然人们都没有同意他的意见，但方案还是通过了。李彦宏后来说："他们与其说对我的计划有信心，不如说被我的坚持所打动。"

2002 年 9 月 20 日，www.baidu.com 作为网站正式推出。

e. 竞价排名

谁对自己的网站有信心，谁就排在前面。有信心的表现就是愿意为这个排名付钱。自信心定律开创了一种属于互联网的新的收费模式，李彦宏解释道："竞价排名是指由用户（通常为企业）为自己的网页出资购买关键字排名，按点击计费的一种服务。"通过竞价排名，搜索结果的顺序根据竞价的多少由高到低排列，同时奉行"不点击不收费"的原则。

自 2001 年 10 月李彦宏推出这一全新的互联网营销模式之后，百度开始蓄势起飞。2003 年上半年，排名竞价开始在百度的收入中占大头。2004 年，百度营业收入比 2002 年多了 10 倍，达 1370 多万美元。

李彦宏说："做搜索引擎竞价排名业务是一个两轮驱动的车，缺一不可。一是流量，你的流量大了，证明用你的人多，这里边有购买力的用户也就多，也就能够给竞价企业带去订单。二是参与竞价的企业数量要多，企业数量多，才能保证搜索引擎商家的收入。这两个轮子驱动着搜索引擎产业链的良性快速发展。"

目前，百度是世界上最大的中文搜索网站，每天要接受 2 亿多次检索请求。面对媒体的关注，李彦宏坦言："百度最大的敌人是百度自己。百度真正的考验才刚刚到来，百度上市而最终决定公司成败的是业绩和百度专注于中文搜索的决心和执行力。"

(3) 李彦宏的创业体会

a. "一定要有向前看两年的眼光。跟风、赶潮流，你吃到的很可能只是残羹冷炙。"

当李彦宏开始创业的时候，美国 IT 界最火的是电子商务，无数人想挤上这辆被看好的互联网列车，甚至不惜抛掉自己熟悉的行业。李彦宏没有随大流进入电子商务领域，而是悄悄进入少人问津的互联网搜索领域，因为他看到了搜索对互联网世界可能产生的巨大影响。

b. "命运只能掌握在自己手中，绝不能操纵在别人手中。"

李彦宏说："在创业的初期，创业者常会因为有了 1、2 个固定的大用户而偷笑不止。或许不久就是想哭都哭不出来啊。"他刚回国创业时，公司主要服务于几大门户网站，这几大网站都占据公司收入的 10% 以上，任何 1 个客户的流失，都会对公司的效益造成极大的影响。

c. "过早地实现赢利就是在大量缩减对技术的投入。"

李彦宏认为，一个创新的公司，在技术上需要大规模的投入。这样才能使自己在技术

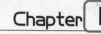

上一直处于领先甚至垄断的地位,而这种领先在今后一定会企业带来回报。牺牲企业的长远利益宣布赢利,是不理智的行为。

d. "在今后若干年,百度将只在搜索领域发展。"

从 1999 年公司成立到现在,互联网世界沧海桑田,互联网游戏、短信平台等纷纷登场。一些人捷足先登,赚得盆满钵满;不少人跟风而动,赔得血本无归。而李彦宏坚持做一件事——搜索,他认为搜索领域还有很大潜力可以挖掘,自己目前要做的就是在搜索这一领域不断创新。

(4)李彦宏成功经验的启示

① 李彦宏是一个拿得起、放得下的人,如果他当初舍不得放弃即将到手的博士学位,很可能走上另一条学术发展道路,也就不会有他现在的创业成就。做任何事都会有机会成本,我们要学会根据自己的长期人生目标来选择,而不是根据一时一地的得失大小来取舍。

② 李彦宏是一个敢于坚持自己意见并愿意承担责任的人,如果他因董事会多数人强烈反对而放弃努力,百度就不会转型为直接面对网民的搜索引擎网站,也就不会有百度股票后来在纳斯达克上市的出色表现。沧海横流,方显英雄本色,驶顺风船容易,驾逆风船难,成功者往往具有做"坚定的少数派"的心理素质。

③ 居安思危的持续创新意识。李彦宏坚持技术领先和大规模的技术研发投入,不以短期获利为目的,而以保持长期技术优势为目标,这既是他对 IT 行业"快吃慢"的竞争特点的深刻认识,也是他对企业核心竞争力的真正理解。

实际上,一个人与一个企业一样,如果失去了知识更新能力和创新能力,他在社会上也就失去了竞争力。作为创业的青年人,我们最需要的就是接受知识、融合知识的能力以及创新应用知识的能力。

案例来源:编写组收集整理。

思考练习题

1. 如何认识中国发展的特殊环境以及其中蕴涵的创业机会?
2. 如何理解创业环境的重要性?如何把握和利用环境因素?
3. 对创业环境可以从哪些方面进行分析?
4. 创业机会有哪些类型?如何发现创业机会。

第2章

草根创业　时不我待

改革开放 36 年来，中国走上了以经济建设为中心、大力发展社会生产力的正确轨道，也为各种各样的人才施展才华提供了广阔的舞台。现代科学技术在迅速提升生产力水平的同时，也加快了财富积累速度，互联网技术就是一个很好的例子，马化腾、刘峻岭、马云、李彦宏等创业并迅速成为亿万富翁，皆得益于互联网的飞速发展。

2.1　互联网的前世今生

互联网（Internet）是全世界最大的由计算机网络互相连接成的信息传输网络。2015年，全球互联网用户突破 30 亿人，而且仍在不断增加。互联网已成为继报纸、电话、广播、电视后人类社会又一重要的信息传播媒体，同时也提供最广阔的、无形的全球商务市场。可以认为，互联网的出现是工业化社会向信息化社会转变的重要标志。

互联网时代，风起云涌，科技每天都在进步，变幻莫测，你永远都不知道下一秒你将面临一个什么样的世界！

2.1.1　互联网大事记

Internet 最早是作为军事通信工具而开发的。20 世纪 60 年代后期，美国国防部高级研究计划署（ARPA）开发一个不易遭破坏的计算机通信互联网系统，称 ARPANET，以保证通信系统在核战争中仍能发挥作用，基本设计要求是互联网每个节点具有独立功能并具有等同地位，资源共享，异种计算机能实现通信。在该互联网中使用"包交换/分组交换"的信息传输技术，每个包通过不同线路到达目的地，再组装还原成原来的信息。这个系统的最大优点是：如果核弹击毁了军事互联网的一部分，数据仍然能通过未被破坏的互联网到达目的地。这一原理后来成为 Internet 的标准。1969 年 9 月，ARPANET 联通四个站点，即加州大学洛杉矶分校 UCLA、加州大学圣巴巴拉分校 UCSB、犹他大学 Utah 和斯坦福研究所 SRI，这是最早的电脑互联网，开始利用互联网进行信息交换。

1971 年，ARPANET 发展到 15 个站点，23 台主机，新接入的站点包括哈佛大学、斯坦福大学、麻省理工学院、卡内基·梅隆大学、美国航空航天局等；采用由加州大学洛杉矶分校的斯蒂夫·克洛克设计的互联网控制协议 NCP（Network Control Protocol），此协议包括了远程登录以及远程文件传输的协议和电子邮件，从而形成了

ARPANET 的基本服务；1972 年互联网工作组（INWG）宣告成立，其目的在于建立互联网通讯协议；1973 年 ARPANET 扩展成国际互联网，第一批接入的有英国和挪威；1974 年，ARPA 的鲍勃·凯恩（Kahn）和斯坦福的温登·泽夫（Cerf）合作，提出 TCP/IP 协议和网关结构，其重要之处在于该协议独立于互联网和计算机硬件，并提出互联网的全局连接性。

20 世纪 80 年代，ARPANET 开始被用于教育、科研。1981 年，TCP/IP4.0 版本正式成为 ARPANET 的标准协议。同年，美国国家科学基金会（NSF，National Science Foundation）成立了计算机科学网，连接科研、教学单位共同开发和改进互联网，并运行 TCP/IP 协议。1982 年 TCP/IP 加入 UNIX 内核中，商业电子邮件服务在美国 25 个城市开始启动；1983 年，ARPANET 分为 MILNET 和 ARPANET 两个互联网，MILNET 为军用互联网，ARPANET 则完全用于民用科研，ARPANET 各站点的通讯协议全部转为 TCP/IP，这是全球 Internet 正式诞生的标志。

1985 年，美国国家科学基金会在美国建立了 6 个超级计算机中心，1986 年，NSF 资助建立 NSFNET，连接这 6 个超级计算机中心。允许研究人员访问 NSFNET，共享研究成果。从此，NSFNET 逐渐取代了 ARPANET，成为免费的 Internet 的主干互联网，对各大学和科研机构开放，用于非盈利性教学和研究方面，成为推动科学研究和教育发展的重要工具；1989 年，欧洲核子研究中心（CERN）的物理学家蒂姆·贝纳斯·李（Tim Berners Lee）研制出 World Wide Web，推出世界上第一个所见即所得的超文本浏览器/编辑器；1990 年，NSFNET 已互联 3000 多个主要互联网和 20 万台计算机，ARPANET 正式被 NSFNET 代替。

其他发达国家也相继建立本国的主干网并接入 Internet，成为 Internet 的组成部分，如加拿大的 CANET、欧洲的 EBONE、英国的 PIPEX 等；1992 年 Internet 协会（ISOC）成立；1993 年互联网信息中心 NIC 成立。1994 年 4 月 20 日，NCFC 工程通过美国 Sprint 公司连入 Internet 的 64K 国际专线开通，实现了与 Internet 的全功能连接。

从 1995 年起，Internet 主干网由企业支持，实现商业化运营。1997～2005 年，美国和其他国家相继研究开发出速度提高上千倍的第二代 Internet，目前已在美洲、欧洲、亚洲等许多国家投入运营。

2000 年 5 月，国际电信联盟正式公布第三代移动通信标准，中国提交的 TD-SCDMA 正式成为国际标准，与欧洲 WCDMA、美国 CDMA2000 成为 3G 时代最主流的三大技术之一。2007 年 3G 技术正式在中国出现，3G 技术即"第三代移动通信技术"（英语：3rd-Generation）的缩写，也就是 IMT-2000（International Mobile Telecommunications-2000），是指支持高速数据传输的蜂窝移动通讯技术。3G 服务能够同时传送声音（通话）及信息（电子邮件、实时通信等）。3G 的代表特征是提供高速数据业务，速率一般在几百 kbps 以上。

2010 年的 5·17 电信日显得格外让人瞩目。虽然世界电信日已经走到了第 42 届，但是真正让普通消费者感觉无穷威力的，恐怕要从 2010 年开始；移动互联网这个概念从 2010 年开始，已经彻底从神坛走向了生活。2012 年传统互联网巨头，如腾讯、360、盛大等传统互联网公司瞄准移动互联网，进军移动互联网，部署各个节点，制作手机移动客户端，捆绑用户。

2011 年 5 月，国家互联网信息办公室设立。同月，中国人民银行下发首批第三方支付牌照。11 月，国家发展和改革委员会就宽带接入问题对中国电信和中国联通展开反垄断调查。

2012 年 2 月，《物联网"十二五"发展规划》发布。12 月，《关于加强网络信息保护的决定》通过，决定要求保护个人电子信息、防范垃圾电子信息、确立网络身份管理制度。

2013 年 6 月，阿里巴巴集团推出余额宝业务，此后中国互联网金融蓬勃发展。12 月，工信部向三大运营商发放 4G 牌照。截至年底，中国网民规模达 6.18 亿。

2014 年 9 月 19 日，阿里巴巴在美国纽约证券交易所上市，市值达到 2600 亿美元，超过 Facebook、亚马逊等公司，仅次于 Google，居全球互联网公司第二位。

2015 年 3 月 5 日上午中国第十二届全国人大三次会议上，李克强总理在政府工作报告中首次提出"互联网＋"行动计划。报告中提出：制定"互联网＋"行动计划，推动移动互联网、云计算、大数据、物联网等与现代制造业结合，促进电子商务、工业互联网和互联网金融（ITFIN）健康发展，引导互联网企业拓展国际市场。

近两年，4G 正交多任务分频技术（OFDM）最受瞩目，利用这种技术可以实现例如无线区域环路（WLL）、数字音讯广播（DAB）等方面的无线通信增值服务。4G 不再局限于电信行业，还可以应用于金融、医疗、教育、交通等行业，使局域网、互联网、电信网、广播网、卫星网等能够融为一体组成一个通播网，无论使用什么终端，都可享受高品质的信息服务，向宽带无线化和无线宽带化演进。

2.1.2 互联网发展趋势

互联网作为人类有史以来最伟大的一场信息技术革命，拥有无比强大的生命力。正如比尔·盖茨断言：没有一个人使用过互联网后会离开它。互联网产业的发展与繁荣正是植根于互联网本身的这种生生不息的生命力中。

随着互联网及其用户规模的扩张，互联网发展环境正在由"技术主导"向"用户体验主导"转变。运营商"去电信化"转型就是互联网发展环境变化的一个重要体现。新一代互联网不仅应具备为用户即时提供各类安全便捷服务的能力，还应该具备弹性扩展和持续创新能力。

2.1.2.1 互联网用户向移动客户端迁徙已成定局

近几年，随着智能手机与移动互联网的普及，全球移动互联网使用量持续增长。中国互联网络信息中心（CNNIC）发布的《中国互联网络发展状况统计报告》中显示，截至 2015 年 6 月，中国网民规模达 6.68 亿，互联网普及率为 48.8%。其中，中国手机网民规模达 5.94 亿。而通过台式电脑、笔记本电脑和平板电脑接入互联网的比例均有下降。2015 年上半年，手机支付、手机网购、手机旅行预订用户规模分别达到 2.76 亿、2.70 亿和 1.68 亿，半年度增长率分别为 26.9%、14.5% 和 25.0%。这一数据充分说明了人们的生活与上网习惯发生了很大的转变，无论是全球还是中国，人手一机的时候很快就会到来。

互联网产品和服务也要跟着网民走。从 2012 年开始诸多大型互联网公司的移动端流量已经超越 PC 端的流量，很多大型互联网企业 PC 业务用户往移动端迁移，抢夺线下资源，将线上资源与线下资源融为一体，呈现出 PC 业务增长放缓，移动业务增长迅速的态势。如果一个互联网企业没有在移动端上的拳头产品，将很快被移动互联网的浪潮颠覆。可断言，在未来的两三年内，得移动互联网得天下。

互联网应用的高清化、互动性与业务云化，在产生大量带宽需求的同时，也加速了互联网应用的创新进程。视频相关业务（尤其是流媒体与即时消息类业务）在互联网应用中所占比重逐步增加，高清成为宽带业务的普遍需求。而随着移动互联网的爆发式发展，实时互动性应用（如微博、米聊等）会迅速成为主流互联网应用。

与互联网应用发展趋势相对应，网络终端发展则呈现智能化、移动化趋势。终端智能化提升了电视、手机等终端的多媒体处理和计算能力，终端移动性使终端以任意方式随时随地地接入互联网成为可能。以此为基础，"终端即服务"的理念将引领互联网向广泛广覆盖方向发展，推动互联网终端规模持续快速扩增。据爱立信公司预测，到 2020 年全球将有 500 亿个网络终端。

互联网在应用与终端的双重推动下快速发展。据思科公司预测，未来网络流量仍将维持高速增长态势，到 2016 年互联网流量将达到 110Ebyte/月。高带宽、大容量、广覆盖的互联网，进一步提升了网络空间与生活空间的重叠度。

2.1.2.2 以大数据为基础的精准营销将成趋势

近年来，随着新媒介的不断出现，媒介环境日益呈现多元化的格局，过去单一媒介一统天下的时代已经一去不复返。中国主流媒介中，电视广告和报纸广告的收入市场份额从 2009 年开始出现明显的下滑态势，2011 年，互联网广告的收入超越报纸的收入，在 2013 年，互联网广告收入则超越电视广告收入，互联网媒体成为第一大广告收入媒体，在 2015 年，互联网广告的收入份额还将继续增长，而电视广告收入则在继续下降，互联网广告的收入份额将继续显著领跑市场。

相比传统的广告形式，我们看到互联网广告有着先天的优势，这种优势就在于互联网广告的精准性：受众更匹配、时效性更强、ROI 也更高。

互联网广告将是效果广告的天下，以大数据精准广告将成为互联网广告的重要发展驱动力。2013 年以 CPC 和 CPA 为计费方式的效果广告，其市场份额达 66.6%，2014 年该比例将超过 70%。在效果类广告为主流的中国互联网广告市场，精准广告技术将成为互联网广告市场的重要驱动力。我们看到 360 公司的点睛系统、腾讯的广点通等新的以大数据为基础的精准广告势力正在快速崛起，其市场地位已经可以跟传统的门户相当。游戏和电商是这些精准广告系统的主要客户群，随着这些客户群的进一步发展，以及精准广告系统在大数据方面的进一步发力，我们有理由相信，这些以大数据驱动的精准广告势力将成为互联网广告市场最为重要的变革和发展的驱动力。

2.1.2.3 互联网向日常生活各个领域渗透

(1) 在线教育涌入江湖

在线教育是比较典型的传统企业触网的一个行业，所有人都离不开教育：早期教育、课外辅导、少儿英语、职业教育、出国留学、商学院、移民服务等教育，而在信息化爆发式发展的趋势下，在线教育越来越凸显出优势。

① 在线教育可以突破时间和空间的限制，提升学习效率；

② 在线教育可以跨越因地域等方面造成的教育资源不平等分配，使教育资源共享化，

降低了学习的门槛。

基于在线教育的特点和优势，互联网学校受到越来越多人的认可，各类新兴的网校及相关网站也不断涌现，比如三条杠网、91外教网、沪江英语等。显然，这代表着网校已经逐渐走进大众的生活并成为一种学习的主流趋势。因此很多人（特别是白领一族和大学生）开始选择在线教育。2014年中国在线教育市场规模达到824.9亿元人民币，2015年突破了1700亿元人民币。且在线教育用户呈规模性放大，一直呈直线上升的趋势，且增长率仍在加速，市场规模空前雄厚。

（2）互联网向健康领域渗透

移动互联网的发展带给我们的想象空间正在呈几何倍数增长，越来越多的人意识到，用户对移动互联网的真正需求，远不再是《愤怒的小鸟》或者《找你妹》这样的游戏那么简单，和个人联系更紧密的生活领域正在受到实质的影响和冲击，而医疗健康正在其列。越来越多的用户在互联网中寻找与健康相关的解决方案，由此带动了移动互联网健康市场的迅速发展。

艾媒咨询发布的数据显示，目前国内医疗健康类APP已多达上万款。据中国电子商务研究中心（100EC.CN）监测数据显示，2014年中国移动医疗市场规模达到30亿美元，同比增长52％，预计到2017年将突破200亿美元。移动医疗作为一种新型模式和工具，将改变人们传统的监测、看病、保健的医疗方式，并逐步形成一条新的产业链。

互联网健康市场未来发展主要有3股力量的推动。

① 国家政策利好

2014年5月国家食药监总局发布《互联网食品药品经营监督管理办法（征求意见稿）》，拟放开互联网销售处方药，并提出允许第三方物流配送药品。

② 技术相关因素推动

移动互联网和大数据的发展，将改变现有的医疗健康服务模式，远程预约、远程医疗、慢病监控、大数据管理等逐步成为可能。

传感器的发展。传统的可穿戴式传感器腕环、心率带、计步计、动作传感器、智能衣服传感器正在快速发展；而非植入式电化学传感器，利用对眼泪、唾液、汗液以及皮肤组织液等体液的传感器检测，填补实时监测体内疾病及药效的空白。

③ 社会环境及自然环境的变化

老龄化。2050年，60岁及以上人口将增至近4.4亿人，占中国人口总数的34％，中国将进入深度老龄化阶段而不断加剧的老龄化趋势成为医疗保健增长的基础。

污染。气候变化和污染加重人类健康隐患，为健康产业增长提供空间。有关数据表明，每年世界范围内，约200万人死于空气污染。水资源和空气的污染的后果，将会在未来10年间越来越明显地显现出来。一方面污染会使得人们更加注重疾病防治，增加医疗健康支出；另一方面，人们在由污染带来的疾病治疗上投入也会有所增长。

前景虽然美好，鉴于当前国内的实际情况，移动医疗的发展未来仍将面临着诸多的阻力。一方面，医疗一直是个敏感的领域，也是国家重点监管的行业，进入医疗尤其是新兴的移动医疗领域，政策风险和监管风险较大。另一方面，移动医疗也是整个国家社会医疗体系的有机组成部分，其发展受制于社会医疗体系的现状。如果医疗体制改革不到位，移动医疗发展起来将会困难重重。

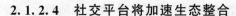

2.1.2.4　社交平台将加速生态整合

在三大类社交应用中，整体网民覆盖率最高的是即时通信，第二是社交网站，最后是微博。即时通信（IM）在整体网民中的覆盖率达到了 89%。而值得注意的是，腾讯几乎领跑了这三类主流的社交应用市场。即时通讯领域，腾讯的 QQ 和微信的网民渗透率分别是 78% 和 65%，QQ 空间的网民渗透率达 57%，而腾讯微博为 27%，仅比新浪微博低 1%。最为值得关注的是微信，上线后仅用 4 年时间便取得了 65% 的网民渗透率，发展速度极快。

未来几年，各社交平台将加速社交相关生态的整合，以社交为基础打造沟通、娱乐、生活、购物和学习的在线一站式服务平台。

（1）在沟通方面

腾讯提出乐在沟通的产品理念，QQ 和微信将继续提升语音和视频沟通的产品体验，尤其是 QQ 在多人视频沟通方面，不断提升在工作场景和教育场景下的一对多和多对多的沟通体验；新浪微博也在测试群沟通功能，期待在社交沟通方面抢占更多的份额。

（2）在娱乐方面

腾讯、新浪、人人等社交平台都积极为用户提供 PC 游戏和移动游戏服务，在社交用户的大盘上进行很好的游戏商业化，2015 年这些社交平台在移动游戏已经取得了不错的发展，预计未来两年将更为重视社交用户的移动游戏。

（3）在生活方面

2014 年年初，腾讯投资入股大众点评，占股 20%，快速抢占生活 O2O 的入口；而在更早之前，腾讯就投资了嘀嘀打车。未来一年，在生活化方面社交平台将继续加速整合，以投资或者收购的方式快速拓展市场。

（4）在购物方面

2014 年年初，腾讯以 2.14 亿美元入股京东 15% 的股份，有利于两者在电商领域的快速发展；而在 2013 年，阿里巴巴以 5.86 亿美元购入新浪微博 18% 的股份，两者展开全面战略合作，在未来，阿里巴巴还有权按事先约定的定价方式，将新浪微博的持股升至 30%。在未来一年，社交平台将继续加大与电商领域的合作力度，尤其是在促进社交和移动电商的融合方面。

（5）在学习方面

社交平台将发挥其天然沟通能力和用户资源的优势，发力在线教育。以腾讯为例，"腾讯课堂"从两方面发力在线教育：一方面以 QQ 群为互联网课堂做直播教育；另一方面以精品课为资源平台做录播教育。同时，腾讯和新东方在 2014 年 7 月宣布成立合资公司"微学明日"，进军移动学习市场。2014 年 2 月 YY 也正式宣布进军在线教育，分拆出独立品牌 100 教育。2015 年，社交平台更加重视教育市场的发展和投资，竞争愈加激烈。

2.1.2.5　深度阅读：工业 4.0 将取代淘宝？

近日，互联网流传着这两句话，第一句是"如果中国的互联网全部都冲着零售消费，买便宜货、求方便等，这样下去我们民族一定会完蛋"，说话者是阿里巴巴 IPO6 家承销商之一的德意志银行亚太区投资银行部主席蔡洪平；第二句是"工业 4.0 消灭淘宝只需 10 年"，说话者是上海明匠智能系统有限公司陈俊。两位业内人士对于工业 4.0，即以智能制造为主导的第四次工业革命充满信心，认为工业 4.0 可以改变未来人们的衣食住行。

工业 4.0（Industry 4.0）是德国政府《高技术战略 2020》确定的十大未来项目之一，并已上升为国家战略，旨在支持工业领域新一代革命性技术的研发与创新。工业 4.0 并没有一个统一的概念，一般认为包括 3 个方面，首先是第三次工业革命的升级版：柔性和精益制造；其次是已经初具规模的云计算和大数据；最后是以传感器和高速互联网为基础的物联网。其实，不少符合工业 4.0 概念的产品已经为大家所熟知，比如 3D 打印技术，无人驾驶汽车，智能可穿戴设备等。

拿工业 4.0 和淘宝相比，并且认为前者会替代后者，笔者认为甚为不妥，工业 4.0 或许代表着技术进步下互联网的进一步发展，以及和人类生活的进一步融合，但并非互联网和人类生活的全部。

首先，互联网具有普惠性，不管是 B2B、C2C，都有其存在和发展的必要，互联网固然不全部是零售消费，但也不都是工业 4.0 所包括的云计算、大数据和物联网，两者满足的是不同领域的不同需求，并且可以相互交叉、相互促进，比如有了云计算和大数据，零售消费的人群差异和物理划分就更加容易，同样通过零售消费的大数据积累，物联网开发和布局也能更加具体化和有针对性。

其次，工业 4.0 取代不了什么，只是提升工业生产效率以及人类生活便利性。随着工业 4.0 的深度发展，物联网广泛布局，人、机器和产品将实现零距离沟通，据德国国家科学与工程院估计，工业 4.0 可以提高企业的生产效率 30%。而随着人类生活习性数据化，各类智能化和自动化工具的普及，不少科幻影视作品中才能出现的场景有望成真。但就如互联网产品无法取代纸质出版物一样，工业 4.0 便利了人们的生活，但仍不能取代一些事情亲力亲为的满足感。

最后，不是"工业 4.0 不带中国玩"，中国的工业 4.0 概念亦风生水起。国有层面的高铁技术出征海外，民营层面的工业机器逐步占据市场高地，深圳大疆科技的民用小型无人机取得市场统治地位，以及京东众筹等网站中琳琅满目的智能硬件等，都代表着国人在工业 4.0 领域的努力和进展。

工业 4.0 取代不了什么，也不必过于神话，这一次工业革命，不同于前三次工业革命，中国必将占有一席之地。

2.1.3　互联网的商业特点

(1)"无需远行，无需久等"

时间、空间限制是人们从事社会经济活动的主要障碍，也是构成企业经营成本的重要因素，互联网把商业活动的时空限制大大弱化了，从而降低了企业经营成本和国民经济运行成本，人们足不出户就可以达成交易、支付款项，完成各种业务手续，同城交易与异地甚至跨国交易所需时间相差无几。即使人们身处荒山僻壤，只要有一部上网手机就可以与世界各地的客户建立联系，收集订单，采购货物，通过互联网银行收付货款。

(2)迅速扩展的市场和庞大的消费者群

IDC 报道，2015 年全球互联网用户数突破 30 亿，普及率超过 40%，预计 2017 年用户数将增长至 35.5 亿，普及率将提高到 46%；未来几年 CAGR 将保持 7.5% 的增速。其中，移动互联网用户数超过 10 亿，占互联网用户比例超过 50%；2017 年将增长至 22.7 亿，占互联网用户比例 64%。IDC 预测，移动互联网用户数未来几年 CAGR 将在 13.7%

左右。可以设想，即使其中一小部分作商业性开发，也是十分诱人的市场，事实上 95％以上的网站已经商业化，这正是电子商务和互联网营销吸引众多企业注意的主要原因。

(3) 高度自主、自立、自由的市场环境

由于 Internet 是一个国际性互联网，不受如何一国法律的约束和管辖，任何区域性电脑互联网只要在技术上执行互联网协议（Internet Protocol/IP），就可以连入 Internet；任何企业缴纳数额不多的注册费后，即可获得自己专用的域名（Domain），在互联网自主从事商务活动和信息交流，因此，互联网是一个自由度较高、约束较少的经营活动领域。这一特点既有利于企业探索新的经营方式，降低营业成本，但也存在一些不良分子欺骗消费者、侵犯他人知识产权的行为，而且不容易查处。

(4) 虚拟与现实相结合

互联网世界是虚拟世界，互联网交易双方可能从未见过面，甚至终生也不会见面，但这种虚拟不是虚幻或虚构，而是现实世界的再创造。因此，互联网市场的运行机制必然是既虚拟又现实，以虚带实，虚实结合，从而能够合理运转。

(5) 直接与间接相结合

互联网市场既是一种直接的交易市场，又是一种间接的交易市场。直接性指减少了中间环节，加速了商品流通；间接性指买卖双方不见面，心理上会有一点疑问和隔阂，可能影响交易决策。因此，互联网市场顺利运作的关键在于消除不信任感，以充分的信息交流促进间接与直接的有效合作。

(6) 大众化与个性化相结合

互联网是一种最大众化的市场，但要求针对性极强的个性化服务。为大众服务是要使每个用户都满意的服务，必须是符合个性特点的服务。因此，互联网服务机制要求将大众化与个性化统一起来。

(7) 动态与静态相结合

互联网市场处于一种不断变化之中，变化是常态，但变化必须有节奏，有相对稳定性，才能正常运行。企业要理解互联网市场的这种特点，根据一定的时间、地点条件及出现的新情况，因变而变，采取相应对策，才能不断发展壮大。

2.2 互联网——最佳的创业切入点

2.2.1 互联网创业的特点

(1) 进入门槛低

由于互联网开店不需要传统店面租金和装修开支，不需存货，甚至连首批进货资金也可以省去，因而所需的启动资金少得多，加上互联网的使用成本低，企业运行的成本也较低，因此互联网创业对于许多年轻人和缺乏资金的人来讲是一个比较好的选择。随着各地互联网应用的普及，国内外大多数人都有可能进入互联网市场，推销自己的产品或服务。

(2) 选择机会多

由于互联网是一种不受地域限制的市场环境，互联网出现的商业机会远远大于在本地区或当地城市能够利用的市场机会，即使是一项很奇特的产品或服务，也可以在互联网的巨大市场空间内找到足够的用户或消费者，从而成为一项有利可图的创业选项。

（3）经营方式灵活

互联网开店不受时间、地域的约束，既可以 24 小时×365 天经营，也可以不用你整天守着店铺，互联网商店由计算机接受处理交易信息，无论白天晚上都可照常营业，有人无人也影响不大，这对于那些兼职创业或希望享受更多业余生活的人来讲，无疑是得天独厚的便利条件，而且交易时间的全天候使得交易成功的机会大大提高。

（4）投资回收较快

由于互联网开店需要的投资少、筹备时间短，很快可以投入运营，而且销售规模不受地理空间限制，小网站也可以经营成千上万种商品，也可以做大买卖，因此，投资回收周期往往比较短。一些拍卖网站同时在线交易的商品可达 10 多万件，远超过超级市场，而投资比超市低得多。

2.2.2 中国互联网创业时机

（1）互联网在中国易转化人群和发达地区居民中的普及率已经达到较高水平

截至 2014 年 12 月，我国网民规模达 6.49 亿，全年共计新增网民 3117 万人。互联网普及率为 47.9%，较 2013 年底提升了 2.1 个百分点。见图 2.1。

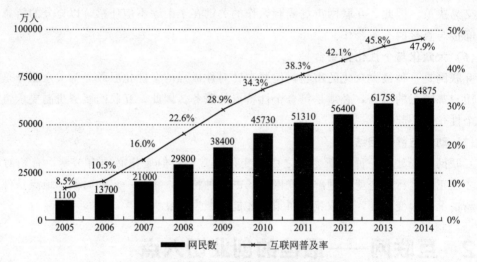

图 2.1　中国网民规模和互联网普及率

来源：CNNIC 中国互联网络发展状况统计调查

（2）近两年云计算在国内取得了实质性的发展，降低了创业初期成本投入

云计算已经成为互联网最热的话题之一，其便利和优势不必多说。创业公司人才、资金短缺，都将会成为创业路途中主要的问题。云计算的面世和普及恰恰可以帮助创业公司克服这些问题。创业公司可以在付出较少成本后，就可以得到便捷、高效、安全的云服务。见图 2.2。

（3）开放平台成为适应当今互联网产业竞争的新模式，为创业者提供了发展平台

通过携手第三方开发者，互联网开放平台商可以协调多方资源来应对用户多元化需求，提升应用开发与服务能力；开放平台为第三方开发者提供了产品推广的运营平台，从而降低创业与独立经营的各项成本。见图 2.3。

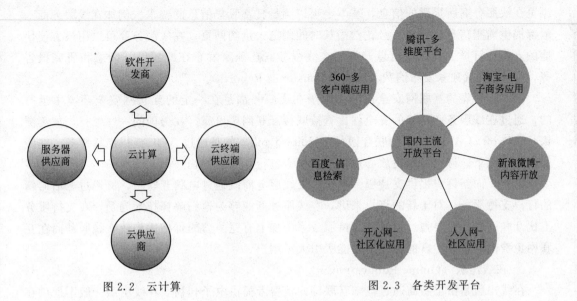

图 2.2　云计算　　　　　　　图 2.3　各类开发平台

尤其是依靠微信平台兴起的微店，首创云销售模式，把商家高额推广费变为推广佣金，颠覆了传统电商平台靠赚取推广费的盈利模式，零成本开设的小型网店，没有资金的压力，没有库存的风险，没有物流的烦恼，只需利用碎片时间和个人社交圈就可进行营销推广，为创业者提供了风险更低的创业平台。

要充分利用互联网取得最佳的商业绩效，企业应根据自身业务特点开发适当的电子商务应用方案，互联网销售无形产品（服务）与销售实物商品有很大不同，下面分别作一些分析介绍。

(1) 无形产品和劳务的电子商务模式

互联网本身具有信息传递的功能，又有信息处理的功能，因此，无形产品和劳务，如信息、计算机软件、视听娱乐产品等，往往可以通过互联网直接向消费者提供。无形产品和劳务的电子商务模式主要有以下几种。

a. 互联网订阅模式

互联网订阅模式（Subscription—based Sales）指的是企业通过网页向消费者提供直接订阅、直接信息浏览的电子商务模式。互联网订阅模式主要用于销售报刊杂志、有线电视节目等。互联网订阅模式主要有以下几种常见的情况。

① 在线服务（Online Services）

在线服务指在线经营商通过每月向消费者收取固定的费用而提供各种形式的在线信息服务。例如，美国在线（AOL）和微软互联网（Microsoft Network）等在线服务商都有一个共同的经营特点：让订阅者每月支付固定的订阅费用可以享受所提供的各种信息服务。在线服务商一般都有自己服务的客户群体，美国在线（AOL）的主要客户群体是家庭使用者；CompuServe 的主要客户群体是商业和高级使用者；微软互联网（Microsoft Network）的主要客户群是 Windows 系统的使用者；Prodigy 的主要客户群是消费者。

在线服务商提供服务的共同特点是以下几点。

第一，基础信息的一站式服务。在线服务商都向订户提供基础的信息服务，客户通过浏览在线服务商所提供的信息，基本上可以满足日常收集信息的要求。例如在线服务商一般都提供剪报信息，订户不必花费很长时间浏览大量的网页，在线服务商可以用最方便快捷的方式让订户了解最新信息，有的在线服务商还独家发布在线报纸、杂志和研究报告等，如 AOL 就独家发布消费者报告（Consumer Reports）。

第二，可靠的互联网安全保障。由于在线服务都是在一定的互联网安全环境中运行的，通过在线服务商联接的安全性比直接联接互联网要可靠。在美国的一些银行，如美洲银行（Bank of America）和联合银行（Union Bank）就是通过 AOL 提供结算服务。在线服务的环境下，订户可以更放心地使用信用卡进行互联网购物。

第三，向新订户提供支持服务系统。在线服务商既通过电脑互联网，又通过电话向新的订户支持服务。对于新的订户来讲，在线服务商能够为他们解释技术问题，在支持服务上比互联网经营商要强。强大的支持服务系统加上有竞争力的价格优势使在线服务商在互联网免费内容十分丰富的情况下仍能吸引大量用户。

② 在线出版（Online Publications）

在线出版是指出版商通过电脑互联网向消费者提供电子刊物。在线出版一般不提供互联网的接入业务，仅在互联网上发布电子刊物，消费者可以通过订阅来下载刊物。

一些出版商网站采用双轨制，即免费和订阅相结合。有些内容是免费的，有些内容是需要订阅的，针对专门订户提供。这样，既吸引了一般的访问者，保持较高的访问率，同时又有一定的营业收入。例如，ESPN 体育地带（Sport Zone）杂志将免费浏览与体育订阅结合起来，特别是推出的一系列独家在线采访体育明星的内容吸引了不少订户。显然，内容独特、满足特定消费群体是在线出版成功的重要因素。

与大众化信息媒体相比，趋于专业性的信息源的收费方式更容易取得成功。互联网专业数据库一直就是付费订阅的，无论是互联网的信息还是其他地方的信息，研究人员相对更愿意支付费用。例如，Forrester Research 咨询公司的研究报告就在互联网收费发布，一些大企业愿意支付这笔不菲的订阅费。

③ 在线娱乐（Online Entertainment）

在线娱乐是无形产品在线销售中令人瞩目的一个领域。一些游戏网站向消费者提供在线游戏，并收取一定的订阅费，目前看来这一作法比较成功，一些游戏网站的经营规模相当可观。

b. 付费浏览模式

付费浏览模式（Pay-Per-View Model）指的是企业通过网页向消费者提供计次收费性互联网信息浏览和信息下载的电子商务模式。付费浏览模式让消费者根据自己的需要，在网有选择性地购买一篇文章、书的一章内容或者参考书的一页，在数据库里查询的内容也可付费获取。另外一次性付费参与游戏娱乐也是流行的付费浏览方式之一。

获取付费浏览模式的成功要具备如下条件：首先，消费者必须事先知道要购买的信息，并且该信息值得付费获取；其次，信息出售者必须有一套有效的交易方法，而且该方法在付款上要允许较低的交易金额。

最早开展付费浏览模式的网站之一是 First Virtual's InfoHouse。该网站是一家信息交易市场平台，其付款方式采用该企业自己开发的互联网付款系统（First Virtual's Internet Payment System）。该付款系统的运作方式是：消费者先下载所需要的信息，然后决定是否值得付费，如果值得就办理付款。这一系统看似对信息出售者有一定的风险，但是，First Virtual 公司在交易说明中指出，信息出售者几乎没有多大的损失，因为重新制作该信息的成本几乎是零。但公司的内部控制系统可以对那些经常下载信息而不付账的消费者自动关闭账户。

互联网信息的出售者最担心的是知识产权问题。他们担心客户从网站上获取了信息，而后又再次分发或出售。一些信息技术公司针对这个问题开发了互联网信息知识产权保护的技术，例如 IBM 的密码信封技术，信息下载者一旦打开密码信封，即自动引发互联网付款行为；为了解决信息再次分发和出售的问题，密码信封的设计允许信息购买者作为代理人将信息再次出售，而且给予代售者一定的佣金。这样就鼓励了信息的合法传播。

c. 广告支持模式

广告支持模式（Advertising Supported Model）是指在线服务商免费向消费者或用户提供信息在线服务，而营业活动全部用广告收入支持，例如，Yahoo 和搜狐等信息服务门户网站就是依靠广告收入来维持经营。

d. 互联网赠与模式

互联网赠与模式是一种非传统的商业运作模式，它是企业借助于互联网全球性的优势，向互联网用户赠送软件产品，借此扩大知名度和市场份额。通过让消费者使用和熟悉该产品，希望消费者购买新版本软件或另一相关软件。由于赠送的是无形的软件产品，用户通过互联网自行下载，企业所投入的分发成本很低。因此，如果软件的确有实用优点，很容易让消费者接受。

采用互联网赠与模式的企业主要有两类，一类是软件公司，另一类是出版商。电脑软件公司在发布新产品时通常在互联网免费提供测试版（Beta Version），用户可以免费下载试用。这样，软件公司不仅取得一定的市场份额，而且也扩大了测试群体，保证了软件测试效果。当最后版本公布时，测试用户可以购买该产品，或者因为参与试用享受一定折扣。许多出版商也采取互联网赠与模式，先让用户试用，然后购买。

e. 专业服务模式

专业服务模式指的是互联网机构为企业内部管理提供专业化、标准化的互联网服务，使企业减少不必要的开支，降低运营成本，提高客户对企业的信任度和忠诚度。一般企业管理涉及多个方面，其中，如何为员工提供便利的工作环境、有效地降低业务开支、维护客户关系是企业管理层要考虑的主要问题。一些网站利用与客户之间相辅相成的协作业务，专门为企业提供管理解决方案，以标准化的互联网服务为企业解决某一层面的管理问题。

（2）有形商品的电子商务模式

实物商品的交付不能通过电脑互联网实现，这种产品可以在互联网上完成成交，而仍然要通过传统的方式完成实际交付。

a. 批发电子商务模式

批发电子商务模式是企业对企业的业务，即 B2B 的业务。无论从目前电子商务的现状看，还是从电子商务的未来发展趋势看，企业之间的电子商务市场要远远大于企业对消费者的市场。目前通过电子邮件、EDI 和专用电脑互联网所进行的企业之间的批发交易额占到全部电子商务交易额的 90％以上。

在批发电子商务中，采购主体是公司企业，采购对象多数是中间产品，如用于制造最终产品的原材料、零部件等，在采购中受时间的约束性较大，采购往往要遵循一套相对固定的程序，业务处理过程可能包括询盘、报盘、接受、下订单、开发票和银行结汇等。由于商业机构之间的商务活动需要遵循一定的惯例和程序，因此，电子商务的过程与零售交易过程是不一样的，批发业务的特点决定了企业之间往往倾向于使用 EDI 方式来实现电子商务。

b. 互联网零售

互联网零售是 B2C 业务，零售商是电子商务的主体，完成商品从商家到消费者的运动过程，包括网站建立与管理、网页内容设计与更新、互联网销售、售后服务的组织与管理等。已经开展有形店铺销售的零售企业从事互联网零售时有一些便利条件，因为已有的物流系统、信息互联网等可以为互联网零售所用，店铺销售与电子商务销售可以共享物流资源，提高物流设施利用率。但新投入到电子销售行业的投资者，如像传统店铺一样新建物流系统等，则成本太高。更合理的方式是，委托第三方设计电子商务的物流系统，确定物流系统的服务内容、成本和服务水平，然后寻找能覆盖市场的物流经营者，将所有物流业务外包给第三方物流企业，以降低经营成本。

c. 互联网拍卖

拍卖模式正在风靡整个互联网，对那些具有探索精神、想找点娱乐或想买便宜商品的网民来说尤其具有吸引力。拍卖活动利用了互联网的互连性质，允许人们从世界各地实时竞价，把传统的购物活动变成带有娱乐因素的经历，许多商品从 1 美元开始竞价，竞价底价远远低于商品的成本，竞价的商品可能是珍本书、珠宝、明星签名或任何能吸引人们注意力的东西。这些东西往往个性化非常明显，对大多数网民没有什么价值，而对少数网民可能是非常宝贵的。要使那些个性化突出的东西价值充分表现出来，拍卖网站就必须聚集大量的买卖方，并为他们提供方便的搜索工具、拍卖竞价工具和秘密谈判工具。通过互联网拍卖，普通网民有机会把自己独特的商品向全世界展示，也有机会买到那些自己喜爱而难得一遇的商品。可以说，拍卖网站挖掘出了那些本来不易发现的需求，实现了本来不易成交的交易，扩大了市场的容量，并通过撮合这些交易获得利润。

互联网个人之间的交易需要提供交易保障服务的中介，解除陌生交易者之间的安全疑虑和不信任感，如淘宝网的"支付宝"服务。但也有一些拍卖网站自己不提供交易保障服务，当一笔交易撮合成交后，拍卖网站会向达成交易的网民提示一些专门提供互联网交易保障服务的网站地址，他们可以转向这些网站联系交易的履行问题。

2.3　大学生何不来创业？

大学生创业虽是一个新生事物，但它对社会发展与经济增长的意义却十分重大。

(1) 引导大学生自觉培养创新能力、创新精神和实践能力

创业本身对于创新精神和能力的高要求，使得想投身于此的大学生更加注意这两方面的提高。从 20 世纪 90 年代中期以来，在我国的就业市场上对本科生的需求开始大量减少，其中一个主要原因就是，现在大学生的实践能力差。在创业的实践过程中，大学生创业者们不得不脱离开学校、家庭、亲友的呵护去接受社会、市场的挑战和考验，在这一过程中他们实践能力的提高和成长的速度都是传统高等教育模式下的学生所无法比拟的。创业对大学生的影响不仅局限在参加创业的这部分同学中。当代大学生是一个渴望成功、崇尚英雄的群体，成功者的榜样力量会激励所有人，会带动一大部分学生对自己的知识结构、个人素质进行反思。

（2）对社会的发展和经济增长做出贡献

在经济的发展中资源的优化利用成为其中的一个主要内容，而现代经济体系运行效率提高的余地逐渐缩小，因而创新成为经济发展的关键因素，创业不仅仅提高个体的人均产出和收入水平，而且促进新的社会结构和经济结构的形成。他不仅通过新的产品和服务来满足社会需求，而且刺激新的投资，从需求和供给两方面来促进经济的增长，这一点从美国的历史数据中进行验证：从 1980 年以来，美国有 70% 以上的新产品和新服务由小企业和创业者提供，新公司每 1 美元的研发经费获得的创新是大公司的 2.5 倍。尤其在我国，正处在发展市场经济体系的阶段，创业的发展必将为完善我国经济结构做出贡献。大学生创业除了具有创业的普遍意义以外，因为大学生处在校园环境之内，是我国科研活动比较集中的地方，对于提高我国远远落后的知识转化率也有着特殊的意义，同时大学生创业不论成功与否还都将为社会培养储备一批具有高文化层次和丰富实践经验的人才，这一点，对社会发展的战略意义，远远大于单纯的经济意义。

（3）增加就业机会

近年来由于我国经济结构调整，亚洲金融危机影响，从 1999 年开始的高校大规模扩招等因素的影响，我国大学生的就业形势不容乐观。全国高等院校平均就业率在 70% 左右，本科生就业率在 80% 左右而这其中还包括回到原籍等待二次就业的学生和考上研究生继续深造的学生。政府也出台了各种相应的政策：允许学生将档案留在学校两年，增加研究生录取人数等，但是都不能从根本上解决问题。而创业，不仅可以解决大学生本身就业困难，大学生的创业企业还可以为社会提供就业岗位，解决我国目前由于经济结构调整造成的全国范围内的就业问题。根据美国的统计结果，从 1977～1980 年间世界 500 强企业削减了 500 万个就业职位，而 1980～1999 年新企业在美国提供了将近 600 万个新岗位。在我国，据统计 1995～1999 年间城镇国有单位减少 2000 万人、城镇集体单位减少 1000 万人，外商投资增加不到 100 人，而私企和个体经济企业增加 1500 万人，成为就业的主渠道。

2.3.1　大学生创业的机遇

（1）政府出台一系列政策鼓励互联网经济的发展

在中国，积极发展互联网市场已经成为一股不可阻挡的洪流，政府大力支持电子商务的发展。党的十六大报告指出："信息化是我国加快实现工业化和现代化的必然选择。坚持以信息化带动工业化，以工业化促进信息化的……新型工业化道路。"各级政府也为促进当地互联网经济的发展出台了一系列优惠政策，为大学生互联网创业提供了宽松的创业环境。比如，2009 年国家提出了《电子信息产业调整和振兴规划》，2009 年浙江省教育厅下发的《关于对普通高等学校毕业生从事电子商务（网店）进行自主创业认定的通知》中，鼓励高校毕业生自主创业，2012 年浙江省工商局已正式出台《关于大力推进互联网市场快速健康发展的若干意见》，以引导当前持续高涨的互联网创业激情。这些政策都为大学生互联网创业提供了良好的政策环境。

（2）互联网创业便于大学生发挥自身优势，学以致用

一方面，中国网民大部分为年轻人，思想相对开放，追求个性化。随着生活水平的提高，网民们的需求结构也发生了巨大变化，在满足了吃饱穿暖等物质需要后，更追求舒适、美观、时尚、个性化等方面的精神享受。20 世纪 90 后的大学生是网民的重要组成部分之一，他们能从自身角度出发，积极地接受新鲜事物，大胆创新，从而敏锐地嗅到市场商机所在。另一方面，很多高校开设电子商务、互联网营销、网页制作等相关课程，老师们以实际案例教学，大大激发了学生们互联网创业的欲望。大学生学以致用，将课堂中的理论知识直接运用到实践中，解决了互联网创业中的很多技术问题。

（3）大学生互联网创业动机充足

大学生创业应是适宜的创业环境与做好创业准备的学生相结合的产物，大学生创业的动机有一定特殊性，归纳起来主要有以下 4 种原因。

a. 生存的需要

由于目前我国正处于经济转型时期，经济结构的调整、城乡差距扩大以及高等教育体制的改革等原因使得许多家庭难以负担昂贵的学费，我国高校学生中贫困生比例逐年增加。在沉重的经济压力之下，为了顺利完成学业，一部分学生只好利用课余时间打工来维持学习和生活开支。在打工的过程中，有一部分具有创业素质的人会发现商机并把握它，开始走上创业的道路。

b. 积累的需要

一部分大学生为了增加自己的实践经验，丰富自己的社会阅历，为实现自己的人生目标做好准备，在条件成熟时也会利用课余时间走上创业的道路。这种类型的创业者往往以锻炼为目的，承受失败的能力较强。

c. 自我实现的需要

心理学研究表明，25～29 岁是人的创造力最为活跃的时期，这个年龄段的青年正处于创造能力的觉醒时期，对创新充满了渴望和憧憬。他们思维活跃、创新意识强烈，大学环境使他们更容易接触一些新的发明和学术新成果，或者他们本身就拥有自主知识产权的科研成果，会积极投身到自己的创业生涯中。

d. 就业的需要

当前，我国的大学生就业形势相当严峻，一方面表现为需求不足；另一方面表现为大学毕业生的工资待遇降低。在这种情况下，为了实现自己的价值，一部分大学生选择了自主创业。

2.3.2 大学生互联网创业类型

（1）互联网营销类

互联网营销具有成本低、回报快、风险小、灵活性较强、便于操作等特点，深受青年大学生特别是启动资金有限的大学生的欢迎。大学生互联网营销类创业又以天猫、淘宝、微信等平台为主要依托，这类创业目前是很多大学生互联网创业的首选创业方式。

（2）智力服务类

大学生利用自身智力和专业优势，主要通过建设网站、提供互联网咨询服务、技术服务和软件、智能手机（电脑）功能开发、维护等方式创业，这类形式对大学生来说，与专业结合紧密，既能开展创业实践体验，提高自身创业能力，又能促进专业学习，进一步提高自身专业知识和能力。

（3）高技术项目类

以互联网为依托平台，云服务、物联网技术、职能技术等高科技手段不断出现，大学生作为高科技知识和技术的学习者、践行者，在高科技项目创业上，不仅有很大的优势，而且有很大的发展空间和前景。互联网高科技创业项目已成为众多风险投资者的首选和重点。

大学生作为一个独特的群体，既有与其他创业者相同的共性，也有其他创业者所不具有的一些特点。

2.3.3　大学生互联网创业的优劣

（1）大学生互联网创业的优势

① 具有本科或研究生程度的文化水平，对事物较有领悟力，有些东西一点即通；

② 自主学习知识的能力强；

③ 接受新鲜事物快，甚至是潮流的引领者；

④ 思维普遍活跃，无论敢不敢干，至少会敢想；

⑤ 运用 IT 技术能力强，能够在互联网上搜寻到很多信息；

⑥ 自决心信念较足，对认准的事情有激情去做；

⑦ 年纪轻，精力旺盛，故有"年轻是最大的资本"之说；

⑧ 没有成家的大学生暂无家庭负担，其创业很可能获得家庭或家族的支持。

（2）大学生互联网创业的劣势

① 缺乏社会经验和职业经历，尤其缺乏人际关系和贸易互联网；

② 缺乏真正有贸易远景的创业项目，很多创业点子经不起市场的考验；

③ 缺乏贸易信用，在校大学生信用档案与社会没有接轨，导致融资借贷难题重重；

④ 喜欢空言无补，创业设想大而无当，市场猜测普遍过于乐观；

⑤ 眼高手低，好高骛远，看不起蝇头小利，往往大谈"第一桶金"，不谈赚"第一分钱"；

⑥ 独立人格没有完全形成，缺乏对社会和个人的责任感，甚至毕业后有继承依靠父母过日子的想法主意；

⑦ 心理承受能力差，碰到困难就抛弃，有的学生在前期听到创业艰难，没有尝试就放弃了；

⑧ 整个社会文化和贸易交往中往往不信任青年人，俗语说的"嘴上没毛，办事不牢"，很不利于年轻人的创业。

总结：较低的创业门槛、实力超强的行业巨头意味着互联网行业竞争极其激烈，一个创业项目从最初的点子或理想，到初期规划，到具体落实，到项目成型以及未来各个阶段的发展，无一不是时时处处有陷阱，需要及时规避风险。很多大学生对于网络创业的复杂性认识不足，认为网络创业相对简单，实际上则不然。网络创业与传统创业没有什么根本区别，要说有区别只是采用的工具不同。无论是传统创业还是网络创业，都需要对创业项目做市场及行业分析，制订营销策略，组建创业团队，预测未来财务状况，筹集创业资金，评估创业风险。网络创业成功者有之，但失败者也比比皆是，失败的原因包括缺少资金支持，团队产生分歧，在技术、市场或销售方面存在短板。因此大学生创业者要充分认识到网络创业的复杂性，提高创业成功的概率。

(3) 当前大学生创业能力培养存在的主要问题

a. 对创业能力培养的重要性认识不足

一是一部分高校将招生计划同就业率挂钩，造成了高校往往只重视就业率而忽视对大学生进行创业教育的培养。二是多数高校开设的创业课程为选修课，没有从思维观念上对创业教育进行重视，未将其纳入规范的教学和科研计划中。

b. 重理论轻实践，方法形式单一

目前，高校的创业教育教学方法仍以传统的灌输教育为主，过于注重理论知识的传授而忽视了对学生的知识运用能力的培养与锻炼，严重束缚了大学生的思维意识，阻碍了创新能力的发挥。另外，高校对大学生创业能力的培养往往停留在课堂讲授、创业计划比赛、讲座等形式上，这些形式在一定程度上是浅层次的表面化、临时性的创业能力培养，效果欠佳，作用不明显。

c. 师资力量薄弱，政策支持不足

目前，在高校中从事创业教育的教师大多只从事理论课的传授，没有创业经历，缺乏实践经验。高校创新创业教育师资结构存在严重不足，有实践经验的师资力量的匮乏对大学生创业能力的培养十分不利。各级政府都出台了措施支持大学生创业，但是要么在某些方面扶持力度低，要么与高科技产业挂钩，准入门槛高，真正为大学生量身打造的创业扶持政策有待完善。

d. 以群体培养方式为主，忽视学生个性发展

当前，高校对大学生创业能力的培养主要以班级为单位，通过开设课程大规模群体化培养，这种培养方式对于普及创业知识、推进创业意识具有积极作用。但是由于每个人个体能力的差异，这些广谱式的培养方式不具备针对性，不能很好地发挥个体的潜在能力。加之高校创业教育师资力量的匮乏，不具备"一对一"个性化培养的条件。

e. 传授创业知识容易，内化为学生的创业能力难

事实上，大学生创业成功的过程是一个"知道、悟道和行道"的过程，让学生简单地掌握创业的知识相对容易，但是让学生领悟到创业成功的真谛，把握创业的科学规律，进而转化成创业的实际行动就很难了。一是我国大学生创业能力的培养较西方发达国家起步较晚，到目前为止还没有一个较为成熟的大学生创业能力培养模式，缺乏大学生创业能力培养的理论支撑。二是目前承担我国大学生创业能力培养的教师主要由负责学生就业的一线工作人员和负责商学教育的专职教师组成，由于受工作岗位和个人经历的局限，难免会出现教学技能相对欠缺、创业实战经验缺乏的问题。三是由于长期应试教育的影响和创业能力培养的缺位，大学生的创业意愿、需求规模等不明晰，甚至他们连融资渠道的类型都不清楚。在这种状态下，融资过程和结果不能达到需求的情况常常出现，而且还会进一步影响其后的生产经营环节。而且，大多数大学生所选择的渠道主要为亲友等熟人筹资，其次为传统银行贷款。前者在融资规模上有很大的局限性，后者的条件较为苛刻，对于创业起步的大学生而言往往达不到其要求。

2.3.4　大学生创业应注意的问题

(1) 专注于特定领域

专注并解决一个小问题作为市场切入点，不要想什么都做，以免贪多嚼不烂，使自己陷入被动。船小才好调头，规模小可以带来灵活性和很多优势，许多互联网公司在企业发展过程中不断做出方向调整，实现的结果与当初的设想可能大相径庭，比如 Ebay 最初只是想销售拍卖软件，结果却成为拍卖网站；小也可以变大，市场缝隙有时可以变成一个新的大市场。

(2) 保持差异性

在多数情况下，专才比通才在市场上更有竞争优势，不一定要做非常先进的事情，但一定要做与人不同的事情，做出自己的特色，给顾客提供不一样的服务和体验，才能体现出对用户的价值。

(3) 保持低成本

对于创业的资金需要、特别是创业初期的现金流问题要有足够的思想准备，精打细算，节约费用开支。即使有很好的商务模式和赢利前景，如果资金周转发生问题，也会导致企业夭折。因此，不要被初期的顺利进展和蓬勃发展冲昏头脑，要时刻保持对成本和资金链的警惕。在互联网创业初期要尽可能多地使用互联网的廉价或免费服务，能充分利用廉价或无偿的互联网资源也是一种经营能力。

案例分析：马云与阿里巴巴

2000 年 7 月 17 日，马云成为了中国大陆第一位登上国际权威财经杂志《福布斯》封面的企业家。《福布斯》杂志的封面故事这样描写他："深陷的颧骨，扭曲的头发，淘气的露齿笑，一个 5 英尺高、100 磅重的顽童。然而这个长相怪异的人有拿破仑一般的身高，同时也有拿破仑一样伟大的志向。"

马云讲："自己一点儿也不聪明，读书时，成绩从没进过前三名，小学考重点中学考了 3 次没有考上。高考想考北大，但考了 3 年才考上一个专科——杭州师院"。然而这样一个学习表现平平的人，却成功创办了国内外闻名的阿里巴巴电子商务网站，《2005 年福布斯中国富豪榜》把马云排在第 27 位，拥有财富 3.7 亿美元。马云讲："如果我马云能够创业成功，那么我相信中国 80% 的年轻人都能创业成功。"

(1) 充满好奇和善于发现机遇的眼睛

有人认为马云投身电子商务是机缘巧合，其实马云总是善于发现和捕捉机遇。改革开放之初，十几岁的马云把握机会，在没有一点儿家学渊源、更没出过国的情况下，通过与来杭州旅游的外国游客的交流，练就了一口纯正、流利的英语，这对他日后的发展大有裨益。多年后，他能从容应对各大媒体的采访，对着各式各样的观众侃侃而谈，这得益于少年时的努力。

大学毕业后，尽管他是"三天没有新的想法就难受"，但出于对赏识自己的母校校长的承诺，马云在杭州电子工学院认认真真地教了六年多书。其间，他成立了杭州首家外文翻译社，用业余时间接一些外贸单位的翻译活儿。

命运在 1995 年发生改变，英语出色的马云受浙江省交通厅委托到美国催讨一笔债务。

在美国，马云发现了互联网，刚刚学会上网的他马上就想到为自己的翻译社做互联网广告，那天上午 10 点他把广告发送上网，中午 12 点他已收到了来自美国、德国和日本的 6 封邮件，信上说这是他们看到的有关中国的第一个网页。马云立刻意识到，面前的互联网是一座尚未开掘的金矿。

回到国内，马云决定出来闯荡闯荡。1995 年 4 月，他与妻子，再加上 1 个学自动化的"拍档"，3 个人、2 万元、1 间房，组建了一家互联网公司——海博互联网。他们的产品叫做"中国黄页"，这是国内第一家互联网中文商业信息站点，同时也在国内最早形成主页发布的互联网商业模式，成功地发布了无锡小天鹅、北京国安足球俱乐部等中国第一批互联网主页。

（2）确立自己的目标，永不放弃

那时候的中国，还没有多少人知道互联网，马云天天提醒自己："互联网是影响人类未来生活 30 年的 3000 米长跑，你必须跑得像兔子一样快，又要像乌龟一样耐跑。"然后出门跟人侃互联网，说服客户，渐渐的业务艰难地开展起来了。

马云有段名言："永不放弃，同时要坚信，今天很残酷，明天更残酷，后天很美好。绝大部分的人都是在明天晚上死掉，见不到后天的太阳。所以如果你希望成功的话，每天要非常地努力，活好今天，才能度到明天。过了明天你才能见到后天的太阳。"

度过了艰难的 1996 年，企业逐渐壮大，马云也受到了对外经济贸易合作部的注意。1997 年，马云从杭州来到北京，加盟对外经济贸易合作部的一个由联合国发起的项目——EDI 中心，运作该中心所属的国富通信息技术发展有限公司。1997～1998 年，马云团队开发了对外经济贸易合作部门户、互联网中国商品交易市场、互联网中国技术出口交易会、中国招商、互联网广交会和中国外经贸等一系列站点。其中，对外经济贸易合作部站点成为国内部委中最早上网的政府站点，互联网中国商品交易市场是中国政府首次组织的大型电子商务平台。

马云没有就此满足，而在寻求更好的发展方向。在这两年间，他形成了自己的 BtoB 理念：用电子商务为中小企业服务。他发现，互联网商业机构之间的业务量，比商业机构与消费者之间的业务量大得多。为什么放弃大企业而选择中小企业，马云打了个比方："听说过捕龙虾富的，没听说过捕鲸富的。"

1999 年 3 月，马云毅然决定回老家杭州，创办自己的电子商务网站。他对伙伴们说："我要回杭州创办一家自己的公司，从零开始。愿意同去的，只有 500 元工资；愿留在北京的，可以介绍去收入很高的雅虎和新浪。"他给大家 3 天时间考虑，但不到 5 分钟，伙伴们一致决定："我们回杭州去，一起去！"。大家把各自口袋里的钱掏出来，凑了 50 万元，开始创办阿里巴巴网站，明确其发展方向是为商人建立一个全球最大的互联网商业机会信息交流平台。几个月后，www.Alibaba.com 在互联网出现了。

（3）不善将兵善将将

很难想象，搞了多年的互联网公司，马云却不懂计算机，对软件、硬件一窍不通，只会用电脑上网和收发邮件。但马云并不在意这一点，他认为不懂技术并不妨碍他去管理公司。"我就告诉我们的工程师，你们是为我服务的，技术是为人服务的。人不能为技术服务。再好的技术如果不管用，就只能扔了。我们的网站为什么那么受欢迎，那么受普通企业家的欢迎，我曾经大概做了一年左右的质量管理员，就是他们写的任何程序我都要试试看，如果我发现不会用，我就说赶紧扔了，80％的人跟我一样蠢，不会用的。"

马云坦言，自己最欣赏唐僧师徒团队："唐僧是一个好领导，他知道孙悟空要管紧，所以要会念紧箍咒；猪八戒小毛病多，但不会犯大错，偶尔批评批评就可以；沙僧则需要经常鼓励一番。这样，一个明星团队就成形了。"在马云看来，一个企业里不可能全是孙悟空，也不能都是猪八戒，更不能都是沙僧，"要是公司里的员工都像我这么能说，而且光说不干活，会非常可怕。我不懂电脑，销售也不在行，但是公司里有人懂就行了。"

马云认为，很多时候，中国的企业往往是几年下来，领导人成长最快，能力最强，其实这样并不对，他们应该学习唐僧，用人用长处，管人管到位即可。毕竟，企业仅凭一人之力，永远做不大，团队才是成长型企业必须突破的瓶颈。"阿里巴巴做得好，不是我的功劳。我觉得最重要是永远相信下面的人比你强，今天我的工作就是和水泥，我什么都不懂，把这些人黏合在一起，每个人都能发挥好。"

其实马云最成功的也就是这一点，他是在企业使命、价值观层面上发挥领导力，然后构建起一个和谐的团队，在每一个领域安排上最合适的人，让员工们由衷响应他的号召，带着"做中国最好的企业"的使命感为阿里巴巴而工作。

（4）马云眼中的成功

从 2002 年低谷时期盈利 1 元钱，到后来每天营业额 100 万元，再到每天利润 100 万元，2005 年阿里巴巴已经实现每天缴税 100 万元，阿里巴巴的成长速度惊人。用马云自己的话讲："现在，阿里巴巴拿着望远镜都找不到对手"。

什么才是马云心目中的成功？马云希望到 60 岁的时候，和现在这帮做"阿里巴巴"的老家伙们站在西湖边的桥边上，听到喇叭里说，阿里巴巴今年再度分红，股票继续往上冲，成为全球……。马云说，2005 年，他最高兴的事情不是并购了雅虎中国，而是成为中国的最佳雇主公司，希望阿里巴巴能够成为青年人创业、成长、发展的最佳平台，把阿里巴巴打造成一个全世界伟大的、由中国人创造的公司。

（5）马云成功经验的启示

① 在于他有强烈的探索求新意识，对新事物有好奇心和敏锐的观察力，敢于不断探索新的领域，尝试新生事物。青年学生的"食谱"不能太窄，假如只对电脑感兴趣，或者说只对电脑游戏感兴趣，而对文学、艺术、历史、时事、军事、政治等广泛的领域视而不见或无暇关注，久而久之，会钝化一个人的思维判断能力。

② 马云有很强的自信心，甚至可以说有几分张狂，从"拿着望远镜都找不到对手"这句话也可以看出他的个性特点，而这一点恰恰是现今许多青年学生所缺乏的。他们虽然会藐视或怀疑权威，但如果让他们承担或主持一件事，马上会摇头拒绝，认为自己能力不够，还得继续学习。既看不起别人，又怀疑自己的能力，是许多大学生在现实社会中难以立足发展的重要原因。

③ 马云有永不放弃的决心和毅力，能坚韧地把自己选定的事业推向前进。任何事物的发展都有起伏，坚韧者才能耐得了寂寞和孤独，度过低谷挫折，马云也是这样度过了互联网的"冬天"。

④ 马云流利的英语表达能力和口头交流能力，对他开创事业以及获得国外风险投资起到了重要作用。

⑤ 马云有一股热情，靠强烈的性格感召力和合作意识，能够凝聚人心。靠团队力量而不是靠一己之力，是马云取得成功和事业发展壮大的根本因素。能够以旺盛的热情鼓舞和带动团队伙伴，是青年创业者应当从马云身上学习的一种重要品质。

案例来源：编写组收集整理。

思考练习题

1. 创业的特殊环境是什么？
2. 现在创业的机会是什么？
3. 梳理一下互联网发展的脉络。
4. 谈谈当今大学生应该如何利用互联网进行创业。
5. 大学生创业的出发点和特点。

第 3 章

创业者的"器"与"道"

3.1 创业者之"器"——精神

3.1.1 创业者的含义

Kirnzer（1973）认为创业者是能够辨认市场不均衡所带来的机会，采取行动从中牟利，并且具有能够正确地预期下次不均衡将在何时何地发生能力的人。

Brockhaus（1980）认为创业者是一位有愿景、会利用机会、有强烈企图心的人，愿意担负起一项新事业，组织经营团队，筹措所需资金，并承受全部或大部分风险的人。

Peterosn 及 Abluam（1984）认为创业者是组织资源，管理并承担企业交易风险的人。

Nelosn（1986）认为愿意承担风险是能否成为成功创业者的关键，其他条件还包括了运气、时机、资金和毅力。

Stveneosn（1999）认为创业者是一位希望攫取所有的报酬，并将所有的风险转嫁给他人的聪明人。

Timmons（1999）认为创业者是由强力承诺与毅然耐性所驱使的人。

坎蒂隆（R. Cnatilofn）认为创业者是承担风险并合法拥有其收益的人。

杜尔哥（A. R. Turgot）和萨伊（J. B. Sya）认为创业者不同于资本家，创业者承担风险或不确定性，通过获得并组织生产要素来创造价值。

熊彼特认为创业者的职能就是创新，创新能够克服自由市场经济的内在矛盾而使之延续。

目前研究者们倾向于认为，创业者是发现和利用机会，负责创造新价值（一项创新或一个新组织）过程的个体（Buryat 和 Juline）。因而创业的内涵被界定为个体创造新价值的过程。

我们把创业者定义为，具有创业精神，开发并拥有或部分拥有至少一个新企业，能够将经济资源从低生产力领域向高生产力领域转移的人。法国经济学家萨伊曾说："创业者能够将经济资源从生产力低的地方转移到生产力高、产出多的地方。"创业者不完全等于企业家，从外延来看，创业者除了从事实业以外，还可以存在于事业单位、社会团体、政府中；从内涵来看，创业者要进行的创新过程有许多特殊问题要解决，创业者必须具备一些特殊品质和知识。美国对创业者的定义是："开创自己崭新小企业的人。"这里的崭新指的是创造出新的产品、新的消费者需求、新的管理、新的技术、新的企业模式、新的价值、与众不同的东西等。

随着创业的发展，现代社会的创业者与传统的创业者在创业过程中已经大不相同，主要体现在以下几方面。

(1) 筹措资金的方式不同

传统创业者通常自行筹措资金，自有股权占到100%。而现代创业者，大部分通过借助风险投资或其他投资者筹措资金，有时创业者的资金不及总资金的20%。

(2) 创业管理方式不同

传统创业者比较注重苦干实干，稳健成长。而现代创业者除了必须具备传统创业者的条件外，更注重创业管理，如创业机会的掌握，创业策略的拟定及实施。

(3) 创业理念的不同

传统创业者注重追求利润，而现代创业者追求利润已经不是唯一的目标，他们更加追求成就与实现自我的目标。有很多人放弃高薪的公司经理人职位，宁愿选择进行创业，就是为了实现个人的理想愿望。

(4) 创业者性别比例不同

在传统社会，男耕女织的思想深入人心，人们普遍都认为，女性不宜多抛头露面，更不用说独立创业了，因而女性创业家屈指可数；在现代社会里，在男女平等、女性撑起半边天的思想下，女性创业者日趋活跃。

(5) 创业内容不同

随着时代潮流的演进、产业结构的改变、科技进步及消费者价值观的改变等因素的急剧变化，涌现出了大量的创业机会，创业行业也日趋丰富，现代创业者在服务产业与信息产业中比例最高。

3.1.2 创业者的心理特征

心理学家们曾对创业者们的心理特征方面作了大量研究，他们发现创业者在某些方面与常人不同，这种不同在他们看来，可以在创业者的心理特征方面得到解释。根据心理学观点，存在一组表明创业倾向的心理特征，有这些特征的个人特别有可能发生创业行为。这些心理特征主要包括成就需要、风险承担倾向和控制欲等。

(1) 成就需要

何谓成就需求？美国心理学家麦克莱兰（David McClelland）曾给出如下定义："希望做好的欲望，主要不是为了社会承认或声望，而是为了内在的个人自我实现的感觉。"他认为成就需要高的人成为创业者的可能性大，并提出假设：一个普遍拥有高水平成就需要的社会将产生更多更有活力的创业者，这些创业者将产生更快的经济发展。根据麦克莱兰的理论，创业者是成就需要和经济增长的中间变量。

麦克莱兰此后通过实验得出结论，认为创业者成就需求得分高，并发现成就需求得分高的人具有下列特点：希望承担决策的个人责任，即在解决问题、确立目标和通过个人能力达到这些目标时个人负有责任；喜欢具有中度风险的决策；对决策结果感兴趣；不喜欢日常工作或重复性工作。

麦克莱兰的这一发现与一项英国研究的结论有些相似，该研究对"什么激励着人们去创业"进行调查，结果表明：98％的人回答是"将个人获得成功的满足感"列为第一重要动力，其中有70％的人认为是非常重要的原因。88％的人将"按自己方式做事"、87％的人将"做长远规划的自由"列为重要或非常重要。仅有15％的人认为"给后代留下什么"是非常重要的。

创业者的个人成就感有利于组织的创立，但单纯追求个人成就感的创业者经常面临个人成就和组织成功之间的矛盾。在创业初期企业规模小时，创业者个人的能力就足以保持企业的正常运转，但当企业规模变大，超出创业者的个人能力时，如果仍然紧紧握住权力不放，将组织的成功视为其个人成就，组织的成功与否建立在一个人身上，企业将难以获得更大发展和长久生存，因为个人的能力限制了企业的发展，尤其是创业者出现重大失误或因故离开企业时，企业往往难以为继。创业中这种创业者将企业权力和命运系于一身的现象屡见不鲜。创业中的个人成就和组织成功应该是相互联系又相互独立的两个方面，个人成就应建立在组织成功的基础之上，而不应使组织的成功完全依赖于创业者个人成就。

（2）风险承担偏好

几乎所有创业者的定义都会提到创业者的风险承担偏好。一些研究阐述了创业者作为风险承担者的重要性，并指出创业者是不可计量的不确定性风险的承担者。创业者承担的风险包括资本风险、职业风险、家庭和社会风险、心理风险等。一些研究发现，自尊与风险承担倾向密切相关，而且可能是其驱动力量。具有很低程度自尊的人或者不承担风险，或者承担很高风险。而拥有健康自尊的人能够承担与各种情形相匹配所产生的风险。一些研究指出创业者是"中度的风险承担者"，即创业者敢于承担风险但不盲目地冒险。创业者在管理决策中对风险的处理要根据环境或战略来进行，而不是完全依靠个性来进行。有些研究按照创业者的风险承担倾向进行分类，研究的结果依据创业者的性别、文化背景、企业发展阶段、所拥有的企业类型以及所采用的研究方法而不同。值得注意的是，促使许多人决定创业的因素可能并不是对风险的偏好，而是对自己降低风险和处理风险能力的信心，这来自于个人乐观的态度、敢于接受挑战的性格和以往成功化解风险的经验。几乎没有一个创业者是完全按照创业之初的设想一帆风顺地创立和发展自己的企业的，创业者通过创业中不断创造性地解决各类问题来增强预测和化解风险的能力，创业过程本身是一个不断学习和创造的过程。

（3）控制欲

一些研究表明，创业者具有相信通过自己而不是他人来决定其命运的个性。控制欲是指人们相信其控制自己人生的程度。美国心理学家罗特（Julian B. Rotter）通过测试得出结论，控制欲与成就需要相一致，而创业者倾向于高度的控制欲，他们被视为对生活中的事件过程具有某种影响力的人，他们与控制欲低的人相反，后者感到自己由外部力量诸如运气和命运主宰。对于控制欲高的人来说，个人命运来自内部，由自己而非他人掌握，因此，他们更倾向于自我依赖、独立和自治。控制欲高的人拥有创业精神的3个特征：自信、创造性和责任感。一些研究发现在希望创业和不希望创业的学生之间在控制欲上的差异很大。有的研究用实验证明了拥有高度控制欲的人更有可能成为成功的创业者！和控制欲相关的是个人独立性，创业者往往喜欢独立思考和行动，这种人很难循规蹈矩地按别人命令行事，渴望独立自主，即自己领导自己，自己当自己的老板，这一点被认为是创业者最强烈的个性特征之一。

创业者的心理特征是值得重视的，不仅因为它的多样性，还因为各种创业者的个性难以统一。一般的观点是，创业行为决定于创业者的个性，创业者显示出比社会中其他人更强的成就动机、风险承担性、控制欲和自信心等。

3.1.3 创业守则与企业家精神

"企业家"（Entrepreneur）的概念最早在经济学中的应用始于法国经济学家 Richard Cantillon（1775），他将企业家定义为"承担经营风险的人"。自此之后，众多经济学家和管理学家从不同的角度对"企业家精神"予以解释。由这些纷繁的理论成果所带来的启示之一，同时也是"企业家精神"研究者们的共识，就是把"企业家精神"作为一个具有多维含义的概念，定义它的方式必然由于研究重点的不同而有所侧重（Audretsch，2002）。企业家精神既是企业家个人的具体特征，更是一种社会现象，企业家精神形成于企业经营活动和一定的社会文化以及经济制度条件下。企业家精神的核心是创新精神，除此以外，还包括风险承担精神和冒险精神等。

企业家在经营企业过程中表现出来的思想意识、思维活动以及心理状态，被统称为企业家精神，企业家精神对于企业的技术创新至关重要，是整过技术创新过程的重要推动力，所以，要想成为一个出色的企业家，就必须具备一般人所没有的特质和功能，按照现在市场经济的观点，企业家最基本的特质和功能就是创新。企业家作为创新的主体，作为创新的倡导者和执行者，他们具有一般人不具有的特质，比如洞察力、创造力、风险承担精神等，创新与企业成长相关，而创新的实施者是企业家，因此，企业家是推动企业成长的本源，一个企业要想取得成长，就必须有一个特质鲜明的企业家领导企业发展前进。既然企业家精神是企业成长的动力，是宏观经济增长的驱动力，那么哪些精神是企业家精神呢，学者们认为，企业家精神首要体现的是创新精神，除了创新精神外，合作精神、协调精神、冒险精神、开拓精神等都是企业家精神，因为具备了这些精神，所以企业家勇于创新，善于变革。

我们可以学习借鉴一下松下幸之助先生提出的成功创业者的创业守则。

①确立经营理念；②事事求生存发展；③抱定崇高的人生观；④认识正确的经营使命；⑤顺应自然法则；⑥利润是合理的投资报酬；⑦贯彻共存共荣的精神；⑧视人类社会为光明正大；⑨有必胜信心；⑩力行自主经营；⑪水库式的经营方法；⑫适当的经营观念；⑬贯彻专业化；⑭造就人才；⑮集思广益，全员经营；⑯调和劳资关系；⑰经营是一种创造艺术；⑱适应时代变化；⑲关心政治；⑳抱着真诚心境。

企业家是经营管理企业的专家，是人类社会中一个特殊阶层。在经营管理企业的特殊环境中，企业家产生了一种体现自己特点的思想意识、思维活动和心理状态，这就是人们通常所说的企业家精神。经济学也对企业家精神给出了定义，其中熊彼特对企业家精神的阐释最为引人注目，熊彼特在《经济发展理论》和《资本主义、社会主义与民主》二书中提出了"创新"学说。他认为，经济的发展依赖企业家的创新。在熊彼特看来，是否算得上企业家，主要看他是否对客观环境做出创造性或创新的反应。但柯尔教授对此却持异议，他认为研究企业家精神时不应过分强调"创新"，因为"新颖只有当采用它们的机构有效地运营时才会获得成功"。柯尔主张企业家精神要与从事创办、维持和扩张旨在牟利的产业单位的有效运作联系起来。

不论经济学家们对企业家精神的解说存在何种分歧，企业家精神都应是从事工商业经营管理的人士在激烈的市场竞争和优胜劣汰的压力下养成的心态、价值观念、思维方式和精神素质，它包含冒险精神、竞争和创新意识、效益观念、追求更高目标和扩张企业的冲动，以及与不断变动的市场经济相适应的其他思想素质。它在封闭、停滞的封建自然经济和平稳、宁静的田园生活中是不可能产生的；拥有企业资产或掌握管理专业知识的人也并非都必定具备企业家精神。

如果将企业家精神加以具体化，企业家精神至少表现为以下四个方面。

（1）开拓创新精神

纵观国内外成功的企业家，虽然成功之路不同，取得的业绩各有千秋，但有一个共同点：具有强烈的创新精神。正是这种创新精神，推动企业家在商务活动中动脑筋、出奇招，不断采用新的科研成果和新技术，不断开发新产品，不断开辟新的服务领域和新市场，不断改革组织管理和经营方法，才使企业不断发展，立于不败之地。所以，创新精神是企业家精神的集中表现，是衡量经理人员是否是企业家的重要标志。熊彼特指出，"企业家的特点和职能就是在创新精神的推动下，通过利用一种新发明，或更一般地，利用一种生产新商品或用新方法生产老商品的技术可能性，通过开辟原料供应的新来源或产品的新销路，通过重组产业等来改革生产模式或使它革命化。"熊彼特还指出："企业的创新与发明者的创新不同，发明者的创新只是一种发现；企业家的创新主要不在于发明某些东西或炮制出企业得以开发利用的某些条件，而在于把事情付诸实行。"

企业家与一般的厂长、经理不同。一般的经理人员多属于守业型人才，他们往往对未来的社会、经济和技术的重大变化缺乏预见，或虽有预见，但不愿冒风险，或行事保守，满足于已取得的成绩。这样的经理人员能把现有企业管理得井井有条，但不能开拓新局面、新事业。因此，他们只能是一般的经营管理者，而不能成为企业家。与此相反，企业家则是开拓型人才，具有强烈的开拓进取精神。在企业初建时，他们能克服资金少、人才缺等困难，迅速打开局面，使企业得到社会承认，迅速获得发展。事业成功后，他们不满足于已有的成绩，有追求更高、更远发展目标的强烈愿望，并能审时度势，抓住企业成长的机会，使企业不断发展壮大。在企业陷入困境时，他们也能临危不乱，使企业迅速摆脱险境，迎来"柳暗花明"的新天地。

（2）实干拼搏精神

企业家既是战略家，又是实干家。他们的成功不仅在于他们具有战略家的眼光，能预见未来市场的发展变化，及时地制订出企业发展的战略，还在于他们具有实现战略的勇气、决心和吃苦耐劳的实干精神，所以许多著名企业家都十分强调企业家的实干精神。已故著名企业家霍英东认为："一个企业家，要从经验中成熟，其中刻苦耐劳占95%。"著名企业家李嘉诚也把实干精神作为企业家的基本特征之一。实际上，他自己就是一个很有实干精神的企业家，他年轻时每天能工作16小时，一星期工作7天。许多日本、韩国企业家也是以实干精神著称的。日本本田汽车的负责人久米先生认为，企业家的成功是1%的灵感加上99%的汗水。日本著名企业家土光敏夫也认为："经营管理者和领导干部，应该是真正能吃苦的人。如果不能做到一点，这个人就不具备掌管企业的资格。"

任何企业的成长都不可能是一帆风顺的，往往会遇到各种意想不到的困难，会遇到强大的竞争对手，甚至遭受挫折和失败。这就要求企业家具有百折不挠的意志和拼搏精神。面对各种困难，他们能不回避、不退缩，敢于藐视困难、战胜困难；面对强手如林的竞争局面，他们毫不畏惧，敢于竞争；面对挫折和失败，他们不灰心、不气馁，善于从成功和失败中吸取经验教训，化作继续前进的动力和杠杆。

（3）奉献精神

企业是以营利为目的的经济组织。企业家作为企业的领导者，当然应该千方百计使企业获得更多的利润。但是，如果把追逐利润当成办企业的唯一目的，甚至为了获得利润而不择手段，损人利己，坑害国家和人民，这种人就不是真正的企业家。我们可以从许多企业家身上看到一种服务于社会、造福于民众的奉献精神。首先，这种奉献精神表现为办企业有崇高的宗旨；其次，这种奉献精神也表现为对事业的执着追求；再次，这种奉献还表现为富了不忘家乡、国家和民族，有为国家和人民排忧解难的心愿和行动。

以上这3方面的精神是就企业家整体而言的。具体到每个企业家，由于各自的人生经历不同，所受的教育和成长环境不同，表现的侧重点也不一样，有些企业家可能创新精神表现得特别突出，另一些企业家则可能是拼搏精神更突出一些。

（4）风险承担精神

早期的研究者如 RichardCantillion（1755），Marshall（1890），FrankKnight（1921）认为企业家精神就是风险承担精神，由于经济发展中具有高度的不确定性，企业家就要具备处理这些随时出现的不确定和风险的能力，他们勇于担当，这是他们与其他人员的区别，这种精神在创业初期得表现尤其突出，因为在企业成长初期，所面对的环境很不利，失败的风险概率很大，企业家一旦决定创业，就决定了他需独自承担可能出现的一切后果。

高回报率和高风险性是新经济时代的最主要特征。一项高新技术从诞生到最终产品化、产业化是一个漫长复杂的过程，往往需要投入大量资金进行研究开发和营销。同时，还无法准确地把握市场对高科技产品的需求，无法准确地预测高科技成果转化为商品的可能性。而科技推陈出新以及产品更新换代的加快更进一步加大了企业的投资风险。因此，在新经济时代，企业家必须具备风险承担精神。并与果断决策能力相联系。企业家精神体现的就是创新与风险承担精神，创新与风险业务的开拓都具有一定的冒险性，因而，企业家作为创新与风险业务开拓的主体，应该具有敢于冒风险的素质。

但是，企业家精神的风险担当精神是有限度的，并不是盲目的承担，在做出冒险决定的时候，企业家会权衡风险大小，考虑风险的后果，如果风险的代价太大，理想的企业家会避免冒险，采取稳健的策略，只有这样才是一个合格的企业家，过分承担风险并不是一个理性企业家所为。

3.2 创业者之"道" ——素质

创业者的素质是创业者在本质方面诸要素的总和，并无完全统一的标准。但一般而言，成功的创业者往往具有创新性思维和独立思考能力，有勇于开拓、敢于承担风险的探索精神，有对家庭、对社会、对国家承担责任的个人责任感，有领导组织才能和群体感召力，有强烈的事业心和顽强的毅力。坚韧性是创业者必不可少的品格，它往往是成功与失

败的最终决定因素，也是强者与弱者的本质区别所在。

（1）创业者素质的界定

素质是指人在先天生理基础上发展起来的后天社会本质，即人在先天生理的基础上受后天环境、教育等的影响，通过个体自身的认识和社会实践养成的比较稳定的身心发展的基本品性。一般包括心理特质、品格特质、经验特质、知识特质和能力特质等几个方面。无论是原有的还是后天形成的，素质都不是一成不变的，它随着时间、环境和个人学习、实践路程的不同而不同，具有变动性、增进性和延续性。

对于创业者来说，创业者素质是指创业者在创业过程中所表现出来的自身独特的品质和能力，它是随着创业活动的深入而不断提高和逐步完善的，创业者的素质在一定程度上决定了创业企业的成败。它具体表现为创业者的基本素质和能力素质。创业者的基本素质可分为身体素质、心理素质、思想素质、知识素质、专业技能和创业经验；能力素质则包括机会识别、资源整合、风险决策、战略管理、网络构建、开拓创新等。

（2）创业者的基本素质

a. 身体素质

身体素质是指创业者应该具有健康的体魄和充沛的精力，能够适应新企业外部协调和内部管理的繁重工作。

b. 思想素质

思想素质是指创业者应该具有强烈的社会责任感、事业心和敬业精神，这些内在动力能够驱使他们拼命工作。

c. 心理素质

心理素质是指创业者个人的心理条件，由创业者的自我意识、气质、性格、情感、价值观等心理要素构成。由于创业者致力于创业活动的特殊性，往往要求创业者具有与常人不同的心理条件。那么，这种心理条件是什么，或者说，拥有什么心理条件的人才有可能成为一名成功的创业者呢？通过对成功的创业者的素质研究，我们发现他们的心理素质主要体现在以下几个方面。①敢于冒创业风险；②不惧怕创业失败；③对自己高度自信；④能勤俭、吃苦耐劳；⑤有强烈的成功欲望。

d. 知识素质

知识素质是指创业者所应该具有的较为丰富的企业管理知识，如营销、财务等方面的专业知识，极为丰富的企业管理经验和新创企业所涉及到的技术、工艺知识，还应拥有一定的外语知识，以及计算机、网络基础知识等。创业者的知识素质对企业经营活动发挥着重大的影响，创业者必须具有良好的知识素质才能胜任创业管理活动。

e. 经验素质

创业者的经验素质是指创业者在创业过程及新创企业经营管理活动中实践锻炼和经验的积累。经验之所以对创业者具有重要意义，是因为经验是形成管理能力的中介，使知识升华为能力。创业者的能力素质是指创业者解决创业及创业企业成长过程中遇到的各种复杂问题的本领，是创业者基本素质的外在表现。它也是创业者整体素质体系中的核心要素，从实践的角度看，表现为创业者把知识和经验有机结合起来并运用于创业管理的过程。它具体包括机会识别、整合资源、风险决策能力、战略管理能力、创新能力和创业网络构建能力等。

① 机会识别能力

机会总是给予善于捕捉机遇的"机会头脑"。在稍纵即逝的"机会"面前，能敏捷捕捉、明知决断，是创业者创业的思维基本功。只有具备这种"机会敏感综合症"——以一种近乎病态痴狂的态度去等待、感悟、决断机会的人，才能够不失去任何机会。一个受过良好管理教育的人，只有与创业实践相结合，才能形成创业管理能力，成为成功的创业者。抓好时机进行创业，成为合格的创业者。

② 风险决策能力

创业者的决策能力集中体现在创业者的战略决策能力上，即创业者在对新创企业外部经营环境和内部经营能力进行周密细致的调查和准确而有预见性分析的基础上，确定企业发展目标、选择经营方针和制订经营战略的能力。虽然创业者有时候也进行一些战术性决策，但更多的精力是用于战略决策。

③ 战略管理能力

把创业仅仅看作是一些天赋、灵感与智慧的闪念是完全错误的，创业始终是一种可以管理，也需要管理的系统工作，而绝不是坐等灵感的刹那降临。因此，创业者必须在创业中始终保持着常态的管理意识。管理主要是针对机会的捕捉和利用并加以管理，有许多发明家，虽然擅长创新，也有创业的宏愿，但由于管理意识的薄弱，以致错失良机，实现不了将创新成果向创业成果的转化，并且他们也没有意识到，只有通过常态的管理机制，才能更多更好地捕捉到种种发明创造的思路。

④ 开拓创新能力

创业者必须具备创新能力，这是由经营管理活动的竞争性所决定的。而提高竞争力的关键在于发挥创业者的创新能力。只有不断地用新的思想、新的产品、新的技术、新的制度和新的工作方法来替代原来的做法，才能使企业在竞争中立于不败之地。

⑤ 创业网络构建能力

创业者必须善于建立本行业的广泛社会网络，包括有关本行业的现代电脑网络。密集的行业网络沟通有助于创业者从广泛的社会网络中获取高回报的创业信息，促使创业者在巨型网络提供的信息精华中，吸取经验教训、培养创业精神，既勇于冒险，又坦然地接受失败。网络素质较高的创业者，由于掌握了极其丰富的发明、生产、销售等诸多信息，真正做到了知己知彼，因而能决策能成功，得到回报效益，不是一般创业者能达到的。

⑥ 组织管理能力

创业者具有把各项生产要素有机组合起来，形成系统整体合力的杰出才能。创业者就是研究、开发、生产、销售等各个环节的协调者、组织者和领导者。为使创业者的组织才能发挥到最高水准，创业者必须具备敏锐的判断力，坚韧的毅力，以及高超的管理艺术，尤其应具备以下两方面的能力：一方面他必须对自己经营的事业了如指掌，有预测生产和消费趋势的能力；另一方面，他必须善于选择合作伙伴，有组织或领导他人、驾驭局势变化的能力。

3.2.1　创新头脑

现在新闻媒体上经常能看到创新型国家这个新名词，虽然创新型国家的含义和内容还有待逐步明确，但从最基本的角度分析，建设创新型国家无疑需要创新型人才。由于国内教育改革和人才培养模式的相对落后，创新型人才在中国是极为稀缺的资源。如果有创新思维能力和探索冒险精神，就会成为社会最为宝贵的人力资源，获得更多的发展机会。创业者正是具有创新性思维的珍贵社会人才资源。

（1）创新才能出奇制胜

按照我国著名教育家陶行知先生所说："敢探索发明的心理，即是创造精神；敢入未开化的边疆，即是开辟精神。创造时，目光要深；开辟时，目光要远"。所谓创新思维是既独立于别人的思维框架，也独立于自己以往的思维框架。通常而言，要否定别人的想法并不难，而要改变或抛弃自己固有的想法和经验思维模式则比较难。

皮尔·卡丹是世界著名服装品牌，但皮尔·卡丹本人当年曾因其新颖奇特的设计思想和离经叛道的做法而两次被法国时装协会除名，最终才获得法国服装设计界和社会的承认和赞赏。1981 年，皮尔·卡丹又在世人惊讶的目光中，毅然以 150 万美元买下马克西姆餐厅，要"执法兰西文明两大牛耳——时装和烹饪——面对世界"。

犹太民族以善于经商赚钱而闻名，他们赚钱主要是靠自己的智慧和创新型经营。有一位以色列犹太人开了一家"真假咖啡店"，店里一侧是真的咖啡屋，与一般咖啡屋无异；店的另一侧是假的咖啡屋，虽然也有桌椅和咖啡器具，并且穿戴整洁的侍者有模有样地为顾客端上咖啡，但咖啡杯中却空无一物，这样的虚拟服务价格与真的咖啡屋一样，并无一分折扣。有记者采访咖啡屋的老板，这样的假咖啡屋怎么能吸引顾客？老板微笑着说："多数人到咖啡屋来，并不是渴了要喝咖啡，而是喜欢这里宁静的环境和气氛，欣赏柔美的音乐，让他们精神放松，愉快地与朋友聊天，与客户谈生意。我只要能提供这样的环境，他们的基本需求就满足了，杯子里有没有咖啡是次要的。许多人因为减肥，对饮食非常小心，多喝一杯咖啡又要增加 20 分钟跑步，一个空杯子反而可以减轻他们的顾虑。"这就是犹太人赚钱的诀窍，他们能发现顾客的真正需要并设法去满足这种需要。

犹太人洛维格利用别人的钱创业发家，最后成为航运大王。贫穷的洛维格从父亲那里借到一点钱，雇人把一艘 20 英尺长的沉船从海底打捞出来，用 4 个月时间改造成油轮，以很低的价格包租给一家石油公司，然后去找纽约大通银行申请贷款，告诉银行经理自己有一条被石油公司包租的油轮，可用租金抵付贷款本息。洛维格用贷款买下更大的货轮，改装成运输能力更强的油轮，再把油轮包租出去，用租金作抵押，再贷一笔款，又去买船，周而复始，他的船越来越多，每还清一笔贷款，一艘油轮便归到他名下，他成功借用银行的钱，成为航运大亨。

（2）用脑比用力更重要

每个人最大的财富是智慧。犹太民族在培养小孩子时就会给他灌输这种思想："有一种没有形状、没有颜色、没有气味而且任何人都抢不走的宝贝是什么？"如果孩子回答不出，大人会告诉他："这宝贝就是智慧，它比金子、宝石、钻石更值钱，你拥有了真正的智慧，你就可以拥有一切。"

犹太人认为金钱和智慧两者中，智慧更为重要，因为智慧能不断带来金钱。在犹太人看来，如果一个学问渊博的学者一贫如洗，那说明他的智慧是死智慧，真正的智者是既有智慧又有钱的人，犹太人并不欣赏或敬佩那些家徒四壁的所谓饱学之士。

大脑是上天赐给我们最神奇的礼物，每人若能多留意开发自己这个超常功能的"自备"机器，就可以创造出奇妙的人生。人脑的构造极其精密，能力相当惊人，即使最先进的电脑也比不过它。人脑每秒钟可以处理 300 亿个指令，人的脑神经系统有 280 亿个神经元，联络的网路长达 1 万公里，而所需的能量只要一点儿氧气和葡萄糖就足够了，实在是最神奇高效的工具。

人的各项器官都是"用进废退"，大脑也是一样。科学研究表明，人的脑细胞平均只利用了 7.2％，还有巨大的开发利用潜力。当我们在工作中想方设法开源节流时，不要忘记我们自己的脑力资源尚未得到充分开发，可能还"深埋地下"。

意大利科学家伽利略对于"物体越重，其下落速度越快"这一所谓定理的反驳，就是运用严密的逻辑推理：如果重物 A 的下落速度快于轻物 B 的下落速度，那么重物与轻物连在一起（A＋B）的下落速度会快于重物 A 的下落速度，因为 A＋B 重于 A；如果重物 A 的下落速度快于轻物 B 的下落速度，那么重物与轻物连在一起（A＋B）的下落速度慢于重物 A 的下落速度，因为速度快的 A 带上速度慢的 B，其速度一定比 A 慢，比 B 快。由这一悖论可知，物体越重则下落速度越快是不能成立的，重物与轻物下落速度应当相等。即使不做抛物实验，仅依据伽利略的周密思考，就已经推翻了继亚里士多德以来被大众视为真理的传统观念。

正确思考＋行动＋毅力＝创业成功

正确思考是导致创业成败的重要原因之一，同样的境遇，同样的外部条件，同样的天分，但有的人善于思考，有的人懒于思考，使两者获得的结果完全相反。古人讲："失败是成功之母"，讲的也是思考的力量，善于思考的人可以把失败变为成功，也可以积小胜为大胜，而一个懒于思考的人，即使偶尔有一两次胜利，最终仍会归于失败，因为他由于懒惰而不能思考总结出成功的规律。

（3）细心观察

要启发大脑思考，需要细心观察，还要勤学好问。美国人大卫·麦克兰曾因为好问各种各样的问题而惹得工头不满，先后丢失了 20 次工作，但最终成为美国著名的铸造专家，而那些对每日工作流程熟视无疑的工人可能到退休也仍然是一名普通工人。

基于细心的观察，余佳文创立了超级课程表。谈及"超级课程表"的创作灵感，创始人余佳文笑称这是因为自己在学校时，常常会忘记要上什么课，在哪里上课，又因为市场上的课程表软件均为手动，使用起来颇为不便。面对这一情况，他灵机一动，"教务系统上有最新的课程表，我为什么不能设计一款能自动读取的软件？" 2011 年 10 月，抱着试一试的心态，余佳文和他的团队只用了一个星期的时间，就将第一版软件做了出来。虽然第一版功能方面还很不完善，仅限于广州大学华软软件学院内部可以使用，且只能显示上课名称、地点和老师姓名，却还是吸引了几千名在校大学生使用。看到自己的创意被这么多人接受，余佳文立刻着手改进做了第二版，在其中加入"同班同学"模块，让用户可以实时搜索到课堂周围的同学，并扩充了第二个高校。随着功能的逐步完善，用户逐渐增多，"超级课程表"如同"流感"一般迅速蔓延到广州的各大高校，并逐渐向湖南、福建等地扩散，现在已覆盖全国近 500 家高校。

微软公司的技术方向决策者是比尔·盖茨这位"首席架构师"，他每年会抽出两段时间，用"闭关"的方式独自思考问题，这被称为比尔·盖茨的"思考周"。设立这个特殊职位是因为无论在微软还是其他公司，首席执行官根本没有时间管技术，而很多所谓的"首席技术官"却是没有实权的科学家，决定不了企业技术发展方向。相信比尔·盖茨到

2008 年淡出其在微软公司的管理职责时，会找到合适的接班人。作为首席架构师，比尔·盖茨的工作是制订公司的长期技术路线图，因此，他要求公司的每个技术部门都向他作汇报，这些汇报大多是"头脑风暴"式的讨论会议。做这样的汇报，除了可以得到比尔·盖茨的意见反馈之外，每个项目团队还可以在准备过程中受益，因为项目团队为了准备回答盖茨的各种问题，必须充分调查了解市场、技术、竞争对手等信息，从而避免了闭门造车的风险。

3.2.2 探索冒险精神与好奇心

(1) 没有无风险的创业

创业者与普通人的一个重要区别是他们敢于冒险，敢于承担决策的责任和后果，志向远大的人胆大，敢想敢做才可能成功，这道理是千真万确的。过分的谨慎会使人犹豫不决，而犹豫不决是成功的大忌，现代中国青年人在生活和在职业生涯中往往过分求稳，缺乏冒险精神，这可能与独生子女的优越生活环境和中国父母对子女的过分呵护有关，孰不知这给他们成功的脚步设置了一道无形的绊索。

人是需要有一些想象力和冒险精神的。即使我们有很好的、完善的思考和创业计划，但如果不敢实行，不采取行动，结果都等于零。行为能力和行动的热情是保证成功的基本条件，作为一个创业者或创业团队领导者，在具备较高的思维判断能力的基础上，必须有敢于承担风险和责任的魄力，并有把事情决定推向前进的勇气和决心。

创业者只有勇于探索新的事物、新的领域、新的行业，才能增加自己的阅历和知识，提高分析判断能力和心理承受能力，增强应变能力，积累宝贵的精神财富。当然，具有冒险精神不等于无谓地去承担各种风险，对冒险行为和其可能产生的收益要有理智的分析判断。

高收益往往是与高风险相伴的，探索和冒险精神尤其是开发新行业、新产品所必需的基本要素。瑞典著名化学家诺贝尔与父亲在拿破仑三世的资助下研制甘油炸药，曾发生多次爆炸事故。在 1867 年 9 月 3 日一次大爆炸中，工厂完全被炸毁，诺贝尔的弟弟和许多工人被炸死，他本人也被炸伤，造成轰动一时的"海伦波事件"，引起许多人的恐惧和反对。面对巨大困难，诺贝尔靠着强烈的冒险精神、顽强的意志把试验坚持下去，最终研制成功"诺贝尔安全炸药"，成为名垂史册的成功人物。

美国百货业巨子约翰·甘布士也是一个勇于承担风险的人，大萧条时期，美国许多工厂和商店纷纷倒闭，被迫贱价抛售堆积如山的存货，1 美元可以买 100 双袜子。甘布士当时是一家织造厂的技师，他马上用自己的积蓄低价收购，在被别人嘲笑的过程中，甘布士仍然我行我素，不但继续收购各家抛售的货物，还租了一个很大的仓库来储存货物。他的妻子劝阻他："我们辛苦积蓄的钱是准备用做子女教育的，如果血本无归，将来可怎么办？"甘布士笑着安慰妻子："三个月后我们就可以靠这批货发大财了。"但是市场情况仍在恶化，半个月后一些工厂因为贱价抛售也找不到买主，只有把存货烧掉，以期稳定市价。妻子看到别人焚烧货物，焦急地抱怨，甘布士却仍不为所动。终于，美国政府采取行动稳定市场物价，并支持厂商复业。因为焚烧的货物太多，存货严重短缺，物价一天天飞涨，甘布士赚了一大笔钱。他用这笔钱投资开设了 5 家百货商店，后来成为美国举足轻重的零售大亨。他在一封给年轻人的公开信中写到："亲爱的朋友，我认为你们应该重视那万分之一的机会，因为它将给你带来意想不到的成功。有人会说这是傻子行为，比买奖券的机会希望还要渺茫。这种观点有失偏颇，因为开奖券是由别人主持，丝毫不由你主观控制，而这万分之一的机会却完全是靠你自己的主观努力去完成的。"

有的学生问："大学生创业成功的几率有多大？"可以这样说：你如果有足够的冒险精神和经受挫折的勇气，你成功的几率就是百分之百。为什么这么肯定呢？当你第一次创业时，成功的几率可能只有百分之十；如果未能成功，你总结经验教训，再次创业的成功几率就可以提高到百分之二十；如果仍未成功，你吸取更丰富的经验，第三次创业的成功几率就可以提高到百分之五十；直到最终取得成功。因此，勇于开拓的冒险精神和良好的心理承受能力是创业成功的重要因素。

（2）树立明确的奋斗目标

人们完成的所有事情都要经过两次创造——先在脑海里酝酿，再实际创造出来。因此，每个创业者需要明确自己的奋斗目标，目标越清晰，对自己的激励作用和指导意义越强，成功的可能性就越大。

美国学者曾对100名哈佛商学院毕业生作过一项跟踪调查：有5个人在毕业时有非常明确的目标，要进入什么行业，达到什么水平；有25个人有一个大致的方向；剩下的70个人没有目标，希望根据社会发展情况再确定自己从事的职业。20年后，对这100个毕业生做追踪回访发现，那5个有明确目标的人，已成为所在行业的翘楚；那25个有基本目标的人，也已成为业务骨干，取得不俗的工作成绩；而那70个没有人生目标的人，大多业绩平平，碌碌无为。连哈佛大学毕业生这样优秀的群体，有没有人生目标，也会产生巨大的人生差异，这一点值得我们思考。

树立创业目标应当是远大的、明确的。"取乎其上，得乎其中"——远大的目标即使没能完全实现，也能有比较高的成就。而且，远大目标可以强有力地激发人的潜能，那些渺小的所谓目标会导致人的目光短浅。同时，目标又应当是可以量化或者考核判断的。

一个有远大目标的创业者不会被身边的琐事所困扰，他的生活态度会显得更从容冷静，对人也比较宽容，对一些小事情、小利益不会过分计较，会赢得更多的朋友，也有更多人愿意与他合作共事，这种人创业成功的机会较多。

明确的奋斗目标可以激发人们的上进心，而永葆进取心是创业者的共同特点。

（3）兴趣和好奇心

创业者对于自己从事的事业往往有浓厚的兴趣，常是乐此不疲、废寝忘食、精心钻研。如果对于某事缺乏兴趣，就容易疲惫厌倦，难以做到细心，更不可能保持足够的耐心。选择个人喜欢的领域创业，会加快自己的成功步伐。

爱迪生一次看到朋友手指弯曲僵硬，好奇地问怎么回事，朋友讲，手指得了痛风症，指关节肿大，不能弯曲，因为里面有尿酸。爱迪生问为什么不把它抽出来呢？朋友讲，尿酸无法溶解。爱迪生不相信有不能溶解的东西，回到实验室配制了四瓶溶液，分别放入一些尿酸颗粒。第二天清晨到实验室，发现有两瓶溶液里的尿酸颗粒已经有所溶解，通过不断调整配方，终于配制出一种可以溶解尿酸的新型溶剂，获得了一项新的发明专利，也解除了痛风症患者的痛苦。

人类发展历史上，每一门科学的创立，每一项科学发现都给社会带来或大或小的进步，但没有一项科学发现可以结束人类认识真理、认识客观世界的进程，科学发展的道路在不断延伸。随着时代的进步，科学的发展，学科愈来愈多，科学发现的频率越来越快，因此，创业者要自觉地与时俱进，始终保持对新事物的兴趣和求知欲，不断学习充实自己，永不自满的精神是他们走向成功高峰的重要因素。

3.2.3 良好的组织和沟通能力

沟通能力包含着表达能力、争辩能力、倾听能力和设计能力（形象设计、动作设计、环境设计）。沟通能力看起来是外在的东西，而实际上是个人素质的重要体现，它关系着一个人的知识、能力和品德。沟通过程的要素包括沟通主体、沟通客体、沟通介质、沟通环境和沟通渠道。

（1）善于用人

作为一个创业者和团队领导人，你要能够开发团队成员的才能和潜能。钢铁大王卡内基的墓碑上写着："这里安葬着一个人，他最擅长的能力是把那些强过自己的人组织到他服务的管理机构之中"。卡内基丝毫不懂钢铁冶炼技术，却能够创建世界上最大的钢铁企业，成为全球闻名的钢铁大王，成功的秘诀就在于他把主要时间和精力都放在发现聚集各方面的优秀人才并给予他们相应的职责上。

安德鲁·卡内基曾任命38岁的斯瓦普担任新组建的钢铁公司的总经理，年薪100万美元，虽然斯瓦普不太懂钢铁生产技术，但熟谙如何调动员工的工作积极性，被卡内基视为经营管理天才，让他承担起全面管理公司的重担，并给他当时美国最高的经理年薪。斯瓦普没有辜负卡内基的信任，帮助卡内基迅速成为美国乃至全球的钢铁大王。若干年后，斯瓦普希望实现自己当老板的理想，辞去总经理职务，接手投资濒临倒闭的伯利恒钢铁厂，并最终把这家工厂变成美国单产最高的钢铁厂。卡内基并没把他的离去视做背信弃义，也没把他当作同业竞争对手而限制打击，相反能理解他想当老板的愿望，并给他了一些帮助，此后两人仍然是好朋友，他们的友谊和人品也被商界广为传颂，为双方的事业发展赢得了更多的朋友。

李嘉诚的事业能够发展壮大，也得益于他用人重于管事的管理策略。李嘉诚把主要精力用于选材用人，手下的能臣干将很多，像霍建宁、周年茂、洪小莲，曾被香港新闻界称为"长实公司的三驾马车"。李嘉诚的手下还有许多外国管理人才，他在一些场合对记者说："你们不要老提我，我算什么超人，我有今天的成就，是大家同心协力的结果。我身边有300员虎将，其中100人是外国人，200人是年富力强的中国香港人。"

（2）表扬和鼓励团队成员

作为创业者和团队领导人，永远不要吝惜赞扬和鼓励，即使团队成员能感到你对他们的肯定，也不会厌倦你的称赞，而且当大家知道你能肯定和信任他们，就会更加努力地工作。要记住，做领导不是做医生，医生总是寻找人的毛病，领导则要善于发现部属的优点和长处，并充分发挥其长处。

林肯当选美国总统时期，有一个叫萨蒙·蔡斯的参议员，性格狂傲，嫉妒心很重，当时与林肯竞选美国总统失败后，他想当国务卿，遭到多人反对而未能如愿，但林肯认为他在政府预算方面有专长，任命他为财政部长，并十分器重他。蔡斯却不领情，仍然为谋求未来总统职位四处活动，批评林肯缺乏能力。有朋友把他的行为告诉林肯，林肯给这位朋友讲了一个故事：林肯和弟弟在肯塔基家乡耕地，马走得慢吞吞的，吆赶也没有效果，但突然马飞快地跑起来，弟兄俩几乎跟不上它，到了地头才发现，原来有一只大马蝇叮在马背上。林肯不忍心马被叮咬折磨就把马蝇打死了，林肯的弟弟却说："别打掉它呀！就是因为有马蝇，马才跑得这么快。"林肯意味深长地对朋友说：现在正好有一只"总统欲"的马蝇叮着蔡斯先生，只要它能使蔡斯先生用心努力地工作，我还不想打掉他。出身贫寒的林肯是美国历史上最有容忍雅量和胸襟宽广的总统，也是最伟大的总统之一。

（3）别轻易否定他人意见

创业者要吸引别人与自己合作或加入自己的团队，首先要"被吸引"——倾听他人意见。多听他人意见，特别是不同意见，可以防止决策偏差，使个人提出的方案意见更为圆满合理。倾听还是获得朋友的重要渠道。

《论语》讲："子绝四：毋意，毋必，毋固，毋我。"孔子从不凭空臆测，不绝对肯定，不固执己见，不主观武断。这对我们应有一定启发和提醒，在没有充分了解和足够把握的情况下，不要轻易否定他人意见。

作为创业团队领导人，我们应当避免一听到别人的观点就立即反驳，这样容易让人觉得我们缺乏善意和认真态度，批评的结果会适得其反。如果不赞同对方的观点，也应在搞清对方全部真实想法和论据理由之后，再婉转地指出其不妥之处。当然，如果同时能指出对方意见的几点可取之处，则会使对方更容易接受我们的批评意见。要明白批评的目的，不是要显示自己高人一等、聪明过人，而是有助于事情的完善和取得更理想的结果。

（4）正确对待批评

人的认识总有一定局限性，但只要能正确对待批评，学会在人们的各种批评、意见中正确认识自己，逐步完善和充实自己，就能变得越来越聪明，越来越能干，取得越来越大的成就。当然，要做到"闻过则喜"，需要很大的肚量，但至少不能"闻过则怒"。正确吸取批评意见对创业者的迅速成长和成熟有重要意义。

歌德曾经说过："光线充足的地方，影子也特别黑。"当一个创业者取得的成就越大时，他往往也要面对更多的批评议论，因为集体和公众的目光集中在他身上，一点小缺点都会被别人看在眼里，甚至缺点会被媒体放大。对此创业者应有清醒的认识，批评可以使人不断完善自我。

中国人有句话讲："有则改之，无则加勉。"这应当是对待批评最好的态度。如果能把善意的批评和非善意的嘲讽甚至攻击都当成对自己的勉励和激励，发挥其正面作用，化害为利，那小人也成为自己的"助手"，会加快创业者的成功。

（5）善于持续学习和充实自己

《礼记·学记》中有句话："独学而无友，则孤陋而寡闻。"学习是由教学、自学、互学三种方式构成的，这三个部分在不同学习阶段的作用和重要性也是不同的。小学阶段，教学最为重要；中学阶段，自学更为重要；大学及工作以后，互学更为重要。

整体而言，教学不如自学，自学不如互学。为什么这么说呢？因为被动学习的效果肯定不如主动学习的效果好。在主动学习的基础上，如果加上相互交流和知识融汇，更可以提高学习效率。英语"教育"一词"educate"源于拉丁语"educo"，意思是从内部发展演绎，每个人对知识的理解和感悟应当是发自内心的感应，不是靠灌输形成的。

在知识爆炸的当今社会，教学和自学都难以跟上知识快速创造的步伐，只有更多地利用互学机制，通过团队内的充分知识交流和分享，转化为整个团队的知识融汇和能力培

养，产生"逆桶板效应"，才能实现"每人贡献一碗水，大家都有一桶水"。因此，创业者要有持续学习的能力和建立团队互学机制的能力。

3.2.4 双赢思维

双赢思维是一种基于互敬、寻求互惠的思考框架，目的是为获取更丰盛的机会、财富及资源，而非敌对式竞争。双赢既非损人利己（赢输），亦非损己利人（输赢）。所以，人们要从工作伙伴及家庭成员的互赖式角度思考。双赢思维鼓励双方解决问题，并协助个人找到互惠的解决办法，是一种信息、力量、认可及报酬的分享。与赢对应的是输，有输才有赢，双赢意味着双输，即相互有输赢，就是相互妥协的结果。

双赢往往是相互妥协的结果，成熟的人会寻找一个成熟的妥协点，同时妥协不意味着坏事，妥协才是所谓的双赢，所以双赢一定是双方都可以接受的妥协性的结果。即双赢就是相互妥协，互有输赢。

多数人看待事情是采用两分法，即非强即弱、非胜则败。其实，如果双方利益完全相同，是无法在一起进行交往的；反之，如果双方的利益完全不同，也是无法妥协的。双赢一定是双方有相同的利益，也有不同的利益。

（1）帮人之心不可无

人际关系大致有四种情况：利人利己（赢/赢）；损人利己（赢/输）；损己利人（输/赢）；两败俱伤（输/输）。利人利己的双赢模式是最好的选择。当今社会进入相互依赖（Interdependence）时期，谁离开别人都会面临福利损失。所以现在到处讲双赢，讲团队合作，不论是国家之间、企业之间还是个人之间，双赢思维是最能够持久、最能增大个体和集体效益的思维方式。

中国有句俗话："害人之心不可有，防人之心不可无。"而如果在同事之间坚持这种思维方式，会导致1+1<2。很显然，害人之心不可有是1+1=2，如果还要拿出一部分精力来防范另一方，那必然是1+1<2，这种合作是缺乏效率的。解决的办法是把这句话改一个字——害人之心不可有，帮人之心不可无，这种双赢合作的结果必然是1+1>2。

（2）同事是帮手，同行也不是冤家

双赢思维需要建立在真诚正直的个人品格和富足心态的基础之上，认为世界有足够的财富资源，或者能开发出足够的财富资源，人人可以共同分享。如果没有这种宽阔的胸襟和世界观，觉得人与人之间是一种"零和博弈"别人所得就是自己所失，是不可能树立双赢思维的。

在微软公司的工作服上印着一句话："你的同事是你最好的朋友"。俗话说，"一个篱笆三个桩，一个好汉三个帮。"凡事应当多依靠集体或他人的帮助，而互助或合作的最坚实基础，就是"双赢"。实际上老板与员工的关系是体现双赢思维的最好例子：如果老板给员工足够的信任和好的待遇，或采取利润分成的方式，员工会更加勤奋工作，既为老板创造更多财富，也为自己带来更高的收入；反之，如果老板处处压低员工的薪金，搞得下属牢骚满腹，消极怠工，业务江河日下，那么老板和员工是两败俱损的结果。

团队合作可以提高所有参与者的共同福利。大雁在长途飞行时总是排成人字队形以减少阻力，科学家在风洞中所做的实验表明，人字形雁阵比单独大雁飞行的距离会增加72%。这应当是人类可以向动物学习的集体协作精神。

3.2.5　情商重于智商

现代人才发展理念认为情商（EQ）比智商（IQ）对一个人的事业成功更重要——广义的情商还包括社交商（SQ）、逆境商等。情商高的创业者能影响和凝聚的群体比较大。俗话说：小事靠能，大事靠德，一个新创立的企业，能否由小到大、由弱到强，初期要看领导者的经营智慧，后期主要看领导者的人格感召力——能否凝聚一大批谋士勇将为企业献计出力。

（1）积极乐观的人生态度

积极乐观的人生态度对于创业者非常重要，正像有的智者所言，每个人都可以选择持有积极心态或消极心态，但这种选择却会把你引向两条截然相反的人生道路。能够始终保持积极心态的人会走上一条积极向上的日益宽阔的人生大道，而持消极心态的人必然走入下滑的泥路甚至泥潭。

也许有人问，每天遇到的工作和生活压力如此之大，人们常说不如意事常八九，让人怎么保持积极心态呢？这不是强人所难吗？不错，保持积极心态对绝大多数人来讲，是一件困难的是，甚至是不可能的，但这也就是成功人士与普通人的区别，成功人物所面临的外部环境与我们没什么分别，但他们不会被恶劣的环境所压倒，而把困境的压力当作对自己的一次次磨练，坦然面对，才能走向成功。

观察同样一件事，积极心态与消极心态的人往往会得出截然不同的结论。人的心态也许与人的气质有关，在一定程度上是一种"秉性"，但应当是可以改变和塑造的，至少是可以部分调整的。"江山易改，禀性难移"——只是难移而已，并不是不能改变，了解并相信这一点很重要，如果你不相信自己主观世界是可以改变的，那你首先要克服自己的这种消极心态。

与秉性有关的还有自我控制情绪的能力——自制力，这也是引导创业者走向成功的一种重要能力。我们要避免被愤怒、嫉妒、绝望等恶劣情绪控制住自己的行为和思想，要学会用一些积极的想法压制和消除不良的情绪。

犹太心理学家维克多·弗兰克尔在纳粹集中营中饱受肉体折磨和先后失去父母、兄弟、妻子等亲人的精神痛苦，在恶劣环境完全无法改变时，他发现自己仍有选择态度的自由，体会到人生有3种重要的价值：①经验价值；②创造价值；③态度价值。态度价值最重要，即使一切都无法改变，还可以改变对这件事的态度——是积极面对还是消极面对，再黑暗的世界也不能让一支小蜡烛失去光辉。他后来把自己在纳粹集中营与死亡相伴的经历和灵魂深处的思想发现写出来，成为美国著名的心理学家。

第二次世界大战时的美国总统罗斯福，39岁时意外罹患小儿麻痹症，半身瘫痪，如果是平常人恐怕连维持工作都困难，但他却以病残之躯竞选当上了美国总统，除了智力和毅力方面的因素，其积极乐观的人生态度是成功的重要原因。他未当总统前，家中曾被小偷入室行窃，丢了许多财物，他的朋友写信安慰他，他在回信中讲这次偷窃从3个方面看也是好事：

① 只是丢了东西，没有伤人；

② 只是丢了一部分东西，并没有丢掉全部东西；

③ 最重要的一点是，小偷是别人，不是我，这是更大的好事。

能有这种积极乐观的态度，罗斯福的成功是水到渠成的事。

思想是行动的先导，积极的心态会导致积极的行为，而积极的行为反过来促进心态的改善，两者交替循环会使人养成思维和做事都积极的习惯。创业者都是乐观主义者，乐观主义者是始终能以积极的精神向前奋斗的人，是能战胜各种愁虑困苦的人。

无论外部环境如何，创业者都要学会多看事物好的一面，在遭遇失败或不开心的时候，要积极主动地化悲观为乐观，注意以下两点。

① 不要把一次失败扩大化。如果一次创业失败了，不要说："所有事情都难做，以后还是收手罢了。"或者说："我是个倒霉蛋，以后别自寻烦恼了。"而应对自己说："这次虽然失败了，但我学到一些宝贵经验，下次可以避免同样的错误。"

② 不要把"做事"与"做人"混淆起来。当一次创业失败时，应当就事论事，只是一次创业未成而已，不能说"我是个失败者"，那样就把"做事"与"做人"混淆起来了。

创业者要保持和强化积极乐观的人生态度，就要避免与消极悲观的人为伍，避免这样的人进入自己的创业团队，以免被其消极悲观思想所笼罩。消极也是一种传染病，人的思想中总有积极的部分和消极的部分，其他人的消极想法会强化创业团队思想中的消极部分，把团队拖入消极悲观的泥坑。如果不能完全避免与消极悲观的人接触，就要提醒自己用更加积极的思想来保护自己。

对于有强烈积极乐观态度的创业者而言，所有人都会成为其成功的帮助者，前提是正确思考和借助别人的力量：真诚的朋友可以帮助发展成长，提醒少犯错误；造谣污蔑的小人可以锻炼忍耐力，培养宽容的博大胸怀；强大的对手可以激励斗志和勇气，激发生命的最大潜能。

（2）善良待人

成功学教育家戴尔·卡耐基说："一个人事业的成功只有15％取决于他的专业技能，另外的85％要依靠人际关系和处世技巧。"

常带笑容、具有幽默感的人通常有宽容、豁达的心态，对他人自然产生亲和力和向心力，社会关系良好。创业者尊重和理解别人，设身处地为对方着想，让对方觉得舒服和愉快，也可以赢得别人的尊重和友谊，树立自己的威信和正面形象。

有一个说法：如果你不漂亮，那你最好有才华；如果你既不漂亮又没有才华，那你最好会微笑。微笑是最有力的社交工具，微笑服务也是希尔顿酒店长盛不衰的秘诀。创始人希尔顿是个热情开朗的人，能以自己的热忱和活力凝聚人、鼓舞人，他的名片上写着：热情的创业者，爱情的经纪人，接吻拥抱是天下第一高手。他突出微笑服务这一不需投资却效果持久的竞争手段，确定了希尔顿酒店在旅馆业的优势地位。

（3）诚实做人

诚信是做人的根本，是经商的根本，也是创业成功的根本。爱默生说过："小偷偷的是自己，骗子欺骗的也是自己。"犹太民族的智慧宝典《塔木德》指出："人最大的痛苦不是被人欺骗，而是不被人信任。"取信于人是每个人一生的事业，创业者会因为信誉好而受益，因此，不要在任何一点小事上欺骗别人和自己。

创业者要养成一生诚实做事、坦荡做人的习惯，不论遭受多少挫折和损失，都要坚守诚信原则。信誉是最宝贵的财富，也是最容易受损的财富，我们要精心照看好自己这笔宝贵财富，不应让它有一点损伤。

（4）强韧的意志力

科学研究显示，人与大猩猩的 DNA 差别只有 1.6％，当然人与人的差别就更小了。现代人的智能水平差别很小，互联网把人们获取知识的能力差别又进一步缩小了，但人们对艰难困苦的心理和生理承受力却有着巨大差别，因此在成功道路上，耐力比脑力更具有决定性的作用。

耐力的形成与人的成长环境往往有密切关系，在富裕优越的生活环境中长大的人，除非主动寻求体能磨练和心理素质锻炼，一般而言，其心理和生理耐受力会比较差。成功人士常具备超常的毅力和耐力，一方面是客观艰苦环境的磨练，另一方面是自己主动锻炼培养。邓小平同志常年坚持洗冷水澡，锻炼自己的意志和耐力，能承受三起三落的人生波折也就不足为奇了，最终成为扭转乾坤、带领中国走上正确发展轨道的"关键先生"。常言讲，物以稀为贵，当坚韧和毅力成为当今社会非常稀缺的资源时，具备这种能力的创业者就更容易成功。对于一个有志向的人来说，逆境正是其磨练的好机会。正像巴尔扎克所说："挫折就像一块石头，对于弱者来说是绊脚石，对于强者来说是垫脚石。"坚定信念与顽强毅力的结合，是创业成功的重要条件。

创业者需要树立一种"办法总比问题多，胆量应比困难大"的人生信念。"办法比问题多"与"问题比办法多"实际上是两种截然不同的世界观。这也是成功者与其他人的区别所在。生活当中的困难往往像一条湍急的大河，普通人可能游十几米就感觉风浪太大，退回了岸边；意志力较强的人游几十米、一百米也会被巨浪所阻，最终退了回去；只有意志力坚强的人才能坚持前进，而一旦渡过中游风浪就不会太大了。

美国有一位成功的广告推销员，原本他是报社职员，在听了一场关于自信心的演讲后，深受触动，下定决心改变自己的处境，他要求做广告业务员，承诺不拿薪水，只提取广告费佣金。他记录下一串客户名单，都是其他业务员曾经联络而被拒绝的客户，他熟记这 12 位客户的姓名，先在公园里把名单念了 100 遍，并大声鼓舞自己说："在本月底之前，你们将向我购买广告版面。"然后开始拜访这些客户，第一天就和这 12 个"不可能"客户中的 3 人达成了交易；在第一星期的其他几天中，又完成了 2 笔交易；到了月底，他已和 11 位客户达成了交易，只剩下 1 位客户不购买他的广告版面。在第二个月，他不联系任何新客户，坚持每天去拜访这位拒绝登广告的客户，每天早晨，这家商店一开门，他就进去礼貌地请求这位商人登广告，而那位商人总是坚决地回答"不"。而这位年轻的广告业务员似乎没有听到，第二天继续重复前一天的要求。到了第二个月的最后一天，商人终于问他："年轻人，你又浪费了一个月的时间，我想知道你为什么要白白浪费自己的时间？"年轻人回答说："我并没有浪费自己的时间，我是在上学，而你一直就是我的老师，现在我知道一个商人不买东西，仍然是一个商人，而我也一直在训练和增强自己的自信心。"商人感慨地说："我也要向你承认，我等于也是在上学，你就是我的老师，你教给我坚持到底的道理，这比金钱更有价值，我要订购一个广告版面，当作我付给你的学费。"这个广告业务员靠毅力和信誉，最终成为百万富翁。

对于一个意志非常坚强的人，失败是不存在的。别人眼中的失败，对于他只是一次挫折而已，是重整旗鼓、重新尝试的开端。只要不放弃希望和奋斗，就没有失败。失败只属于那些丧失勇气的退出者，不属于坚持奋斗的勇敢者。

麦当劳连锁店的创始人克洛克，51 岁时从美国加州一个小城的麦克兄弟手上购得麦

当劳商标的使用权，最终把它发展成为风靡全球的连锁快餐企业。克洛克在办公室有一篇时刻提醒激励自己的座右铭。

世界上没有任何东西能代替"坚定"，

"才能"不能，因为太多有才能的人并未成功；

"天才"不能，因为被埋没的天才屡见不鲜；

"教育"不能，因为有许多受过教育的废物；

只有"坚韧"和"决心"才是无敌的。

(5) 强烈的自信心

创业者的自尊自信是他（她）走向成功所必需的，每个人都有自己的个性、特长、爱好、习惯，没有必要强求一律，更不能妄自菲薄。保持特立独行的品格，往往是创业者在竞争激烈的商场脱颖而出的前提。

中国青少年从小就生活在一个教导我们要"自谦"、"自制"的环境中，许多人生箴言如"出头的椽子先烂"、"夹着尾巴做人"、"人贵有自知之明"等，无时无刻不在提醒我们要压抑自己的愿望，放低自己的身位。尽管这些观念有时是一种自我保护策略，但是任由这种观念泛滥，就会形成一种相互压抑的社会潮流，青年人刚开始像一个个棱角锐利的岩石，在这种抹杀个性的陈旧观念潮流中，久而久之被磨成没有棱角的鹅卵石，失去了自信和想象力，不敢再有什么创业理想，碌碌无为地度过一生。

应当指出："人贵有自知之明，更贵有自信之能。"能在一个消极评价的环境中保持自信心，并用自己不断努力的成果把消极环境扭转为中性评价或积极评价的环境，是许多成功创业者走过的历程。

哈佛大学约翰·科特通过对美国成功企业家的一项调查，在研究了数百个成功案例后，发现成功人士的一个共同特征就是有很高的自我评价，认为自己的行为代表正确的方向，同时他们都有很强的自信心和进取精神。正像美国麦克阿瑟将军和成功学教育家卡耐基都喜爱的一篇座右铭：你有信仰就年轻，疑惑就年老；有自信就年轻，畏惧就年老；有希望就年轻，绝望就年老；岁月只会使你皮肤起皱，但如果失去热忱，会损伤你的心灵。

当然，事物都有正反两面，生活也会有不如意的一面，此时每个人都难免产生烦恼、悲哀、失望等情绪。遭遇失败时，有人会不断提醒自己是个失败者，战战兢兢地等待着下一次失败，而失败也常常如约再次降临到头上。因此，失败往往是可预期的，在真正的失败到来之前，他们已经在心中对自己的能力发生了严重怀疑，放弃了努力，坐等失败的来临。

成功人士也会遭遇失败，没有人能一辈子顺风顺水取得成功，像李嘉诚这样的经营天才也会遭受挫折，迪斯尼更是破产七次才创业成功。但是，成功人士面对失败仍会保持自信，仅把一次失败当作特例，他们会对自己说："这不是我的正常发挥，我会干得更好"；他们会从失败中找到积极的一面，如"吃一堑，长一智"，"留得青山在，不怕没柴烧"；他们会通过积极行动转移自己的消极情绪，再次获得较高的自我评价，为现实中的成功作好准备。

每个人在生活中应该不断总结和进行自我评价，自我评价的方向和内容对人成长有很大关系。正像英国作家萨克雷的名言："生活是一面镜子，你对它笑，它就对你笑；你对它哭，它也对你哭。"创业者的成功往往也像一句顺口溜：说你行你就行，不行也行；说你不行你就不行，行也不行。这一"定理"也同样适用于自我评价：你认为自己行，你就能行；你认为自己不行，那你就真的不行。

一个创业者要具备多方面的优秀品质，既要有坚韧性，又要有灵活性；既要有博爱诚信的高尚道德情操，又要有敏锐的市场观察能力。因此，创业者要善于学习和吸收周围人物的优良品性，甚至向自然界学习。自然万物之中，水是最有灵性的事物，人可以从水的品性中学到许多智慧。《孔子集语》所引《说苑·杂言》中，子贡问曰："君子见大水必观焉，何也？"孔子曰："夫水者，启子比德焉。遍予而无私，似德；所及者生，似仁；其流卑下，句倨皆循其理，似义；浅者流行，深者不测，似智；其赴百仞之谷不疑，似勇；绵弱而微达，似察；受恶不让，似包；蒙不清以入，鲜洁以出，似善化；至量必平，似正；盈不求概，似度；其万折必东，似意。是以君子见大水必观焉尔也。"（"君子用水比喻自己的德行。水遍及天下，没有偏私，好比君子的道德；水所到之处，滋养万物，好比君子的仁爱；水性向下，随物赋形，好比君子的高义；水浅则流行，深则不测，好比君子的智慧；水奔赴万丈深渊，毫不迟疑，好比君子的勇敢；水性柔弱活灵，无微不至，好比君子的明察；水遭到恶浊，默不推让，好比君子的包容；水承受不法，终至澄清，好比君子的善化；水入量器，保持水平，好比君子的正直；水过满即止，并不贪得，好比君子的适度；水历尽曲折，终究东流，好比君子的意向。"）

老子也说"智者乐水"，"上善若水"。向水学习和借鉴，可以培养修炼创业者刚柔并济、处变不惊的性格和工作作风。

案例分析：要做一个人物的洪战辉

洪战辉讲："我不想只做一个人才，我要做一个人物，我觉得人物不光给自己带来机会，而且能给别人带来机会，别人从你身上得到一些东西，这才是做一个人最高的境界。"对于自小贫困、长期生活艰难的洪战辉来说，不以生活糊口为目标，而能有远大的人生理想，确实是难能可贵的。

（1）贫穷不应只有负效应

由于存在资源、地域、历史等多方面发展条件的差异，我国社会发展有着多方面不均衡现象，还有不少经济欠发达的地区，人民生活处于温饱线以下的水平，一些家庭的孩子一出生就面临贫困的考验。贫穷使基本生活需求难以得到满足，更不用说追求更高层次的人生价值了，所以很容易让人把贫穷的影响完全归于负面。但从古到今，无数"草根"英雄正是因为青少年时代生活的清贫，迫使他们为了改变生活状况努力奋斗，最终成就了大事业。"贫穷不应只有负效应"再次在洪战辉身上得到体现。

洪战辉的家乡位于河南省西华县偏远的洪庄村，家庭贫穷。在他11岁读小学5年级时，洪战辉的父亲突然患上了精神病，为了治疗父亲的精神病，家中卖掉了所有值钱的东西，妈妈忍受不了眼前的一切，狠心地撇下他们，悄然出走了！神志不清的父亲摔死了小妹妹，又捡回来一个弃婴。父亲患病在身，母亲被迫出走，弟弟年幼无助，妹妹嗷嗷待哺。贫困与苦难如同大山一样沉重地压在一个十几岁的男孩身上。洪战辉开始寻找机会挣钱养活家人，卖文具，卖复习资料，做搬运工、小贩、餐馆服务员……

高中毕业后，洪战辉考上了大学，选择了自己喜欢的专业——经济管理。在大学里，为了他和妹妹的生活学习费用，洪战辉卖电话卡、圆珠笔芯，为电视台栏目拉广告等，打工并没有使他的学习成绩下降，反而获得了校级、省级奖学金。在与苦难奋斗中，洪战辉还确立了远大的人生目标：不但要成人，而且要成才；不但要成为一个人才，还要成为一个人物。

贫穷不是幸福，但它能促使人更加积极地追求幸福。苦难锤炼了他，也造就了他，今后他将享受到20年磨练带来的性格塑造成果。这远比那些一直生活在父母营造的"温室"里、年纪很大却还不能生活自立的"啃老族"要幸福、充实得多。

洪战辉的事迹再次昭示我们，只要勇敢地面对贫穷，就能驾驭和改变命运。不要在抱怨和懦弱中度过一生，抱怨解决不了问题，等待也无助于境遇的改变。在逆境中学会坚强，从绝望中找到希望，是出身贫困的人们应当学会的人生智慧。

(2) 承担起自己的责任

洪战辉将"自尊、自爱、自强、自立"的精神发扬光大，也将"责任"二字升华了。他在日记中写道："我会坚持，我觉得每个人都有责任，不但对自己、对家庭，还有对社会。"

在洪战辉的人生轨迹中，时刻体现出"责任"两个字：对家人不离不弃，背负着沉重的生存压力，不管多么辛苦始终坚守着作为家庭一份子的岗位，这是对家的责任；资助他人，扶持弱者，在自救的同时救助他人，这是对社会的责任。

洪战辉设立了"洪战辉教育助学责任基金"，将爱心投向了那些像他一样需要社会帮助的贫困学生。2006年4月22日，"洪战辉教育研究会"暨"洪战辉教育助学责任基金"，在北京正式成立，全国391名贫困学子成为首批受助对象。基金的各项资金来源和用途全部公开透明，洪战辉要"聚沙成塔"，集中社会善款去帮助那些渴望读书的贫困孩子。中国宋庆龄基金会授予他"青少年生命教育爱心大使"称号。

洪战辉说，自己倡导成立的助学基金与其他助学形式最大的不同是，责任基金强调的是责任。这种资助不是施舍，也不是捐款，而是采取"借"的形式，每个受助学子都必须签订一份"道德责任状"，受捐助者将来走出困境成才后，要回馈基金，形成良性循环，使基金能够帮助更多的人。基金前期以资助贫困高中生为主体，今后还将逐步兴建战辉学校，并建立完善义教师资培训机构，兴建战辉责任教育基地。

洪战辉说：他是做了自己应该做的事，大家不该感到奇怪。而在当前社会中，有太多推诿责任的现象，因此洪战辉的行为就显得更加珍贵。和谐社会是责任社会，是各尽其能、各负其责的社会。只有人人都起来负责，社会才会政通人和，国家才能长治久安。

(3) 做好事应讲出来

洪战辉作为湖南怀化学院的在读大学生，将一个和自己没有血缘关系的弃婴女孩一手带大，12年来历尽艰辛。国人被这段兄妹之情深深震撼，把洪战辉推举为2005年CCTV感动中国十大人物。全国各地的报刊杂志、电视广播竞相报道他的事迹，洪战辉自己却十分低调："我只是一个普通人，做的是一个普通人应该做的事情，没有什么轰轰烈烈，只是默默地走，不愿放弃……大家不必要说三道四，也不必要感天动地。"

道德高尚的人并不图名利，也不需要张扬，但社会却需要这样的事迹，需要这样的精神，对人们的道德取向加以引导。我国多年以来提倡做"无名英雄"，似乎好人好事宣传开来，会削弱了他的正义性。其实从整个社会的角度看，优秀行为是一种社会道德的标志，是良好的社会风气。一个人做了一件好事后，又宣传出来让大家都知道，这等于是他做的第二件好事，因为他帮助共同维持了一个良好的道德环境。一篇好的文学作品，一个动人的新闻报道，会影响以至改变人们的价值判断。20 世纪 60 年代对雷锋事迹的报道，对提高全社会的道德水平曾起过巨大作用，他的助人为乐、勤俭克己、勇于牺牲、认真负责的高尚品质感染了不同年龄、不同阶层的许多人，形成了良好的社会风气。

洪战辉的事迹经媒体报道后，引起无数人的思想共鸣，人们通过各种方式发表着他们心中的感动：洪战辉是中国传统美德的时代榜样，他的事迹感动着中国人，为现代中国青年树立了优秀榜样，榜样的力量是无穷的，把感动变为行动，关心亲友，帮助别人，关注社会大众的需要。

（4）自立、自强最重要

洪战辉在生活极度困难的时候，也不依赖于别人的帮助和援助，更多的是靠自己节衣缩食，开源节流，边学习边打工，进行生活自救并负担妹妹的生活、学习，度过重重难关。同时，在自己还不宽裕的情况下，不断资助其他需要帮助的人。洪战辉觉得所谓的帮助，是在不伤害别人自尊，在平等看待别人的时候给予一些帮助："比如我在高中卖书，没有成本，我们全班同学把生活费都给我了，我跟大家说，一个星期之后我一定会把钱还给大家。我说了这句话，大家很信任我，把钱借给我。我觉得这就是帮助。"

在他自强不息、积极进取的感人事迹传开以后，更多的热心人纷纷捐款捐物，要提供各种帮助和资助，而这一切都被洪战辉婉言谢绝了："不接受捐款，是因为我觉得一个人自立、自强才是最重要的！苦难和痛苦的经历并不是我接受捐助的资本。一个人通过自己的奋斗改变自己劣势的现状才是最重要的。我现在已经具备生存和发展的能力。这个社会上还有很多处于艰难中而又无力挣扎出来的人们，他们才是我们现在需要帮助的。"

洪战辉的感人之处，在于他首先在精神上进行自救，他拒绝他人救助，却又慷慨地救助他人，在自救的同时热心救人。"只想着接受社会的帮助，久而久之就会成为不能自食其力的弱者。"这就是洪战辉在自救与他救问题上的得失观。他的感悟，向社会困难群体发出了善意的忠告：艰难困苦离不开自救；只要树立信心，就没有跨不过的坎。援助和捐赠，可解一时之困和燃眉之急，可谁的一生，能够完全在别人的帮助庇护下度过，要想成为生活的强者，必须磨炼冲关夺隘的勇气和坚忍不拔的毅力。因此，在人生的征途中，遇到困难跌倒时接受帮助，能扶持你勉强站起来，但最终只有依靠自己的力量，才能迈开步子走到终点。

（5）洪战辉的经商头脑

a. 小学卖玻璃球、冰棍

洪战辉做的第一笔生意，是小学二年级时卖玻璃球，那时候还没有妹妹："我玩弹子的功夫很高，赢了一百多个，就卖给同学，挣了十几块。"

小学五年级时，洪战辉利用星期天和暑假卖冰棍，就显露出经商头脑。别人卖冰棍都是收现钱，他不收现钱，而是让大家用鸡蛋和粮食换。农村孩子一般没多少现钱，但都可以回家兜粮食、拿鸡蛋，这样就赚了买鸡蛋、粮食的钱。

b. 中学做笔芯、教辅书生意

洪战辉在批发市场看到一种笔芯比别的都粗、都长，但批发价却很便宜，就大量批回这种笔芯，然后到各个学校推销，每个班选一个推销员，按销售提成。在全县的中学里，建立起销售互联网。因为他的笔芯卖得确实便宜，曾在一个班里创造出销售 700 根的记

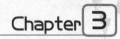

录。最后县城文具店的笔芯都卖不动了。

洪战辉做的最大一笔生意，是高二时卖《文言文翻译》的教辅书。他星期天跑到郑州图书城批书，然后搭长途车拉到县里，再通过他一个班一个推销员的互联网，推销到各个高中。洪战辉不仅在西华县的所有高中铺满了这本书，还把销售互联网扩张到了临近的太康县、扶沟县和周口市的部分高中。《文言文翻译》他共卖出去 5000 本，挣了 2 万多元。洪战辉按约定的比例给推销的同学提成一大部分，给父亲看病花掉一部分，其余的资助了当时的困难同学。"正因为我不贪，该给大家分的钱，保证只多不少地给大家，所以同学们越来越信任我。我那时候去进书钱不够，许多同学毫不犹豫地把生活费拿给我。"洪战辉说，到目前为止最快乐的事情，就是上高中时用自己双手挣的钱，不声张地资助给更困难的同学。

c. 在大学建立互联网卖电话卡和矿泉水

洪战辉上大学前，手头有 4000 元钱，自己带 2000 元去报到，另外 2000 元给了一个没学费的同学。洪战辉交了 1500 元学费后，立即到怀化市大街上看有啥挣钱的门路。他想："同学们都是刚离家，谁到学校不给家里打电话啊？"就把 500 元全部批购了每张 10 元钱面值的长途电话卡，然后逐个去新生宿舍推销，电话卡当天晚上就卖光了。第二天上午他就去批购更多的卡，并选代理销售员，不到中午又卖光了。下午再批……就这样循环积累，还没正式上课，他就在怀化学院所有新生宿舍，建立了一个电话卡经销互联网，他的学费也很快挣够了。

洪战辉接着发现学生们都不愿意打开水，而是买大桶的矿泉水喝。学校商店是每桶 7 元，洪战辉到厂家一问，批发价才每桶 3 元。他立即利用自己的电话卡互联网送矿泉水，每桶 5 块，全校 19 栋学生宿舍楼的矿泉水，很快变成了洪战辉的"市场范围"。既使在冬天淡季，每栋楼每天也至少能卖出 10 桶水。夏天则更多，每桶他只赚几毛钱，剩下的分给分销的同学。

学生宿舍都用 201 电话，新生入学需要买新话机。洪战辉进了一批，每部只卖 30 多块钱，物美价廉，新生报到的当天，洪战辉"招聘"的推销员挨个敲门推销，一夜之间每个寝室都装了一部。

(6) 洪战辉带给我们的启示

洪战辉还不能算是一个成功人士，但他具备成为成功人士的基本素质，因此，他未来取得人生成功可以说是必然的。

① 洪战辉有爱心和社会责任感，爱自己的亲人、家庭，也爱社会上与他自己一样的普通人，尽可能地帮助别人，以自己瘦弱的肩膀勇敢承担起家庭和社会责任，体现出人的社会价值。洪战辉说自己就像是一只蜗牛，背着家庭背着自己拣来的妹妹走，背着自己的学业走，尽管走得不快，但他认为是可以走出苦难的。

② 洪战辉有身处逆境而不灰心丧气的良好心理素质，不怨天尤人，不发牢骚，靠自己的积极努力来逐步改变自己的处境和生活命运。"感动不能泛滥，行动才能改善"，这话说得有水平。如果我们看一看、听一听身边的同学、同事常常为一些小小的不顺遂而抱怨老天的不公，就更能体会感受到洪战辉这种心理素质的可贵。

③ 洪战辉谢绝外援、靠自立自救克服贫困难关的思想，是最为难得和令人感动的地方，也是他走向成功的宝贵精神财富。洪战辉认为自己最宝贵的是作为人的自尊，所以湖

南团省委书记把湖南省第一个大学生品学奖的 4000 元奖金给他时说，这是奖学金，不是捐款。而洪战辉马上问道：我可以用它帮助更困难的同学吗？当代青年学子、特别是贫困家庭出身的学生，太需要这样一种精神了。贫困不应是坐等施舍救助的理由或本钱，人穷不能志短，人必自立自强方能自救。正像洪战辉讲的：不管有多少人认为你是弱者，只要你不把自己看成弱者，你就能成为强者。

案例来源：编写组收集整理。

思考练习题

1. 什么是创业者？
2. 创业者通常具备什么样的心理特征？
3. 创业守则有哪些？
4. 创业者应具备什么样的创业素质？
5. 如何理解企业家精神？

第**4**章

互联网思维方法论

随着阿里巴巴在纽约的成功上市，经过 2014 年双十一、双十二热销活动，最新的彭博亿万富翁指数显示，马云以 286 亿美元的身价成了亚洲首富，电子商务又创造了一个新神话，中国电子商务已经进入一个新阶段。众所周知，电子商务是互联网时代的产物，电子商务就是通过电子的手段完成商务活动，电子商务是企业发展的趋势，做电子商务企业不一定赢利，但用互联网思维做电子商务一定能赚到钱，互联网思维在电子商务中起着至关重要的作用。

互联网思维作为一种思考方式，成为人们热议的话题，互联网思维是相对于工业化思维而言的；是一种商业民主化的思维；是一种用户至上的思维；互联网思维下的产品和服务是一个有机的生命体；互联网思维下的产品自带了媒体属性；有互联网思维的企业组织一定是扁平化的。互联网思维是在（移动）互联网、数据、云计算等科技不断发展的背景下，对市场、对用户、对产品、对企业价值链乃至对整个商业生态的进行重新审视的思考方式。不是因为有了互联网，才有了互联网思维，也不是只有互联网公司才有互联网思维。真正的互联网思维是对传统企业价值链的重新审视，体现在战略、业务和组织三个层面，以及供研产销的各个价值链条环节中。并且将传统商业的"价值链"，改造成了互联网时代的"价值环"，电子商务离开了互联网思维，只能是死路一条。

我们正置身于一场变革中，一个"造就英雄"的环境中。互联网创业中商业创新机会的捕捉与把握，通常体现为某种产品差异或服务差异，这种差异依赖于一个富有商务应用价值的创意的形成。虽然创业活动千变万化，但创新思维方法不是千变万化的，从某种程度上说，创新思维方法是一种可以组织的、有目的的活动，具有一定的内在规律。在互联网时代，创业者需要具备互联网时代的创业思维——互联网思维。

虽然互联网最根本的问题是安全性，但是彻底开放与自由、快速高效创新是其最明显的优点，包括其商业模式创新，获得广大用户欢迎与钟爱，尤其是进入移动互联网时代，以 iPhone 为例的 OTT 吸引力更显得淋漓尽致！进入万物移动互联时代，人工智能与高级芯片支持下的互联网应用服务魅力将进一步突显，"互联网＋"的融合大潮及"互联网思维"，将进一步有效推进在新常态环境下的融合与创新浪潮，并掀起万众创新新高潮！

4.1 用户至上

互联网思维首先是用户思维，其是互联网思维的核心。用户思维，是指在价值链各个环节中都要"以用户为中心"去考虑问题。互联网打破信息不对称，使得信息更加透明化，使用户获得更大的话语权。在新的形势下，要求企业在更高层面上来实现"以客户为中心"，不是简单地听取客户需求、解决客户的问题，更重要的是让客户参与到商业链条的每一个环节，从需求收集、产品构思到产品设计、研发、测试、生产、营销和服务等，汇集用户的智慧，企业才能和用户共同赢得未来。

另外，产品设计、极致用户体验和口碑传播等，都离不开用户的参与。但用户参与并不是简单的建设社区和论坛，而需要整个企业的管理模式、研发模式、技术架构等都适应这种新的模式。

因此对于互联网创业者，必须从整个价值链的各个环节，建立起"以用户为中心"的企业文化，只有深度理解用户才能生存。

4.2　简约之美

简约思维是指在产品规划和品牌定位上，力求专注、简单；在产品设计上，力求简洁、简约。互联网时代，信息越多，用户的耐心越不足，所以必须在短时间内抓住他！

苹果就是典型的例子，1997年苹果接近破产，乔布斯回归，砍掉了70％的产品线，重点开发4款产品，且产品颜色只有白色，使得苹果扭亏为盈，起死回生。即使到了iPhone 5S，也只有5款。

品牌定位也要专注，给消费者一个选择你的理由，一个就足够。很火的一个互联网鲜花品牌RoseOnly，它的品牌定位是高端人群，买花者需要与收花者身份证号绑定，且每人只能绑定一次，意味着"一生只爱一人"。2013年2月上线，8月份做到了月销售额近1000万元。大道至简，越简单的东西越容易传播，越难做。专注才有力量，才能做到极致。尤其在创业时期，做不到专注，就没有可能生存下去。

4.3　极致魅力

极致思维，就是把产品、服务和用户体验做到极致，超越用户预期。什么叫极致？极致就是把命都搭上，把"自己逼疯，把别人逼死"。

在互联网企业，为了让用户需求得到更好的满足，有"产品经理"一职专门负责对用户需求进行挖掘和分析。而在宜家，基于对用户需求的深度认知，也着实让每一位进入宜家的消费者都Surprise（这个词已经被深深嵌进了宜家的品牌价值里），如当大家第一次进入宜家会发现沙发是可以随便坐的，床是可以随便躺的，儿童产品是可以随便玩的，雪糕只需1元钱……的确会有点出乎意料。

4.4　迭代需求

迭代思维主要体现在产品研发、生产和服务环节，就是对用户的需求快速做出反应，快速升级微创兴。

"天下武功，唯快不破"，只有快速地对消费者需求做出反应，产品才更容易贴近消费者。很多公司痴迷于这一点，甚至到了迷信的地步，认为快速升级就是能持续从消费者口袋里掏钱的法宝。但实际情况并非如此，三星的 Glaxy S5 手机可以说就是一个非常好的案例，三星 Glaxy S 系列手机是三星卖得最好的主力智能手机，在三星智能手机产品线上占有很大的份额。但是三星 Glaxy S5 发布以后的市场反响并不是很好。究其原因，相对前代产品无论是在外形和性能上都没有太多的升级，亮点缺乏让用户没有充足的购买动力，导致市场反馈不好。所以快速升级并不是对于所有的产品或服务都是有效的，某种程度上"慢就是一种快"，而且人人都有一种怀旧情结，比如说用户再给自己的恋人或是朋友选择礼物时，经常会考虑选择一个自己与恋人或朋友认识过程中发生的故事或场景有关联的产品。让恋人或朋友看到礼物就能回忆起曾经美好的时光。

4.5　流量有价

流量思维则是为了博取更多人的关注不惜采取一些免费甚至是巨额投入的营销手段，增加流量扩大用户群，希望在先期就拥有足够大规模的用户群，对市场后进入者形成一个很高的门槛。

实际上免费只是一种增加用户量或者关注度的营销手段，而并非最终的营销目的。如果公司的主营业务与客户的情感生活、人际交往等方面相关时就需要特别慎重，毕竟"情义无价"，如果把情感这些事与免费、廉价等名词挂上勾，这很容易让客户产生一种厌恶嫌弃的感觉，到时别说还想收费，就连客户都不一定能保得住。因为对于一些诸如涉及个人私密生活相关的事情，用户并不一定希望自己购买的产品或得到的服务是大众化并随处可得的，而希望能保持一定程度的独特性和唯一性，这个时候流量就不一定是公司最为关注的方面了，因为如果不能给用户提供独充满独特创意、精心设计的产品，没有提供触动客户心灵最柔软一块的服务，很难让客户心甘情愿地付费，而对于不能形成价值的流量来说，流量的多少就变得毫无意义了。

4.6　数据之巅

大数据是数据数量上的增加，以至于能够实现从量变到质变的过程。举例来说，这里有 1 张照片，照片里的人在骑马。这张照片每 1 分钟，每 1 秒都要拍 1 张，但随着处理速度越来越快，从 1 分钟 1 张到 1 秒钟 1 张，再到 1 秒钟 10 张后，就产生了电影。当数量的增长实现质变时，1 张照片就变成了 1 部电影。

数据能告诉我们，每一个客户的消费倾向，他们想要什么，喜欢什么，每个人的需求有哪些区别，哪些又可以被集合到一起来进行分类。大数据是数据数量上的增加，以至于我们能够实现从量变到质变的过程。

大数据研究专家舍恩伯格指出，大数据时代，人们对待数据的思维方式会发生如下 3 个变化：①人们处理的数据从样本数据变成全部数据；②由于是全样本数据，人们不得不接受数据的混杂性，而放弃对精确性的追求；③人类通过对大数据的处理，放弃对因果关系的渴求，转而关注相关关系。事实上，大数据时代带给人们的思维方式的深刻转变远不止上述 3 个方面。笔者认为，大数据思维最关键的转变在于从自然思维转向智能思维，使得大数据像具有生命力一样，获得类似于"人脑"的智能，甚至智慧。

4.7　跨界无极限

所谓跨界思维，就是大世界大眼光，用多角度、多视野来看待问题和提出解决方案的一种思维方式。它不仅代表着一种时尚的生活态度，更代表着一种新锐的世界大眼光，思维特质。

无论是自然科学还是社会科学，创新创造都和兼收并蓄分不开。在科研活动中，不同学科思想互相碰撞，最能激活思维，迸发出耀眼火花。科研中许多重大创新成果，都是在多学科领域研究之中取得的。要超越突破，就得更善于"跨界"。多些跨界思维，才能积极主动融入协同创新中。

协同创新、跨界思维，不只存在于科学领域，也体现在打通不同部门、产业、企业之间的壁垒，推动政产学研金介媒的深度融合。实际上，在协同创新中，合作方式不是单向给予关系，而是相互依赖与共赢关系。拓宽视野，算清大账，把"跨界"视为常态，自觉融入协同创新中。科技管理部门也应该改革以破除体制、机制障碍，促进资源共享和成果共享，使作出贡献者能够得到应有的肯定和回报。

4.8　社会化力量

用"锣鼓喧天，鞭炮齐鸣。红旗招展，人山人海"来形容雷军出席的活动并不为过，一家互联网公司的 CEO 比影视明星还吸引镁光灯。4 年的时间让昔日的手机厂商成为横跨硬件、软件、服务甚至电商平台的全能选手，与其说小米是靠手机起家倒不如说靠营销起家更贴切。2013 年，米粉节的微信直播活动惊艳了整个行业。用户关注公众账号后，回复"GO"参与抢答，每隔 10 分钟送出 1 台小米，数十万粉丝热情的信息刷爆了小米客服后台。并一举创下"20 万人参与，200 万销售额"的优异成绩。

可以从小米手机的案例中发现社会化思维就是在产品开发中考虑到让用户能自然往外传播的点，最后让用户主动帮你推广。

4.9　平台战略

当试图涉足互联网时，首先要意识到建立的是一种平台。平台就是很多人在一起做一个事情，平台就是拥有展示、交流、商贸、教育等许多功能，再把多媒体嵌入。互联网省了机票、高铁票，任何时刻都可以一呼天下应——视乎个人魅力及话题水准。

换言之，当涉足互联网时，不必抱怨它没有让您"马上有钱"，不必抱怨您的设备没有马上卖出去。互联网不是把一堆企业聚合在一起以后，让他们各自表演还需要合能力和平台运营水平。

4.10　互联网思维必读十本书

（1）《大数据时代》

它是迄今为止全世界最好的一本大数据专著，作者维克托·迈尔-舍恩伯格，大数据时代的预言家，被誉为"大数据商业应用第一人"，《科学》、《自然》等著名学术期刊最推崇的互联网研究者之一。《大数据时代》是国外大数据系统研究的先河之作。

《大数据时代》认为大数据的核心就是预测。大数据将为人类的生活创造前所未有的可量化的维度。大数据已经成为了新发明和新服务的源泉，而更多的改变正蓄势待发。书中展示了谷歌、微软、亚马逊、IBM、苹果、Facebook、Twitter、VISA 等大数据先锋们最具价值的应用案例。

（2）《免费》

《免费》从商业模式的角度阐释在一个价格为零成为常态的竞争环境下，企业面临的挑战和机遇，克里斯·安德森，这位站在世界商业模式最前沿的时代巨擘，即《长尾理论》之后又为我们带来了"免费经济学"的理念，是对《长尾理论》的延伸和拓展。

（3）《互联网商规 11 条》

21 世纪，对于全球各地商业界而言最重要的问题是：我们将如何应对互联网？全美国最有资格回答这个问题的是艾·里斯和劳拉·里斯。作为世界上最知名的营销战略家，两位作者以独到的视角与观点，令打造互联网品牌这个当今营销界最具挑战性的问题变得陡然清晰、简单。

（4）《平台战略》

本书系统性地探讨了"平台"这个改变人类商业行为与生活方式的概念，并且创新性地研发出了系统框架，解释平台战略的建构、成长、进化、竞争、覆盖等战略环节。本书立足于本土，以中国本土的互联网企业作为案例研究分析的对象，对腾讯、阿里、起点中文网、世纪佳缘、拉卡拉、维络城、大众点评等企业从平台战略的角度进行了解析和点评，对于企业管理者和创业者都极具启发意义。

（5）《O2O：移动互联网时代的商业革命》

《O2O：移动互联网时代的商业革命》为国内首部 O2O 著作，系统阐述和解读传统企业、电子商务企业、个人消费和与民生相关的企业如何借助 O2O 来重构和改善现有的商业模式，顺利在移动互联网时代实现创新与转型。不仅通过大量成功案例极富洞察力地分析了 O2O 在营销、支付和消费体验三大方面的巨大作用，而且还经验性地总结了 O2O 的产品设计、O2O 组织的构建与组织文化、O2O 的运营。

（6）《大数据营销：定位客户》

本书告诉你怎样利用数据辨认出利润最高的客户，并用最有效的方法接触这些客户，从而增加他们的购买力。预计现有客户与潜在客户未来的价值。寻找客户，包括现实和互联网。判断哪些客户是因为需求购买，哪些客户是因为广告购买，哪些客户是因为价格购买，哪些客户是因为口碑购买。优化营销配置，使之尽可能带来最高的回报。以最新的技术优化销售和营销。本书适合那些希望利用数据促进企业发展、提升利润的读者。

（7）《微信营销与运营》

这是一本深度介绍微信营销的书，也是一本系统讲解微信公众账号运营的书，它基于微信的最新版本，从策略、方法、技巧与实践等多角度详细解析了微信的营销与运营，所有内容都是行业经验的结晶，旨在为企业运用微信提供有价值的参考。

（8）《学会提问》

在一个被泛滥信息包围的时代，每时每刻都会遇到各种问题，大到涉及世界经济发展趋势，小到个人生活的决策。面对别人兜售的观点——他们热衷于让你相信这是"事实"，你明明觉得有什么不对劲，可一时又很难找到突破口反驳，是不假思索懒惰地全盘接收信息？还是提出关键问题，让众说纷纭的争论立见分晓，让道貌岸然的说谎者原形毕露呢？

（9）《大数据变革：让客户数据驱动利润奔跑》

本书描述了客户数据如何变革我们的经济。具体内容包括：传统营销的局限、CRM炒作给我们上的六堂课、来自线上世界的经验教训、了解市场、用顾客数据实现盈利增长等。

（10）《社交红利》

从最基础、覆盖面最广的分享数据切入，详细分析了目前凭借微博、微信、QQ空间迅速成为国民级应用背后的原因、企业在微博、微信、QQ空间中如何更好地展开运营等。作者为腾讯6年以上资深员工，其中在微博开放平台工作超过3年，期间与诸多创业团队、知名CEO、知名应用等进行过广泛而深入的合作、沟通，总结而来。

思考练习题

1. 什么用户思维？结合实例说明。

2. 什么是简约思维？请结合学习与生活实际，举例说明简约思维方法。

3. 指出流量思维和社会化思维的区别和联系？请结合学习与生活实际，举例说明区别。

4. 什么是极致思维？请举例说明。

5. 说说你理解的大数据思维。

6. 说说跨界思维的重要性。

7. 结合平台经济理论说说你理解的平台思维。

第5章

想创业 先组团

5.1 创业团队的角色扮演

5.1.1 创业团队的含义

创业团队是指在创业过程中，一些才能互补并负有共同责任、有共同的价值观、为统一目标而奉献的少数人员的集合。

一方面，我国经济正处于转型时期，大多数企业是以创业团队的形式成长壮大的。另一方面，由于就业压力大，更多的年轻人选择自己创业，这也促使了大量创业团队型企业的产生。创业团队凭借成员的技能和经验完成了大部分的创业过程，对企业绩效的影响程度巨大。无论地理区位、产业性质和创业者个性如何，团队创业都比个人创业显示出更高的成功率。因此，如何组建一个适合企业发展的创业团队并能够保持高效运转，对于新创企业来说至关重要。

创业团队由具有财务或其他利益，对新创企业做出过承诺且未来能从新创企业成功中获取利益的两个或更多的人构成。他们为追求共同的目标和企业成功而相互依存地工作，对团队和企业负责，在创业早期阶段（包括创办与启动前）被视为负有行政责任的高管，并且把自己同时又被别人看作是一种社会团队。

创业团队包括以下4个方面的含义。

（1）创业团队成员的才能要互补

这是组成创业团队的必要条件。当创业团队成员的知识、才能互补时，这个团队往往容易发挥"1＋1＞2"的集体作用，而不会浪费团体的知识和能力。如果创业团队成员的知识、能力不能互补，就大大失去了组建团队的意义，甚至限制了某些有能力的人发挥作用。

（2）创业团队要有统一的目标和共同的价值观

这是组建创业团队的前提，创业团队必须为统一的目标而奋斗，并有一致的价值观，这样组成的团队才有战斗力。没有一致目标和价值观的团队，即使偶然组建起来，也难形成合力，缺乏抵御风险的耐力和战斗力。

（3）创业团队成员负有共同责任

这是对统一目标的拓展和延伸，团队有了统一的目标和价值观后，还必须使团体队员共同负起责任来达到目标，一个好的创业团队一定是一个其成员能共同负责任的团队。

（4）创业团队成员愿为共同的目标做出贡献

这是对团队更高的要求，也是创业团队能否取得成功的关键。创业团队成员除了有责任心以外，还要有奉献的精神和行动，这种团队才能成为企业的核心。靠全体团队成员在共同奉献和执着奋斗中，带领企业前进。

在创业过程中，企业创始人要建立团队，应该按照以上4条来考虑，一个好的创业团队对于创业企业的成功起着举足轻重的作用，创业企业的发展潜力与创业团队的素质有十分紧密的联系。对于任何一个有发展后劲的创业企业而言，无论是创业者还是创业企业家，他们的个人才能总是有限的，都需要别人经验和能力的补充。一个高瞻远瞩、英明果断的创业领导者，会在企业创建一开始就组建一支强有力的创业团队。

5.1.2　创业团队成员的角色

团队角色理论最早是由英国管理学家梅雷迪斯·贝尔宾（R. M. Belbin）博士提出的。为了研究团队取得成功的原因，贝尔宾在剑桥大学 Henley 管理学院人员的协助下，进行两个为期9年的研究团队的试验。他在1981年首次提出了"Belbin 团队角色模型"，后经过12年的推广应用和修正，于1993年再次提出了修正的研究成果。该模型认为在团队中每个成员都具有双重角色。其一是职能角色，是工作赋予个人的"任务型"角色，由个体的专业知识和专业技能所决定；其二是团队角色，是由个体的气质、性格所决定，是在工作中经常自然流露的"协作型"角色，这类角色对工作班子内部协调关系起着重要作用。每个成员通过同时扮演这两种角色从而对团队目标做出贡献。每个期望成功的团队都必须拥有下述9种角色，即创新者、资源调查者、协调者、塑造者、监控评估者、协作者、执行者、完成者和专家。并且指出这9种角色与团队规模无关，在很多情况下一个团队成员要承担多种角色，或者多个成员承担一个角色。

团队组建时，需根据团队类型及结构物色成员，实行分工协作。在团队中每个成员都扮演着不同的角色：有的人是团队的领导，有的人是工人，有的人擅长对外进行有效的协调和沟通。一个协作团队只有在具备了范围适当、作用平衡的团队角色时，才能充分发挥高效的协作优势。一般来说，团队需要的角色有如下8种类型。

① 主导者：耐心听取别人的意见，但在反驳别人的意见时会表现足够的强硬态度；能很好地授权于他人，是一个好的咨询者，一旦作了决定不轻易变更。

② 策划者：是一个"点子型的人才"，知识面广，思维活跃并且发散，喜欢打破传统。

③ 协调者：能够引导一群不同技能和个性的人向着共同的目标努力；成熟、自信，办事客观，不带个人偏见；除权威之外，更有一种个性的感召力；在团队中能很快发现各成员的优势，并在实现目标的过程中妥善安排。

④ 信息者：其强项是与人交往，在交往的过程中获取信息；对外界环境十分敏感，一般最早感受到变化。

⑤ 创新者：拥有高度的创造力，思路开阔，观念新，富有想象力，有挑战精神，会推动变革；爱出主意，其想法往往比较偏激和缺乏实际感。

⑥ 实施者：会将主意变为实际行动；非常现实、传统，甚至有点保守；崇尚努力，

计划性强；有很好的自控力和纪律性；对团队忠诚度高，为团队整体利益着想而较少考虑个人利益。

⑦ 推广者：说干就干，办事效率高，自发性强，目的明确，有高度的工作热情和成就感；遇到困难时，总能找到解决办法，而且一心想取胜，具有竞争意识。

⑧ 监督者：对工作方案的实施等实行监督；喜欢重复推敲一件事情，决策时能把范围很广的因素都考虑进去。挑剔，但不易情绪化，思维逻辑性很强。

在实际工作中，一个团队不一定要全部具备以上 8 种类型的角色，要根据实际情况来确定。

5.2　给你一个团队怎么带？

群体性的创业团队在稳定性方面不如有核心主导的创业团队。主要原因在于有核心主导的创业团队是由一个核心主导来组建所需要的团队，其在挑选成员的时候就已经考虑到成员的性格、个性、能力、技术以及未来的价值分配模式，这保证了团队成员的能力不会因为公司规模的扩张而不适应经营的要求，同时不会出现由于创业成员间因为自身性格、兴趣不合，导致创业团队解散的情况。群体性的创业团队比有核心主导的创业团队更强调人际关系在创业团队构成中所扮演的角色，这给组织管理增加了成本。

创业团队的良好运作离不开良好的团队管理。就创业团队而言，有合作就避免不了冲突。

（1）创业团队冲突管理

创业团队的冲突主要有认知冲突和情感冲突两种。认知冲突是指团队成员对有关企业生产经营过程中出现的问题，意见、观点和看法不一致。一般而言，认知冲突对事不对人。一个有效的团队，在生产经营管理过程中存在分歧属于正常现象，且这种认知冲突将有助于改善团队决策质量和提高组织绩效，对形成高质量的方案起着关键性的作用。对于创业团队而言更是如此，只有不断地创造和引导认知性冲突，在思想的碰撞中产生智慧的火花，新创企业才能在创新中不断地发展和壮大。

与此相反，情感冲突则容易在团队成员之间挑起敌对、不信任、冷嘲热讽和冷漠等表现，而情感上的抵触会极大地降低团队的有效性，降低工作效率。对团队的绩效来说，冲突可能是有益的，也可能是有害的，关键看该冲突是属于认知冲突还是情感冲突。

一个善于管理内部冲突、目标一致，善于利用认知性冲突的创业团队，必然能在同等创业资源的条件下胜人一筹。

（2）对核心创业者的管理

核心创业者的领导才能对创业团队的管理起着至关重要的作用。核心创业者要能够激发创业团队的热情和创造力，维系团队的稳定；同时，优秀的核心创业者要善于领导创业团队根据独特的创业理念来发展愿景，并引领团队的凝聚力和合作精神，不断追求并朝着愿景出发。创业团队应树立核心创业者的核心意识，协调好核心创业者所具有的核心作用和团队凝聚作用，使整个团队团结在一起，合作无间。

管理好创业团队需要协调核心成员所有权分配机制，在确定所有权分配时，需要重视契约精神，遵守贡献决定权利原则，分配所有权比例，使控制权和决策权相统一。此外，核心创业者要管理好团队的内部冲突，采取激励手段来鼓励正面冲突，让团队成员感受到通过知识分享获得相应收益和价值的喜悦，实现创业成功。

（3）创业团队的生命周期管理

一个有效的创业团队拥有独立的个体，使成员具有更高的工作效率，对个体具有特殊的吸引力，能够不断吸引优秀的新成员加入，团队成员之间拥有较高的信任。

创业团队犹如一个有机的生命体，有生命的开始，也有生命的结束。创业团队的发展大致会经历 5 个阶段：成立期、磨合期、稳定期、高效期和衰退期。在创业团队创立初期，团队成员之间比较陌生，可以定期举办成员交流会，增进相互了解；在磨合期，较易出现认知性和少量的情感性冲突，团队领导要在团队中快速树立起自己的威信，以排解冲突，遇到事情需及时沟通和反馈，尽量将成员领导到同一个步调上；在稳定期，则容易丧失创新的动力，此时需要的是稳中求进；当团队发展到一定的成熟度时，团队成员之间就能够积极地、有创造性地工作，此时团队领导者应注意引导团队的发展，让团队价值和成员个人的价值完美结合；衰退期应更加注重团队利益的协调。

创业团队的管理不同于工作团队的管理。对于大多数企业内的工作团队来说，如研发团队、销售团队和项目团队等，因为人员和岗位稳定性相对较高，人们习惯性地将重点放在过程管理上，注重通过建设沟通机制、决策机制、互动机制和激励机制等来发挥集体智慧，实现优势互补，提升绩效。但对创业团队管理而言，正好相反：重点在于结构管理，而不是过程管理。首先，创业团队管理是缺乏组织规范条件下的团队管理。在创业初期，创业团队还没有建立起规范的决策流程、分工体系和组织规范，"人治"味道相当浓厚，处理决策分歧显得尤为困难。此时，团队成员之间的认同和信任尤其重要，但又很难在短期建立起来。因此，认同和信任关系取决于创业团队的初始结构。

其次，创业团队管理是缺乏短期激励手段的团队管理。成熟企业内的工作团队可以凭借雄厚的资源基础、借助月度工作考核等手段，在短期实现成员投入与回报的动态平衡。相比之下，创业初期需要团队在时间、精力和资金等资源的高强度投入，但短期无法实现期待的激励和回报，不仅是因为没有资源，更主要的是对创业团队的回报以创业成功为前提。成功不可一蹴而就的时候，就需要找到能适应的合伙人。

最后，创业团队管理是以协同学习为核心的团队管理。成熟企业内工作团队的学习以组织知识和记忆为依托，成员之间共享着相似的知识基础。但是创业过程充满不确定性，需要不断试错和验证，并在此基础上创造并存储组织知识和记忆。创业团队的协同学习，建立在团队成员之间在创业之前形成的共同知识和观念基础上，这仍旧取决于创业团队的初始结构。核心创业者对于团队成员的选择，决定了创业团队管理的基础架构，这是实现有效的创业团队管理的重要前提。

团队是人力资源的核心。在创业过程中，如果没有一支良好的工作团队，其他一切都无济于事，即使有再好的项目也不能给创业者和创业投资者带来预期的收益。建立配置合理、优势互补的创业团队是人力资源管理的关键，"主内"与"主外"的不同人才，耐心的"总管"和具有战略眼光的"领袖"，技术与市场两方面的人才都是不可偏废。新创企业不仅要组建一支团队，更重要的是要使团队得以高效运行，才能发挥其应有的作用。同时，采取有效的激励机制保持创业团队的稳定，是促成和维系创业活动不可或缺的因素。

人员的配置就是根据创业活动的需要，寻找出符合创业活动的各类人才，合理安排在一定的岗位上，确保各类人才在其岗位上得以全面的发展。人员的配置是企业人力资源管理工作的中心环节，在识别和选择出优秀人力资源的基础上，最大限度地发挥人力资源的群体效能，是新创企业对人力资源合理使用的主要目标。为了合理使用企业的人力资源，企业应该遵循一定的原则，选择适合创业的人才组成团队。

（1）人员配置的原则

对于迅速发展的初创企业来说，团队管理是最重要也最难被做好的工作。对创业者而言，选择和谁一起工作，将成为他最重要的决定，因为没有人会拥有创立并运营企业所需的全部技能、经验、关系或者声誉。因此，合理配置人员组成一个核心团队，使创业者能够应付所有的基本问题，是创业者首先需要考虑的。通常，人员的配置应遵循以下的原则。

a. 知人善任，用人所长

人并非全才，不可能无所不能、无所不通。用人就必须根据各人所具备的特长，恰当予以任用。真正做到人尽其才，才尽其用，用之有效。新创企业在人力资源的选聘上，应该实行高、中、低级的梯队结构，尽量发挥每个人的长处，实现人力资源的良好配置。

b. 量才使用，职能相当

根据人员能力、特长、性格等差异，将其安排到相应的岗位，使工作责任与其工作能力相适应，做到各得其所，各司其职，要避免人浮于事或学非所用、大材小用等现象，提高人力资源使用效率。

c. 信任放手，指导帮助

在创业过程中，创业者主要是通过集权来实施管理。创业成功后，创业者需要授权，即在企业内由上向下分派任务，并让员工对所要完成的任务产生义务感。对所聘用人员不能求全责备，应给予充分信任，让其负责处理职责范围内的事，这样会产生巨大的精神鼓舞和力量。对所用人员严格要求，关心爱护，并在工作上给予指导帮助。此外，还要为他们创造良好的工作、学习条件，使之精力充沛地投入工作。

d. 结构协调，整体高效

在人才群体中，对人员的配备和使用不仅应考虑个体条件，还应考虑人员的组合结构，即注意他们在知识、技能、性格等各方面的互补性，取长补短，达到人才组合的协调、优化，更好地发挥群体的最佳效益。

e. 合理流动，动态管理

创业初期，创业团队的成员大都是朋友，但是经过一段时间的磨合之后，创业团队都要经过一个痛苦"洗牌"，或许有的人不能认同理念，或许有的人有其他的打算，或许有的人不称职。事实上即使对最富经验的职业经理人来说，最怕的事也是解雇员工。而对创业企业而言，创业初期的人员变更是很大的问题。在动态中使用和管理好人才，包括人才的级能与岗位级能，必须在动态中相适应，也包括人才在单位之间广泛的范围内合理流动。这样，有利于充分发挥人才的积极性、主动性和创造性，有利于吸取诸家所长，出现人才优势增长效应。

（2）什么样的人适合创业

创业团队通常需要具备战略管理者、策划主管、技术掌门人、研发主管、生产主管，以及营销主管。一般而言，具有一定的基本素质、基本常识、基本能力的人才适合于创业。

a. 基本素质

有冒险精神，旺盛的精力和强健的体魄，较强的社会交往能力，其中坚持不懈、百折不挠的心理素质最为重要。

从经济学角度看：自我感知能力、识别机会的能力、坚定不移的意志、丰富的人力资本和社会资本、出众的社会技能是影响创业者的关键因素。创业者以前相关的工作经历也会促进创业成功。

从管理学角度看：一个成功的创业者必须具有判断力、毅力、广博的知识以及非凡的管理艺术。同时，创业者需具备经营能力、预见和预测商机的能力、管理能力、决策、组织、控制、协调以及领导能力。

从心理学角度看：成功的创业者一般具备六个心理特质分别是，成就动机、内控倾向、风险承担倾向、不确定性容忍、自信和创新意识。

从社会学角度看：创业者一般都能有效地利用周围的社会关系与社会资源。社交能力一般建立在创业者良好的名誉和广泛的社会网络基础上，这种良好的社会资本有利于帮助创业者接近对他们的成功有重要影响力的人。

b. 具备基本常识

具备基本的市场知识，能够面对自己的缺点，开放地接受不同的意见，要懂得处理谋与行、整体与局部、鸡与蛋，1 与 0 等方面的关系。

c. 基本能力

需要较为全面的能力。

反之，下面人员通常不适合创业。①不能立足于自力更生，不敢吃苦，不能忍耐小麻烦的人；②不愿、不敢、不善于借钱赚钱的人；③期望迅速致富的人；④不能凝聚一个团队的人；⑤缺乏技术理性，市场理性，道德理性和法律理性，乐于赌博式决策的人。

吸纳人才是一项系统的引智工程。它需要解决：①决策问题，这涉及企业对人才的认识和企业对符合自己需要人才的定位；②计划问题，如每年的招聘人员数目计划以及这些人员的来源等；③控制问题，即企业如何对招聘过程进行控制，以保证企业招聘来的人员确实是企业所需的人才，即选择人才等。

英特尔和微软在这些方面做得比较到位，首先他们明白应该招收最优秀的人，对优秀人才制订了自己的评判标准。他们认为，优秀人才首要的特征应是富有创造性和可塑性，同时必须积极进取，以工作为乐，具有团队精神的人；对经理人员还要求具有杰出的组织和领导才能。英特尔提出"以聪明人吸引聪明人"，微软更是信奉"寻找比我们更优秀的人"。其次，他们为此建立了行之有效的招聘制度。英特尔主要通过严密的程序和多轮面谈对应聘者的素质做出全面测试，微软则在面试上大做文章，为了寻找聪明人才费尽心机。最终，他们都很好地达到了自己的目的。

1999 年 2 月下旬，当中国人还沉浸在自己的传统节日——春节的喜庆气氛中时，英特尔公司宣布了一个举世震惊的消息：推出奔腾 Ⅲ 处理器，其最高处理速度达到了 550MHz，这将为计算机上网提供了更大的便利，于是全世界的眼光都投向了英特尔和它的 PⅢ 处理器。

由于中国的市场实在太大，英特尔公司进行了重点关照。1999 年 3 月 8 日，英特尔中职位最高的华裔——英特尔公司高级副总裁虞有澄先生专程来到北京，推广英特尔的新型处理器，还特地带来了他的新作《开创数字化未来》。他的到来引起了人们极大的兴趣：作为一个华人，他是如何当上英特尔的高级副总裁的？

用英特尔公司中国区总裁简睿杰的话说："因为他很棒"。虞有澄与英特尔的领导很早就有联系，他们都认为虞有澄很有能力，也很勤奋。虞有澄最早在英特尔工作过几年，之后他曾离开过英特尔公司去开创自己的公司（该公司是美国第一个家用计算机公司），在遭到创业失败后，他又回到了英特尔。现在，他负责英特尔的个人计算机微处理器开发业务，这是公司的核心业务。他是一个理想管理者，有专业背景，有管理能力，有丰富的经验。他的管理风格不是高高在上的，也不是远离多数人、只跟一小群人联系的。在办公室可以见到他，在实验室可以见到他，在路上也可以见到他，他喜欢亲身参与实际工作。而且，他生性幽默、快乐、令人倍感亲切，他能从工作中得到乐趣，并能把这种情绪传染给大家。他总喜欢制订一个目标，然后激励大家按时完成。在过去的近十年间，他领导他的部门取得了一系列辉煌的战绩，这表明他能有效地领导复杂的大公司，也使得他当之无愧地成为英特尔高级副总裁。

虞有澄能在世界最大的芯片制造商、美国硅谷的龙头——英特尔公司中出任要职，固然与他的个人能力和不懈奋斗分不开，但更主要的还是得益于英特尔开明的用人之道。实际上，在美国的外国人中，像虞有澄这样的超一流人才并非绝无仅有，但进入美国大公司高级管理层的却凤毛麟角。由于文化背景不同等各种各样的原因，他们头上总有一个"玻璃天花板"挡住升迁之路。"不会看的看热闹，会看的看门道。"所以，企业管理专家们和业内人士将更多的兴趣投向了英特尔的人力资源管理。

英特尔用聪明人吸引聪明人，其用人标准是什么？"英特尔的业务范围越来越广泛，不仅局限于芯片，也有大量如广告、通讯、对互联网的投资等，因此我们需要多方面的人才。从过去的经验看，那些真正能从工作中得到乐趣比那些仅仅为了拿钱的人能干得更好。所以我们招收的人都精力充沛、聪明，聪明人能吸引聪明人。他们把公司当做自己的公司，所以他们能把自己的想法说出来，公司也鼓励他们这样做。他们都喜欢变化，因为这个行业的变化越来越快；他们还能明智地冒险，愿意对自己行为的结果进行评估。"

英特尔公司对经理有更高的要求。首先要有专长，比如计算机、公关等，这是最基本的素质。然后是他与人相处的能力，因为经理需要与大家一起，靠大家来开展工作。英特尔对经理的评价也是看他领导的组织的业绩，而不是看他本人。

无独有偶，与英特尔公司齐名的微软公司在招才纳贤时，也把寻找最优秀的人才奉为"圣经"。

微软公司负责招聘工作的戴维·普里查得先生说：微软在吸纳人才方面的目标是，"寻找比我们（微软现有员工）更为出色的人"。具体说来，微软对这种人的两个最基本要求是：①创造性。这是微软选人的首要条件，对一家信息产业公司来说，缺乏创造性，哪怕是跟不上产业发展的变化都是企业衰亡的先兆。②适应性，或称可塑性。这是微软根据信息社会和知识经济的要求提出来的。信息社会对人的学习和再学习能力提出了空前的高要求，对信息的搜集、整理、应用、淘汰、再搜集构成了人的发展过程中最有效的循环，这种高速的更新要求人的高度适应性。

在确定了所需人才的基本条件后，英特尔公司的招聘围绕这一要求进行展开。首先，从有经验的人还是从新人中招收这类人？这实际上是涉及自己培养还是挖别人墙脚的问题。众所周知，有经验的人才有其无法比拟的优点：这些人已经具备了相当的能力与技巧，能够独当一面，公司使用他们投资少，却可以立竿见影，而且由于经验丰富，犯低级错误的可能性小（他们已经付出了必要的学习成本），这也是许多公司所看重的。当然他们的缺点也很明显：①其忠实性很值得怀疑；②可塑性受到局限，他们的思维往往已经定型，而且深受以往单位作风的影响。

接着就是如何进行招聘工作，保证所招收的人正是他所要求的人才。英特尔公司的招聘比较常规化，或者说有点循规蹈矩。它的招聘工作基本上是按下面3个步骤进行的。

① 初步面试。通常，初步面试由公司的人力资源部主管主持进行，通过双向沟通，使公司方面获得有关应聘者学业成绩、相关培训、相关工作经历、兴趣偏好、对有关职业的期望等直观信息，同时，也使应聘人员对公司的目前情况及公司对应聘者的未来期望有个大致了解。面试结束后，人力资源部要对每位应聘人员进行评估，以确定进入下一轮应试的人员名单。具体操作是：首先就应聘者的外表、明显的兴趣、经验、合理的期望、职务能力、教育、是否马上能胜任、过去雇佣的稳定性等项目从高（10分）到低（1分）打分。其次就职位应考虑的优缺点，如对以往职务的态度、对生涯或职业的期望等作具体评议。所有应聘者提供的书面材料也供评价参考。

② 进行标准化的心理测试。由公司外聘的心理学者主持进行。通过测试进一步了解应聘人员的基本能力素质和个性特征，包括人的基本智力、认识的思维方式、内在驱动力等，也包括管理意识、管理技能技巧。目前，这类标准化的心理测试主要有《16种人格因素问卷》、《明尼苏达多项人格测验》、《适应能力测验》、《欧蒂斯心智能力自我管理测验》、《温得立人事测验》等。心理测试的结果只是为最后确定人选提供参考依据。

③ 进行"模拟测验"。这是最终面试，也是决定应聘人员是否入选的关键。其具体做法是，应聘者以小组为单位，根据工作中常碰到的问题，由小组成员轮流担任不同的角色，以测试其处理实际问题的能力。整个过程由专家和公司内部的高级主管组成专家小组来监督进行，一般历时两天左右，最后对每一位应试者做出综合评价，提出录用意见。"模拟测试"最大的优点是，应聘者的"智商"和"情商"都能集中表现出来，它能客观反映应聘者的综合能力，使公司避免在选择人才时"感情用事"，为今后的发展打好基础。

微软的招聘则与之不同，它只重视应聘者在面谈测试中的表现，以此决定人选。公司主管领导参与招聘活动是微软的一大特色。微软有自己的小算盘：如果高层人士对招聘漠不关心，那么其他人就更不会重视招聘工作，这会使人力资源部门在公司中处于无关紧要的地位，影响人力资源部门人员才能的施展，降低招聘工作的水平。

面谈是微软公司招聘程序中最重要的一环。当面对微软公司的招聘者时，可能首先被问起："你对什么感兴趣？"微软的招聘主管觉得，如果能使应聘者谈起自己感兴趣的东西（熟悉的业务），他们就可以很自然地插入一些问题，面试也就变成了一种双向交流。在这过程中，可以看出：应聘者是否精于此道，他的相关知识是如何积累起来的，他对该业务的前景有何见解等。

对于刚刚毕业的大学生，微软会问"为什么下水道井盖是圆的"或者"在没有天平的情况下，你如何称出一架飞机的重量"等诸如此类的问题。对于这些问题，最糟糕的回答莫过于："我不知道，我也不知道如何计算。"但是如果有人回答说："这真是一个愚蠢的问题！"微软并不认为这是错误的回答，当然应聘者必须说明他这样回答的理由，如果解释得当，甚至还可以为自己创造极为有利的机会。其实微软并不是想得到正确的答案，它只是想看看应聘者是否能够创造性地思考问题。

微软公司还注意在面试中测试应聘者的可塑性。微软公司认为，如果一个人不能不断地学习新的知识，他就不可能获得成功。因此他们常常上午给应聘者一些新知识，下午则提出与之相关的问题，看看他们究竟掌握了多少，以检验应聘者是否具有较强的可塑性。这被认为是应聘者能否被录用的必要条件之一。

由于更为注重创造性和可塑性，微软对西方大公司普遍采纳的心理测试不感兴趣。因为在大多数心理测试中，应聘者只能在列举的选项中做出选择，公司也只能选出做出正确回答问题的人，但这并不是微软所需要的。在微软看来，一个多项选择题怎么能够说明一个人是否具有创造性呢？

殊途同归，英特尔和微软在同样的用人观念下，采用了大不相同的招聘方法：英特尔依照比较严谨的程序；微软则将面试技巧发挥到了极致。但是，它们都对最优秀的人才有着强大的吸引力：美国《财富》杂志曾评出的全美前 100 名员工最愿供职的公司，二者均名列其中。

5.3　不搞定团队你怎么做大

创业团队是整个创业过程中最重要的一环。一个好的创业团队对于新创企业的成功起着举足轻重的作用，新创企业的发展潜力与创业团队的组织之间具有十分紧密的联系。在新创企业发展的初期，应该以创业团队的方式使企业迅速地走上平稳发展的道路。创业团队的构成可以分为两大类，第一类称之为有核心主导的创业团队，一般是有一个人想到了一个商业点子或有了一个商业机会，然后由他组建的创业团队。例如太阳微系统公司的创业团队，当初就是由维诺德·科尔斯勒确立了多用途开放工作站的概念，接着他找了另外两位分别在软件和硬件方面的专家一起创业而组建的。第二类称之为群体性的创业团队，这种创业团队的建立主要来自于因为经验、友谊和共同兴趣的关系而结缘的伙伴，经由合伙人彼此在一起发现商业机会，例如雅虎的杨致远和同学大卫费罗就是基于一些互动激发出创业点子，然后合伙创业的。

5.3.1　高效团队的意义

① 新创企业的高效团队有利于在企业内部塑造一种团队合作的氛围。团队成员希望通过相互之间的帮助与支持，以团队方式开展工作，促进成员之间的合作并提高员工的士气。团队规范在鼓励其成员追求卓越的同时，还创造了一种增加工作满意度的氛围。

② 高效团队实施团队管理使管理层有时间进行战略性的思考。当工作以个体为基础设计时，管理者往往要花费大量时间监督下属和解决下属的问题，而很少有时间进行战略性的思考。采用工作团队，能让管理者把注意力转移集中到诸如长期发展计划等重大问题上来，尤其是自我管理的团队形式，使管理者得以脱身去做更多的战略规划。而且管理者把一些决策权下放给团队，能使组织在做出决策时有更大的灵活性，决策常常更加迅速而准确。

③ 促进多元化和创意。由不同背景和经历的个人组成的群体，看问题的广度比单一

性质的群体要大。同样，由风格各异的个体组成的团队所做的决策，往往要比单个个体所做的决策更有创意。通过团队的组建和管理，可以减少浪费，减轻官僚主义作风，提高工作效率。

5.3.2 高效团队的构成要素

团队是由一群不同背景、不同技能、不同知识的人所组成的一种特殊类型的群体，高效团队由目标、定位、职权、计划、人员等5个要素组成。

（1）目标

即为什么要建立团队，希望通过团队达到什么目的。所有团队都有一个共同的目标：把工作上相互联系、相互依存的人们组成一个群体，能够以更加有效的合作方式达成个人的、部门和组织的目标。创业团队是一个特殊的项目团队，目标是完成创业阶段的公关、技术、组织、管理、市场、规划等各项工作。创业团队的工作要有创造性，使企业从无到有，从起步走向成熟。企业建立发展成型之后，创业团队也会随之转变为管理团队，团队目标也要由创业转变为管理。

（2）定位

即团队通过何种方式同现有的组织结构相结合，从而创造出新的组织形式。团队定位首先要确定由谁选择和决定团队的组成人员，其次就是团队要对谁负责，再次就是如何采取有效措施激励团队及其成员，最后要形成一套制度规范，规定团队任务，确定团队同组织结构结合的方式。创业者在做创业计划以及在对初创企业进行管理的过程中，要选择和决定合适的人员组成创业团队，把他们安置到创业组织当中去，使各得其所、在其位、谋其政、尽其用。

（3）职权

职权是指团队担负的职责和享有相应的权限，即团队的工作范围和在其范围内决策的自主程度，它实际上是团队目标和定位的延伸。就整体而言，创业团队的权限比较大，它的工作范围几乎包括各个领域，如公关、管理、生产、销售、财务、人力资源开发，所处理的事务会影响到整个新创企业现在的状况和未来的成败。创业团队的各项职权，也分轻重缓急。在创业初期，为使企业尽快步入正轨，申请创建、生产、销售等团队职权相对来说显得最为重要，至于技术创新，新产品开发，就相对次要一些，可以先缓一缓。其中，最重要的一点是，创业团队的成员职权一定要明确，既要避免职权的重叠和交叉，又要做到经常在一起沟通与协调。

（4）计划

在确定了团队的职责和权限后，就需要决定如何把这些职责和权限具体分配给团队成员，这就需要通过计划来实现，也就是说要通过计划来指导各个团队成员分别做哪些工作以及怎样做这些工作。创业团队的计划是以创业团队的整体为目标来考虑的计划，它包括创业团队的领导和规模，领导职位设立的方式，领导者的权限与职责，创业团队各成员特定的职责与权限，各成员投入团队工作的时间等内容。

（5）人员

团队最终能否获取成功还取决于人员本身。在确定和选择团队成员的时候，必须认真细致地从多方面考察候选者，使候选人的技能、学识、经验和才干等要素尽可能符合团队的目标、定位、职权和计划的要求。创业团队至少包括 3 方面的人才：管理人才、技术人才和营销人才。当 3 个方面形成良好的沟通协调关系后，该创业团队才是稳定而且高效的。创业者在组建创业团队时，不但要考虑成员个人的能力、品德、志向和爱好，还要考虑成员间的兼容性。还有一点需要特别注意，那就是一定要选择对项目有热情的人加入团队，而且所有人在企业初创时要有每天长时间工作的准备。任何人才，不管他（她）的专业水平多么高，如果对创业事业的信心不足，将无法适应创业的需求，而且这样一种消极的因素，对创业团队所有成员产生的负面影响可能是致命的。创业初期整个团队成员可能需要每天工作 16 个小时以上，有的人甚至在做梦的时候也会梦见工作。

图 5.1 中的 5 个要素是团队的基本组成部分，缺一不可，而且各个要素之间互相影响，互相作用。

创业团队经常会面临一个技术是否占主导的问题。固然，高科技企业创业通常是以技术创新为主的，一个企业创业初期，对于项目核心技术人员要舍得投入，对于数量极少的这种人才，应当在薪酬、员工期权等方面尽可能予以优厚待遇，但高效团队不可以技术为主导。对于一个技

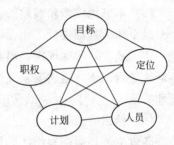

图 5.1　团队的基本要素图

术团队，典型的启动场景是这样的：看到某个很火的网站，然后几个人一分析就知道怎么做网站，例如打着 Web 2.0 旗号的创业团队都是技术人员组成的，就是写几个页面，觉得"我们也可以做！"很自然，程序员来做技术主导，即使团队中有其他人，他们的意见也会被边缘化。如果整个团队的思考重心都在技术上时，技术团队自己无法觉察到决策的偏向性，最后的结果必然是"程序员们认为最好的东西"，创业的成果将与市场偏离。

5.3.3　高效团队的特征

新创企业不仅要组建一支团队，更重要的是要使团队得以有效地运行，才能发挥其应有的作用。有效的团队具有以下几个特征。

（1）清晰的目标

一支好的团队要有一个共同的奋斗目标，是使团队成员为之振奋而又切实可行的目标，为了这个目标，团队成员要全心致力于企业价值的创造，通过不同的途径把企业做大做好。高绩效的团队对所要达到的目标有清楚的了解，并坚信这一目标包含重大意义和价值。这种目标的重要性还激励着团队成员把个人目标升华到企业目标中去。在高绩效的团队中，成员清楚组织希望他们做什么工作，以及他们怎样共同工作以完成任务。

（2）相关的技能

有精湛技术的人不一定就有合作技巧，但是高绩效的团队往往兼而有之。高绩效的团队是由一群有能力的成员组成，他们具有实现理想所必需的技术和能力，而且相互之间有能够良好合作的个性品质，从而能出色地完成任务。

（3）良好的沟通

高绩效团队的成员通过畅通的渠道交流信息，管理层和团队成员之间有健康的信息反馈机制，并经常进行以获取超过个人水平的见解为目的的"深度会谈"，鼓励成员将他们认为最困难、最复杂、最具冲突性的问题放到团队中来讨论，自由表述各自的观点并加以

验证，使彼此真诚相对，每个人以真实的想法在交流中碰撞出火花。

（4）凝聚力

优秀的创业团队都具有很强的凝聚力，凝聚力将所有的团队成员紧紧地团结在一起，从而最大限度地发挥出自己的作用，促使组织目标的实现，形成组织发展的强大的生命力。团队成员之间的相互忍让和团结协作对企业的发展非常重要，一个具有发展潜力的企业一定会拥有一支能够协同合作的创业队伍，而不仅仅有一两名杰出的企业家或管理者。优秀的创业团队往往重成员之间的相互配合，提高团队的整体效率，而且通过彼此之间的合作来发展团队成员之间的友谊，扩大团队成员合作的基础。

（5）不断地探索和调整

以个体为基础进行工作设计时，员工的角色由工作说明、工作程序、工作纪律以及其他一些正式文件明确规定。但对于高绩效的团队来说，其成员角色具有灵活多变性，总在不断地进行调整，这就要求成员有充分的准备，敢于持续面对和应付团队中时常变换的问题和关系。

（6）恰当的领导

高效的领导能率领团队成员共渡难关，勇往直前，能为团队指明前途所在。领导者要向团队成员阐明变革的可能性，鼓舞成员的自信心，帮助他们更充分地了解自己的潜力。高绩效团队的领导者往往担任的是教练和后盾的角色，对团队提供指导和支持，而不是试图去控制团队。

来看看西安杨森的例子。西安杨森成立于1985年10月，是中外双方经过长达3年的谈判才得以达成的合作协议的产物。20世纪90年代初，当中央电视台广告节目中第一次出现"西安杨森"这个名字时，人们只知道它是一家制药企业，除此以外对公司其他情况所知甚少。慢慢地，人们逐渐对它有了一些了解，知道它是中国与比利时某公司的合资企业，但对它更详细的情况却不太了解。其实西安杨森的合作方是比利时杨森公司，它以发明新药闻名于世，到1997年年底，杨森公司已经成功研制出新药80多种，成为世界上开发新药最多的制药公司之一。杨森公司创办于1953年，于1961年加入美国强生公司（Johnson & Johnson），因此西安杨森可以说是美国强生公司的二级子公司。实际上，美国强生公司一直视西安杨森为自己的子公司，西安杨森也一直以强生集团成员自居。

西安杨森的领导人认为，西安杨森的成功归功于它有一支高素质的员工队伍。而这支高素质的员工队伍则是西安杨森高水平培训和公司人力资源管理与企业文化、中国文化紧密结合的结果。

优厚的待遇是西安杨森吸引和招聘人才的重要手段，而不断丰富工作意义，增加工作的挑战性和成功的机会则是公司善于使用人才的关键所在。西安杨森的工人和中层管理人员是从几家中方合资单位抽调的。起初，这些人员思想意识涣散，不适应合资企业严格的生产要求。鉴于此，西安杨森一方面在管理上严格遵循杨森公司的标准，制订了严格的劳动纪律，对员工进行相关培训，使员工逐步适应新的管理模式，培养对企业和社会的责任感。另一方面，他们通过调查研究发现，在中国员工尤其是较高层次的员工中，价值取向表现为对高报酬和工作成功的双重追求。为此，他们专门制订了与此相适应的激励员工的办法。

例如，在创建初期，公司主要依靠销售代表的个人能力，四处撒网，孤军奋战。这时公司从人员——职位——组织的匹配出发，选用的是那些具有冒险精神、勇于探索、争强好胜又认同企业文化的销售代表，主要是医药大学应届毕业生和已有若干年工作经验的医药从业人员。这两类人文化素质较高，能力较强，对高报酬和成就都抱有强烈的愿望。此时西安杨森对员工采用的是个人激励法，大力宣传以鹰为代表的企业文化。他们这样解释道："鹰是强壮的，鹰是果敢的，鹰是敢于向山巅和天空挑战的，它们总是敢于伸出自己的颈项独立作战。在我们的队伍中，鼓励出头鸟，并且不仅要做出头鸟，还要做搏击长空的雄鹰。作为企业，我们要成为全世界优秀公司中的雄鹰。"通过企业文化使积极进取、勇于接受挑战的鹰的精神深入销售人员心中，不仅打消了他们的顾虑，而且唤起了藏在他们内心喜欢挑战性工作的意识，收到了很好的效果。

但是，企业毕竟是一个整体，特别是企业逐渐发展壮大后，公司众多业务部门和众多员工的互相协调、帮助就显得尤为重要。因而在培养雄鹰的同时，他们还特别注重员工队伍的团体精神建设，这主要来自雁的启示。在 1996 年年底的销售会议上，他们集中学习并讨论了关于"雁的启示"：① "当每只雁展翅高飞时，也为后面的队友提供了'向上之风'。由于 V 字队形，可以增加雁群 70％的飞行范围"。启示：分享团队默契的人，能够互相帮助，更轻松地到达目的地，因为他们在彼此信任的基础上，携手前进。② "当某只雁离队时它立即感到孤独飞行的困难和阻力。它会立即飞回队伍，善于利用前面同伴提供的'向上之风'继续前进"。启示：我们应该像大雁一样具有团队意识，在队伍中跟着带队者，与团队同奔目的地，我们愿意接受他人的帮助，也愿意帮助别人。③ "鹰"和"雁"的关系：雄鹰是针对外部而言的，要求企业主要业务人员和管理人员要勇于接受挑战性的工作，为企业的发展贡献自己特有的力量；雁是对内部而言的，号召大家要拧成一根绳，调动企业所有的资源共同促进企业的发展。

高效团队管理是对人能力的培养和对人的管理，而人生存和发展最重要的环境是文化环境，因而文化就在人力资源管理中占有举足轻重的地位。甚至有一种观点认为：人力资源管理的最高境界是人本主义的企业文化。如果能够在人力资源管理中打好文化这张牌，企业的管理就能提高到新的境界。

文化至少包括两个层次：一个是企业层次的企业文化，对于企业来讲属于可控因素，可以自行决策；另一个是作为公司文化环境的民族文化，在中国表现为中国文化，对企业来说属于不可控因素，只能利用和适应。与此相应，企业在进行人力资源管理时，要利用文化因素，实现人与文化的融合，必须使企业文化成为员工、公司与社会之间的纽带，做到：①在进行人力资源管理时，实现企业文化与员工心理需求的紧密结合；②调整企业文化，使公司的人力资源管理与公司的文化环境相适应。西安杨森在这两个方面均做得相当出色。

5.4　开启创业团队结构的最佳模式

团队创业的成功率并不比个人创业高，其主要原因主要有两点：①团队失败于决策分歧；②团队困于利益冲突。有效的创业团队管理要解决决策分歧和利益冲突的问题，而这有赖于创业团队找到适合的结构模式。

对于大多数企业内的工作团队来说，如研发团队、销售团队和项目团队等，因为人员和岗位稳定性相对较高，人们习惯性地将重点放在过程管理上，注重通过建设沟通机制、决策机制、互动机制和激励机制等发挥集体智慧，实现优势互补，提升绩效。但对创业团队管理而言，正好相反：重点在于结构管理，而不是过程管理。

创业团队可以从三方面入手来实施结构管理，分别是知识结构、情感结构和动机结构。知识结构反映的是创业团队成功创业的能力素质；情感结构是创业团队维持凝聚力的重要保障；动机结构则是创业团队实现理念和价值观认同的关键因素。

创建一个优秀的创业团队，是开创创业之路的开始。组建方式的选择，直接决定着创业团队合作水平和整体能力，因此，创业团队组建方式的选择不容忽视。组建方式分为理性逻辑团队和非理性逻辑团队。下面做分别介绍。

① 理性逻辑团队选择以理性逻辑来组建创业团队，创业团队会分析创业所需要的资源和能力，并将其与自身拥有的资源和能力相比较，将组建创业团队视为弥补自身能力空缺的一种方法，目的是整合优秀的资源来推动创业成功。

② 如果选择非理性逻辑来创建创业团队，则创业团队更重视团队成员的凝聚力建设，也可以说创业团队看重的不是团队成员拥有什么资源和能力，而是团队成员自身的人际吸引力。

此外，选择理性还是非理性逻辑进行组建还取决于创业者看重的是创业的客观要求还是创业者的主观偏好：遵循理性逻辑组建的创业团队平均规模更大，团队成员之间因强调技能互补性而异质性更强，但彼此之间的熟悉程度却相对较低，沟通和交流较少；依据非理性逻辑组建的创业团队平均规模相对较小，团队成员之间因物以类聚而同质性更强，彼此之间的熟悉程度相对较高，沟通和交流更加顺畅。

5.4.1　创业团队管理的特殊之处

首先，创业团队管理是缺乏组织规范条件下的团队管理。在创业初期，创业团队还没有建立起规范的决策流程、分工体系和组织规范，"人治"味道相当浓厚，处理决策分歧显得尤为困难。此时，团队成员之间的认同和信任尤其重要，但又很难在短期建立起来。此时，认同和信任关系取决于创业团队的初始结构。

其次，创业团队管理是缺乏短期激励手段的团队管理。成熟企业内的工作团队可以凭借雄厚的资源基础、借助月度工作考核等手段，在短期实现成员投入与回报的动态平衡。相比之下，创业初期需要团队在时间、精力和资金等资源的高强度投入，但短期无法实现期待的激励和回报，不仅是因为没有资源，更主要的是对创业团队的回报以创业成功为前提。成功不可一蹴而就的时候，就需要找到能适应的合伙人。

最后，创业团队管理是以协同学习为核心的团队管理。成熟企业内工作团队的学习以组织知识和记忆为依托，成员之间共享着相似的知识基础。但是创业过程充满不确定性，需要不断试错和验证，并在此基础上创造并存储组织知识和记忆。创业团队的协同学习，建立在团队成员在创业之前形成的共同知识和观念基础上，这仍旧取决于创业团队的初始结构。

核心创业者对于团队成员的选择，决定了创业团队管理的基础架构，这是实现有效的创业团队管理的重要前提。

5.4.2　创业团队的三维结构

　　创业团队可以从三方面入手来实施结构管理，分别是知识结构、情感结构和动机结构（见图 5.2）。

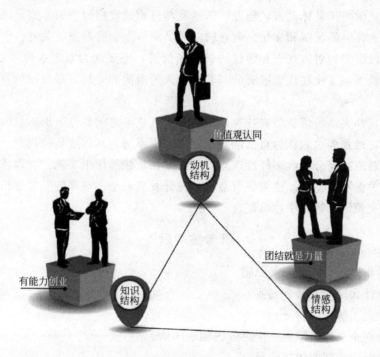

图 5.2　创业团队的三维结构

　　知识结构管理的核心，是建立在以创业任务为核心的知识和技能互补性上，强调创业团队有完备的能力来完成创业相关任务。知识和技能互补性是创业团队实现有效分工的重要依据，取长而非补短是重要原则。

　　情感结构管理的重点是注重年龄、学历等不可控因素的适度差异。中国文化注重层级和面子关系，如果创业团队之间年龄和学历因素差距过大，成员之间在混沌状态下发生冲突和争辩，很容易导致彼此感觉丢面子而演变为情感性冲突。一旦出现这种情况，创业团队将不得不把时间和精力浪费于沟通方式设计和内部矛盾化解，内耗大于建设，不利于创业成功。

　　动机结构管理的关键在于注重创业团队成员理念和价值观的相似性。如果创业团队成员之间价值观不同，想做事业的成员可能不会过分关注短期收益，而怀揣赚钱动机的成员则不会认同忽视短期收益的做法，这时创业很难成功。相似的理念和价值观有助于创业团队保持愿景和方向的一致性，有助于创业团队克服创业挑战而逐步成功。

　　值得一提的是，创业团队的结构管理是兼顾三方面结构要素的平衡过程，短板效应非常明显。但是现实中，人们往往过分重视知识结构的互补性，而对于情感结构管理和动机结构管理重视程度不够，因此引发的问题往往会伴随时间的进行而强化，一旦创业出现困难和障碍，往往会转变为创业团队的内耗和冲突。

5.4.3　创业团队互动过程的原则

建立促进合作和学习的决策机制是发挥创业团队结构优势、进而成功创业的重要途径。创业事业能否继续下去，在很大程度上取决于核心团队成员是否能够看到其他人的长处，并不断相互学习。具体而言，创业团队的互动过程建设应遵循的原则是以下几点。

建设合作式冲突的氛围和文化。创业团队成员间一定会有冲突，关键在于创业团队遵循一致目标，鼓励看到对方观点和建议的长处和价值，不要认为对方在挑战自己的权威。合作式冲突的氛围和文化往往能够充分调动每个人的潜能和专长，形成相对有效的决策方案和机制。

避免竞争式冲突。所谓竞争式冲突，即创业团队成员之间观点争论的目的并不是为了达成某种共识，而是固执地认为自己的观点正确，听不进去其他成员的观点。

创业过程既需要充分吸收多样性观点，又需要保证快速作出决策。听取成员观点并不意味着依从，关键在于整合。这需要营造成员充分发表看法和观点的开放性机制，同时又需要快速形成决策结果的集中性机制。

思考练习题

1. 简述创业团队的人员配置原则。
2. 你认为什么样的人适合创业？
3. 高效创业团队有何特征？
4. 简述新创企业如何培养一个高效的创业团队。
5. 简述如何保持创业团队的稳定。

第**6**章

你会写商业计划书（BP）吗？

商业计划书是成功融资创业的第一步，如同求职自荐书一样，一份简练而有力的商业计划书能让投资者对投资项目的运作和效果心中有数，也是向金融机构申办商业贷款的重要文件；是对外合作吸引合作方的必备资料。本章针对互联网创业的实际，着重讨论互联网创业商业计划书的概念和作用、结构和内容以及各主要部分的编写方法。

6.1　商业计划书那点事

6.1.1　商业计划书的概念

商业计划书，英文名称为 Business Plan，是企业或项目单位为了达到招商融资和其他发展目标的目的，在经过项目调研、分析以及搜集整理有关资料的基础上，根据一定的格式和内容的具体要求，向读者（投资商及其他相关人员）全面展示企业或项目目前状况及未来发展潜力的书面材料；商业计划书包括项目筹融资、战略规划等经营活动的蓝图与指南，也是企业的行动纲领和执行方案。

（1）商业计划书目标读者

毫无疑问，商业计划书首先是给项目单位/企业自己使用的，其次才是面对目标投资商、贷款方、赞助方及其他相关方。但在实际中，目标出资方往往是商业计划书的首要读者，从某种程度上讲，商业计划书已成为招商引资的敲门砖。

（2）投资商最关心什么？

① 投资商最关心投资项目或未来企业的盈利潜力，以及未来利润分配方式。招商引资单位一定认为所推荐给投资商的是最具潜力的项目，但是，任何投资项目都是机会与风险并存的，无法判断项目是否机会大而风险小。

② 投资项目或未来企业的产成品或服务是否存在有效需求？如何向投资商证明目标市场需要你的产品或服务？这种需求的规模是否足够大？需求持续时间是否足够长？目前及潜在的竞争对手处于什么状态？他们的优势和劣势？你需要将市场调查分析报告及调查程序说明展示给投资商。

③ 如何向投资方证明各种预测符合实际？投资商一般是依据投资项目所在行业的现状和发展趋势进行判断，你需要将行业数据来源及分析方法展示给投资商。

④ 如何向投资方证明新注入的投资将会增加未来企业的价值？需要将强有力的营销

计划、组织及管理团队计划展示给投资商。

6.1.2　商业计划书的作用

商业计划书是一份全方位的项目计划，它从企业内部的人员、制度管理以及企业的产品、营销、市场等各个方面对即将展开的商业项目进行可行性分析。商业计划书能够帮助创业企业获得融资，创业企业要获得风险投资的支持，其非常重要的途径就是从审验商业计划书开始。因此，要顺利获得风险资本的投入，一份规范完整的商业计划书是必不可少的，而仅仅凭借专利证书或科技成果鉴定书是不可能获得风险投资的。商业计划书写的好，企业或项目有吸引力，融资才会有希望，而且商业计划书能够帮助创业企业对自己进行再认识。通过制订商业计划书，把目前拥有的资源、信息和想法全部写下来，然后再逐条推敲，梳理思路，同时进行调研，完善信息，找到资源与工作的衔接点，最终把各种资源有序地整合起来。这样创业企业就能对这一项目有更清晰的认识，创业的成功率也就随之大大提高了。

对于正在寻求资金的企业来说，商业计划书就是吸引外来投资过程中的第一项工作。

① 客观地分析企业目前所处的位置以及通过特定目标的设计所要达到的位置，以及为实现该目标所制订的计划；

② 让投资商、出借人或合资伙伴相信的确存在一个可行的商业机会，让他们知道企业已意识到这种机会并会加以利用。

因此，通过商务计划书对未来企业的各个方面以及整个企业的情况进行全方位和深入系统的分析，使真正有投资价值的项目能够快速地获得投资商的认可。

国内外任何投资机构在进行投资前，都会对项目商业计划书进行严格的审查评估，因此，商业计划书的内容与格式是否能够顺利通过评估，是获得投资的关键点。

通过项目的商业计划书，投资者可以了解到项目的相关内容：①项目的发展阶段。②强大的管理团队。③良好的市场机会。④稳健的商业计划。投资者也可以借助项目策划书来实现：①评估市场机会。②评估业务模型。③评估管理团队。④评估竞争状况。⑤评估产品/价值定位。⑥评估财务状况。⑦评估发展阶段：种子期、成长期、推广期、成熟期。⑧评估市场机会：清晰界定目标市场和有吸引力的预期市场规模、竞争对手的市场规模。⑨评估商业计划：产品有优于竞争对手的潜力，价值定位独特，业务模型的关键成功因素、促进增长的合作伙伴、获得回报的多种渠道。⑩评估管理团队：关键职位中已经有有经验的人担任、管理团队的最终组建。

6.2　如何写出一份高颜值商业计划书

在编写商业计划书的时候，应当注意以下几点。

一个最常被问到的问题是"商业计划书应该写多少页？"这个问题就像是被问到"动物每天应该睡几个小时？"一样。众所周知，狮子每天需要睡 20 个小时，而兔子每天只需睡几分钟就够了。实际上这两个问题的答案是一样的：看你的需要。

有人认为好的商业计划书应该在 30 页左右，有些人认为 1 页纸就够了，还有人认为应该先写一份 3～4 页纸的商业计划书，如果风险投资商感兴趣的话，他们会主动来找你谈。

有人曾经用 3 页纸的商业计划书换回 300 万美元的投资。也有人获得了同样的投资，而他的商业计划书多达 260 页。商业计划书的页数其实不重要，就像好的小说并没有固定的篇幅一样。不同的风险投资商的喜好不一样，因此一个好的建议是：先去调查一下打算与之谈判的风险投资商，然后看一下你在多少页内能够精确详尽地阐述你的观点。商业计划书和求职简历一样，页数不是决定因素，重要的是内容。

商业计划书的基础性内容是商业创意项目的市场调查（因为几乎所有商业项目都涉及消费行为分析和消费行为预期），成本低的或有同类企业作为参照的项目，可以按程序去做市场调查；涉及市场范围大，或投资额大，或没有比较参照的，需委托专业市场调查机构完成。

创业项目数量众多、各式各样，因此针对每个创业项目制作的商业计划书的形式内容也不必完全统一，但无论项目之间差异有多大，在根据自己的创业计划着手编制商业计划书时，可以参考已有的商业计划书模板进行编写，也可以针对创业项目的特点对部分章节做适当的调整和增删。

在编写商业计划书的时候，应当注意以下几点。

（1）清晰、客观、阶梯式阐述

每个风险投资家每天都要阅读几份甚至几十份商业计划书，而其中仅仅有几份能够引起他进一步阅读的兴趣，因此好的商业计划书必须在几分钟的时间里抓住风险投资商的注意力。一般在写好商业计划书以后，要认真撰写商业计划书的摘要。摘要的结构和商业计划书非常相似，只是篇幅很短并且较少涉及细节问题。一份好的摘要不仅要使阅读者能够在最短的时间内了解公司的概况，而且对企业特点与优势产生初步的印象。

（2）对所处的行业领域、市场情况做一个全面的把握

设计、制订一个有价值的商业计划书并不是只用来融资的，这一点一定要提醒创业者注意。好的商业计划书可以使企业家从创业的激情中解脱开来，用相对理性的眼光来考察企业生存的外部空间和内部要素。从某种意义上说，制作一份商业计划书就是做一个企业的战略规划。以下的问题必须要清楚地回答。

企业的使命是什么？企业面临的挑战、机遇和不确定性是什么？企业所处的行业的发展状况如何？市场发展处于什么阶段？顾客的分布如何？你的竞争对手的情况如何？你的相对优势与劣势是什么？你有什么竞争优势？如果市场条件发生剧烈的变化，你有什么应对的办法等。

（3）换位思考

在撰写商业计划书的过程中，创业者应该站在风险投资者的角度对自己的商业计划进行评估，尝试回答以下的问题。

① 投资者能从企业的自由现金流中获得多少回报？

② 投资者可能遇到什么风险？如政策风险、法律风险、经营风险、市场风险等。

③ 项目的运作过程中可能会出现哪些重大的变化并对公司的运作与资本价值产生重大的影响？

④ 投资者的投资何时和怎样撤出（公开上市或购并的退出战略）？

⑤ 这个项目与风险投资商/产业投资者的其他产业或投资项目能否在现在或将来产生协力？

（4）全面展示管理团队、聘请得力的咨询顾问

在商业计划书中，风险投资者将会非常关注"人"的因素，即风险企业中管理团队的情况，因此，商业计划书要能够充分地向风险投资者展示管理团队。好的管理团队不仅要有高超的素质、丰富的成功经验，而且要功能完善，搭配合理。

有丰富经验的投资咨询专家的帮助是非常必要的，他们的专业建议能让商业计划书看上去更加客观、专业、有说服力。对于投资者而言，有专家的推荐至少使他们能更加认真地阅读商业计划书并且获得更广泛的潜在投资者数据库。另外，专家参与将使写作商业计划书的过程成为企业利用外脑的好时机。所以，聘请好的咨询公司一起工作是一项非常划算的投资。

除此之外，还应注意以下几点。

① 一个商业计划书总是沿着基本的商业概念逐步完善的。开始时，计划书只强调几个关键性的因素，随着分析的深入，新的条目不断地被补充；随着新的情况出现，计划还需要重新评估并加入反映这些新情况的条目。一般来说，项目和结果势必会经过不断地协调以使计划的主旨不会发生错误。在工作中，运用一些技巧是很有帮助的。比如说，一条一条罗列出自己的观点，突出应用的资料，采用精心排版和使用表格形式等设计计划书。商业计划书应当简洁明了，有一个相当清晰的结构，不是纯粹的数据分析，使阅读计划书的人能立即找到问题及其解决办法。

② 人们在阅读商业计划书时一般不会有作者在旁边回答问题或给予解释，所以计划书应尽量采用通俗的语言以避免产生误解。有时，人们会因为自己本身的狂热，而在描述好想法时大肆渲染，当然有些东西需要热情渲染，但应尽可能客观，以使读者明白。像广告一样的计划并不能起到很好地吸引读者的作用，反而会引起别人的逆反心理，引起读者的怀疑、猜测，无法接受。

③ 过分挑剔同样也是很危险的。考虑到错估和过去的错误导向可能会影响到竞争能力和动机，因此掌握的信息应该是最新的并且可以确信完全正确的。只有已经采取措施或至少是有办法消除计划中的缺陷时，才能在作品中提起它。

④ 商业计划书应当让外行也能看懂。一些企业家认为他们可以用大量的技术细节、精细的设计方案、完整的分析报告打动读者，但大多数时候并不是这样的。只有少量的技术专家参与商业计划书的评估，许多读者都是全然不懂技术的门外汉，他们更欣赏一种简单的解说，也许用一个草图或图片作进一步的说明会作用更好。如果非要加入一些技术细节，可以把它放到附录中去。

⑤ 商业计划书的写作风格应一致。一份商业计划书，通常有几个人一起完成，但最后的版本应有一个人统一完成，以避免写作风格和分析深度不一致。商业计划书不仅要以一种风格完成，而且应该看起来非常统一、职业化。例如，标题的大小和类型都应该和本页的内容和结构相协调，优美而整洁；恰当地使用图片也会给格式的统一增色不少；可以使用公司的标志。

6.2.1 计划摘要

计划摘要列在商业计划书的最前面，它是浓缩了的商业计划书的精华。计划摘要涵盖了计划的要点，以求一目了然，以便读者能在最短的时间内评审计划并做出判断。

计划摘要一般包括以下内容：公司介绍、主要产品和业务范围、市场概貌、营销策略、销售计划、生产管理计划、管理者及其组织、财务计划、资金需求状况等。

在介绍企业时，首先要说明创办新企业的思路，新思想的形成过程以及企业的目标和发展战略。其次，要交待企业现状、过去的背景和企业的经营范围。在这一部分中，要对企业以往的情况做客观的评述，不回避失误。中肯的分析往往更能赢得信任，从而使人容易认同企业的商业计划书。最后，还要介绍一下风险企业家自己的背景、经历、经验和特长等。企业家的素质对企业的成绩往往起关键性的作用。在这里，企业家应尽量突出自己的优点并表示自己强烈的进取精神，以给投资者留下一个好印象。

在计划摘要中，企业还必须要回答下列问题：①企业所处的行业，企业经营的性质和范围；②企业主要产品的内容；③企业的市场在哪里，谁是企业的顾客，他们有哪些需求；④企业的合伙人、投资人是谁；⑤企业的竞争对手是谁，竞争对手对企业的发展有何影响。

摘要要尽量简明、生动，特别要详细说明自身企业的不同之处以及企业获取成功的市场因素。如果企业家了解他所做的事情，摘要仅需 2 页纸就足够了。如果企业家不了解自己做的事情，摘要就可能要写 20 页纸以上。因此，有些投资家就依照摘要的长短来"把麦粒从谷壳中挑出来"。

6.2.2　产品（服务）介绍

在进行投资项目评估时，投资人最关心的问题之一就是，风险企业的产品、技术或服务能否以及在多大程度上解决现实生活中的问题，或者风险企业的产品（服务）能否帮助顾客节约开支、增加收入。因此，产品介绍是商业计划书中必不可少的一项内容。通常，产品介绍应包括以下内容：产品的概念、性能及特性；主要产品介绍；产品的市场竞争力；产品的研究和开发过程；发展新产品的计划和成本分析；产品的市场前景预测；产品的品牌和专利。

在产品（服务）介绍部分，企业家要对产品（服务）作出详细的说明，说明既要准确，也要通俗易懂，使不是专业人员的投资者也能明白。一般来说，产品介绍要附上产品原型、照片或其他介绍。

一般情况下，产品介绍必须要回答以下问题。

① 顾客希望企业的产品能解决什么问题？顾客能从企业的产品中获得什么好处？

② 企业的产品与竞争对手的产品相比有哪些优缺点？顾客为什么会选择本企业的产品？

③ 企业为自己的产品采取了何种保护措施？企业拥有哪些专利、许可证，或与已申请专利的厂家达成了哪些协议？

④ 为什么企业的产品定价可以使企业产生足够的利润？为什么用户会大批量地购买企业的产品？

⑤ 企业采用何种方式去改进产品的质量、性能？企业对发展新产品有哪些计划？

产品（服务）介绍的内容比较具体，因而写起来相对容易。虽然夸赞自己的产品是推销所必需的，但应该注意，企业所做的每一项承诺都是"一笔债"，都要努力去兑现。要牢记一点，企业家和投资家所建立的是一种长期合作的伙伴关系。空口许诺，只能得意于一时。如果企业不能兑现承诺，不能偿还债务，企业的信誉必然要受到极大的损害，这是真正的企业家不屑为，也不愿意看到的。

6.2.3　人员及组织结构

有了产品之后，创业者第二步要做的就是结成一支有战斗力的管理队伍。企业管理的好坏，直接决定了企业经营风险的大小。而高素质的管理人员和良好的组织结构则是管理好企业的重要保证。因此，风险投资家会特别注重对管理队伍的评估。

企业的管理人员应该是互补型的，而且要具有团队精神。一个企业必须要具备负责产品设计与开发、市场营销、生产作业管理、企业理财等方面的专门人才。在商业计划书中，必须要对主要管理人员加以说明，介绍他们所具备的能力，在本企业中的职务和责任，以及他们的详细经历及背景。此外，在商业计划书中，还应对公司的结构做一简要介绍，包括：公司的组织机构图；各部门的功能与责任；各部门的负责人及主要成员；公司的报酬体系；公司的股东名单，包括认股权、比例和特权；公司的董事会成员；各位董事的背景资料。

6.2.4　市场预测

当企业要开发一种新产品或向新的市场扩展时，首先就要进行市场预测。如果预测的结果不乐观，或者预测的可信度让人怀疑，那么投资者就要承担更大的风险，这对多数风险投资家来说都是不可接受的。

市场预测首先要对需求进行预测：市场是否存在对这种产品的需求？需求程度是否可以给企业带来所期望的利益？新的市场规模有多大？需求发展的未来趋向及其状态如何？影响需求的因素都有哪些。其次，市场预测还要包括对市场竞争的情况以及企业所面对的竞争格局进行分析：市场中主要的竞争者有哪些？是否存在有利于本企业产品的市场空当？本企业预计的市场占有率是多少？本企业进入市场会引起竞争者怎样的反应，这些反应对企业会有什么影响？等等。在商业计划书中，市场预测应包括以下内容：市场现状综述；竞争厂商概览；目标顾客和目标市场；本企业产品的市场地位；市场特征等。

风险企业对市场的预测应建立在严密、科学的市场调查基础之上。风险企业所面对的市场，具有变幻不定的、难以捉摸的特点。因此，风险企业应尽量扩大收集信息的范围，重视对环境的预测和采用科学的预测手段和方法，尽最大可能了解市场。风险企业家应牢记的是，市场预测不是凭空想象出来的，对市场错误的认识是企业经营失败的最主要原因之一。

6.2.5　销售策略

销售策略的任务是论证把产品（服务）投放市场的理念。怎样计划把产品（服务）在市场销售以实现设定的市场潜力？为了实现这个任务，首先应该尽可能清楚而完整地介绍把产品（服务）投放到市场的策略，然后清楚整个市场理念和投放计划。其中出现的典型问题如下。

（1）关于产品展示的典型问题。

① 怎样向客户介绍产品？

② 根据预想，谈谈销售计划时间安排，包括需要达到的里程碑。

相对于花费金钱做一次大规模的宣传运动，如找一些知名的顾客来捧场已被证明是一条非常有效的捷径。试试看能不能找到在该行业有影响的顾客来参与产品展销会。

（2）关于市场理念的典型问题。

① 怎样估计零售价格？

② 希望达到多大的销量？

③ 一般的销售程序是什么？

④ 运用怎样的分销渠道？

⑤ 每个分销渠道都应获得怎样的目标顾客群？

在这里应仔细解释怎样使顾客来购买自己的产品（服务）。应该怎样描述销售程序、计划使用的分销渠道和因此而产生的预期费用。

展示协调整个市场运作的活动。例如，需要雇佣多少人；他们应具有的基本素质和技巧；怎样对他们进行激励。需要说明的是，在一开始的时候，由于价位较高和需要与一些附近的消费者取得联系，要考虑是否组建一批销售队伍。同时应该展望未来，随着发展的复杂化，是否应该派出研究人员亲临销售前线，以确信消费者的要求已得到很好满足。如果想扩大销量而大量出售低价产品，要考虑是否与批发商合作这种可能性。

（3）关于投放市场的典型问题。

① 怎样使目标顾客群知道自己的产品？

② 将采用哪种类型的广告攻势？

③ 服务、维护和热线的重要性如何？怎样组织回报？

④ 展销和下一步行动的产品投放费用会有多少？

⑤ 对每个目标市场和分销渠道，将采取什么样的价格？

⑥ 采取什么样的支付政策？

简短描述怎样使顾客们知道这些产品（服务）。目标是为产品获得良好的赞誉还是让顾客在使用产品时产生美好的联想？选择什么样的促销手段（例如，印制广告、发布新闻、参加商会）那得由产品（服务）类型和价格来定。

一个新的公司必须尽快把它的产品投放到市场，以获取利润支持下一步的发展。可是，怎样让顾客"知道"、"了解"并"喜欢"这些产品呢？这就需要进行促销活动。

促销包括将产品的独特属性和公司形象的优势尽可能地表现出来（排除误解），传达给中间商（通过商业广告和商业促销活动）和产品的最终使用者（通过消费者广告和消费者促销活动）。关于促销，经验丰富而且进行大规模市场营销活动的公司通常采用一种"拉"的战略。

利用广告和销售促进等方式，直接面向消费者进行大力促销，公司希望以此来产生出对其产品的强劲需求；顾客向零售商要求购买，使零售商也感受到了这种需求，从而不得不订购和储存此种商品，依此类推。这样，如果生产商成功了，就可以说产品是被强大的需求"拉动"着通过分销渠道的。与此方法完全相对的是"推"的战略。在"推"的战略中，生产商刺激批发商的需求；批发商刺激零售商的需求；零售商刺激消费者的需求；从而"推动"着产品通过分销渠道。("推"的战略并不排除大力进行直接销售。既然广告和促销的努力,已经成功地产生了有利于销售的影响力,那么潜在顾客对产品的拒绝心理就会减轻)。

我们在制作一个有效的广告时,必须考虑一些主要的因素:我们想对哪种类型的人施加影响(人口统计因素)?我们想影响的人在哪儿(地理因素)?是否很好地传达了所要传达的信息?强度是否足够大而能被顾客记住?能否激发起购买欲望?(冲击力)有多少人或家庭至少收看或收听到一次产品信息(到达)?这些人可能接触到多少次产品的信息(频率)?产品信息播出有多长时间(长短)?人们在什么时候可能接触到产品的信息(时间)?让1000个人或1000个家庭接收一次产品信息需花费多少成本(成本)?可选择的媒体有:有线电视、收音机、杂志、报纸、直接邮寄、录像、户外媒体等。促销工具与促销活动有:有奖销售、购买优惠、折扣、两种价格、折价券、赠送礼品、竞赛、抽奖、激励、产品的宣传推广、人员推销、顾问模式等。

6.2.6 风险因素

创业风险就是指由于创业环境的不确定性,创业机会与创业企业的复杂性,创业者、创业团队与创业投资者的能力与实力的有限性等诸多不确定性因素,导致创业活动偏离预期目标的可能性及其后果。

其典型问题有以下几个方面。

① 公司在市场、竞争和技术方面都有哪些基本的风险?

② 准备怎样应付这些风险?

③ 公司还有一些什么样的附加机会?

④ 在资本基础上如何进行扩展?

⑤ 在最好和最坏情形下,五年计划的表现如何?

如果估计不那么准确,就应该估计出其误差范围有多大。如果可能的话,需要对关键性参数作最好和最坏的设定,估计出最好的机会和最大的风险。通过这种练习,风险投资家可以更容易估计出公司的可行性和相应的投资安全性。可以通过变换一些参数(如价格和销售量),查看对计划的影响。

6.2.7 财务分析

对于缺乏企业财务管理经验的新创企业而言,往往无法做到资金的有效使用,为了更好地预测和体现企业短期和长期的资金需求,必须制订准确的财务预测。

其典型问题有以下几个方面。

① 从现金流量表来看,金融需求有多大?

② 可以利用什么样的融资渠道?

现金流量表可以反映出资金需求的时间和数额,但却不能反映出它的真正用途。而了解真正用途是一项重大的任务。一般来说,应该给愿意或能够出借或投资的人每一项具体的资本需求,查看这部分资本是否是用于研究、生产启动、投资或现金存留等。

选择恰当的资本构成,在风险投资家、投资公司、政府机构、公司、个人和银行中做出选择。简单地说,资本是一个企业运行的燃料。企业要想获得多大程度的发展,就必须

添加多少燃料。有趣的是，大多数初创企业的失败，不是由于缺乏通常的管理技巧或是缺乏适当的产品，而是由于缺乏足够的资金。事实上许多本应当成功而实际上没有成功的企业，几乎都是由于资金短缺造成的。具有讽刺意义的是，在这种情况下，常有许多非常好的资金来源实际上并未加以利用，而造成这一事实的原因在于，大量寻求资金的人，根本没有意识到这些资金来源的存在，更不用说去利用它们了。

综上所述，必须确信在商业计划书中，尽可能地回答了如下问题。

① 管理队伍中拥有什么类型的业务经验？

② 管理队伍中的成员有成功者吗？

③ 每位管理成员的动机是什么？

④ 公司和产品如何进入行业？

⑤ 在所处的行业中，成功的关键因素是什么？

⑥ 如何判定行业的全部销售额和成长率？

⑦ 对公司的利润影响最大的行业变化是什么？

⑧ 和其他公司相比，你的公司有什么不同？

⑨ 为什么公司具有很高的成长潜力？

⑩ 你的项目为什么能成功？

⑪ 所预期的产品生命周期是什么？

⑫ 是什么使公司和产品变得独特？

⑬ 当你的公司必须和更大的公司竞争时，为什么你的公司会成功？

⑭ 竞争对手是谁？

⑮ 和竞争对手相比，具有哪些优势？

⑯ 和竞争对手相比，如何在价格、性能、服务和保证方面和他们竞争？

⑰ 产品有哪些替代品？

⑱ 据估计，竞争对手对你的公司会做怎样的反应？

⑲ 如果计划取得市场份额，将如何行动？

⑳ 在营销计划中，最关键的因素是什么？

㉑ 广告计划对产品的销售会是怎样的影响？

㉒ 当产品/服务成熟以后，营销战略将怎样改变？

㉓ 顾客群体在统计上的特征是什么？

㉔ 公司发展的瓶颈在哪里？

㉕ 供应商是谁？他们经营多久了？

㉖ 公司劳动力供应来自何处？

㉗ 可供投资人选择的退出方式是哪些？

创业之初，创业者制作商业计划书可以使创业者理清自己的创业思路。一个项目在脑海中酝酿时，经常会非常美妙，这时创业者会有抑制不住的创业冲动，此时，创业者可以尽情地把这个思想以商业计划书的形式写出来，同时把反面的理由也写进去，然后使头脑冷静下来，从正反两个角度反复进行推敲，就可以发现自己的创业理想是否真正切实可行，是否具有诱人的商业前景。通过商业计划书，创业者对自己的创业会有比较清晰的认识。

思考练习题

1. 什么是商业计划书？结合实际谈谈商业计划书的主要作用。
2. 简述商业计划书的主要结构内容，并举例说明。
3. 编写商业计划书是应注意哪些问题？
4. 试编写一个互联网创业的商业计划书。

第 **7** 章

玩转资本——融资 Duang 的就来了

风险投资也叫"创业投资"，一般指对高新技术产业的投资。作为成熟市场以外的、投资风险极大的投资领域，其资本来源于金融资本、个人资本、公司资本以及养老保险基金和医疗保险基金。就各国实践来看，风险投资大多采取投资基金的方式运作。本章着重讨论风险投资的基本概念、来源、运作过程、使用及其他融资渠道。

7.1 风投！疯投？你真的了解吗？

7.1.1 风险投资的定义与特点

风险投资（Venturecapital）作为一种资本组织形态，最早出现于 19 世纪末 20 世纪初期。当时美国和欧洲的投资集团向美国企业进行贷款，主要以铁路、钢铁、石油及玻璃等新兴工业为主要投资对象，从 1911 年开始投资于计算机产业。1946 年，哈佛大学商学院教授 GeorgeDoriot 和新英格兰地区的一些企业家共同组织了一个美国研究与发展公司（简称 AR&D），它们专门对一些处于早期阶段的非上市公司进行股权投资，从而揭开了现代风险投资的序幕。

关于风险投资的概念，目前尚未有统一的观点。一些人认为，风险投资是对还没有公开上市资格的小型企业，提供所需的资金融通，其中包括创立、成长等阶段的融资，并且不以取得经营股权为目的。也有人认为，风险投资是将资金投资于新创的风险性公司或高科技导向的企业，风险虽高，但可以有巨额的股利或资本回报。还有人认为，风险投资是创业资本投资家对迅速成长的中小型企业所进行的股权或近似股权的投资，以促成被投资企业实现其目标，并以取得少数股权为报酬，其投资对象并不一定是高科技或创新性公司，投资也不以控股为目的。此外，也有人认为，风险投资是对迅速成长的中小型企业提供融资，包括上市前的各阶段之种子资金、创办资金和拓展资金；此外在上市后，运用其股市操作经验，提供稳健与支持性的投资，以协助新企业的发展。

尽管关于风险投资的概念，存在不同的观点，但作为风险投资，它具有以下特点：

① 风险投资的对象是非上市的中小企业，并主要以股权的方式参与投资，但并不取得新企业的控股权，通常投资额占公司股份的 15%～20%。

② 风险投资通常是 10 年以上的长期投资，以待所投资的事业发挥潜力和股权增值后将股权转让，实现投资利益。

③ 风险投资的投资对象属于高风险、高成长和高收益的创新事业或风险投资计划。

④ 风险投资项目的选择是高度专业化和程序化的。通常一家处于创业期的公司要得到风险投资的投资，必须首先向风险投资家递交业务计划书，介绍本公司的基本情况和发展计划，以此进行初步接触，如果风险投资家对业务计划感兴趣，双方就可以进行进一步协商，一旦达成协议，创业公司可以向风险投资家出售部分股权从而获得发展资金。

⑤ 创业家和投资家必须充分合作和信任，以保证计划顺利进行。风险投资实际上通过风险投资家特有的评估技术的眼光，将创业家具有发展潜力的投资计划和风险投资家充裕的资金相结合，在这过程中，风险投资家积极参与企业管理，辅导企业经营。

⑥ 风险投资家在出售股权之前，必须持续向受资企业各发展阶段注入资金。

从上述分析可知，所谓风险投资家实际上是一种专门对处于发展早期阶段的中小型新兴企业，甚至是一些处于构想中的企业进行投资，并以获得高额资本利得为目的的资本组织形态。风险投资的对象主要是从事高科技开发的企业，但并非只有高科技企业才是风险投资的对象。

我国的风险投资业在 20 世纪 80 年代起步。1984 年，国家科技促进发展研究中心在《新的科技革命与我国的对策》的研究中提出了风险投资的概念。从 1985 年中央出台有关发展风险投资的政策以来，伴随着综合国力的不断增强，我国风险投资从萌芽阶段起步，经过 20 余年的逐步成长，取得了长足的进步。在风险投资行业呈现良好发展态势时，我国的风险投资在运作方面仍存在一些问题：①我国目前风险资金来源有限，资金利用效率有待提高。目前我国风险资金中，财政拨款和银行贷款所占比例偏高，而这两种资金对规避风险的要求不能很好地与高风险、高收益的风险投资相适应，无法充分发挥风险资金的经营效率。民间资本也因为缺乏行之有效的管理机制而不能在风险投资领域充分发挥其作用。②风险投资行业和区域发展的不平衡性。目前我国的风险投资存在地域集中性强的特点。由于风险投资与高科技产业之间的相互促进作用，使得某些地区吸引风险投资的优势一旦形成，就会不断自我强化和完善，进而产生循环积累扩散效应，拉大其他地区间风险投资与之发展的差距。③退出机制进一步完善，但仍有不足。退出机制是否完善决定了风险投资的连续性和报酬率。随着近年来证券市场和产权交易市场不断完善，我国风险投资的退出机制已取得长足发展。

7.1.2 风险投资的退出机制

在风险投资发展实践中，风险投资的退出机制建设是一个非常重要的问题，它直接关系到风险投资资金的收益率，从而也就直接关系到风险投资的发展规模和发展效率。风险投资机构投资风险企业的目的并不是要长期持有股份，而是要在适当的时候退出，实现收益，赚取有吸引力的利润是风险投资的最终目的。退出虽然是风险投资周期的最后一个阶段，但它对风险投资周期其他阶段的正常运行发挥着重要作用。最终退出投资的需要造就了风险投资周期的各个方面，包括筹集资本的能力以及所进行的投资类型等。成功的退出对于确保投资者获得有吸引力的回报，从而筹集新资本更是具有决定性的作用。

风险投资从风险企业退出有 3 种方式。

① 首次公开发行（IPO，Initial Public Offering）；

② 被其他企业兼并收购或股本回购；

③ 破产清算。

显然，能使风险企业达到首次公开上市发行是风险投资家的奋斗目标。破产清算则意味着风险投资可能一部分或全部损失。

以何种方式退出，在一定程度上是风险投资成功与否的标志。在作出投资决策之前，风险投资家就制订了具体的退出策略。退出决策就是利润分配决策，以什么方式和什么时间退出可以使风险投资收益最大化为最佳退出决策。

站在企业的角度，风险投资和传统投资最大的不同在于，从风险投资公司不但可以获得企业快速发展所急需的资金，更为重要的是还能从风险投资公司获得管理上的扶持。由于风险投资家一般对于所投资的领域，具备丰富的经验和卓越的见识，甚至许多风险投资家以前就是大型企业的高级主管，他们手中还掌有各类人才互联网，这就保证了获得投资的公司同时能够在管理方面得到及时的指点和所需的人才资源，而这对一个企业的快速成长恰恰是至关重要的。银行家总是回避风险，而风险投资家则试图驾驭风险。银行在贷款前，总是向借贷者要求财产抵押，而风险投资家则是一旦看准了一个公司或项目有前途，就会投入资本，同时他们还会帮助所投资的公司经营管理。

因此，对那些特别是处于起步阶段的小公司而言，接受风险投资，投资家们带给他们的不单纯是钱，还常常有更重要的诸如战略决策的制订、技术评估、市场分析、风险及回收的评估以及帮助招募管理人才等资源。风险投资不仅仅是一种投资于创新传播的资金，更主要的它是一系列投资方法的集合，它汇集了项目分析、技术分析、商业分析、市场分析、心理分析、价值分析等一系列的分析方法，还对我们的司法体系和社会机构提出了新的要求。风险投资主要来自于风险投资公司，还有就是跨国公司和投资银行所设立的风险投资基金，而在中国最为活跃的当属后者。如新浪网的风险投资就来自于高盛公司和戴尔公司的风险投资基金。

退出是风险投资一个循环周期的最后一步，也是非常重要的一步。风险投资的最终目的就是全身而退、实现超额收益。因此，退出渠道是否畅通对风险投资业的发展有着至关重要的作用和意义。美国给予风险投资项目 IPO 和股权转让以很大的自由度，再加上纳斯达克市场的巨大成功，为美国风险投资的顺畅退出创造了很便利的条件。美国风险投资业之所以能够取得如此巨大的成功与此有很大的关系。经过 20 多年的发展，我国风险投资退出机制建设也有了一定的规模和成效，2004 年 6 月中小企业板和 2009 年 10 月创业板的开出，以及一些地方股权交易市场的建设，都成为了风险投资成功退出的重要渠道。

7.1.3　风险投资扮演的角色

在企业的不同阶段，风险投资在注资额度和扮演的角色方面各有不同。

（1）创业投资

根据创业者的商业构思，或某些先进技术的雏形产品，风险投资提供创业投资，作为企业的启动资金和早期运作资金。尽管所涉资金较少，但由于市场不够明朗，投资风险最大，主要取决于风险投资家的个人判断和决策。

（2）开发投资

企业已有雏形产品，但需开发成定型产品。这时企业需要以可靠的技术资料和有说服力的市场数据，要求风险投资公司提供开发投资。此阶段企业尚不能做到收支平衡，风险投资所介入的大部分公司往往在这一阶段被市场淘汰。

（3）发展投资

企业基本做到收支平衡，但为在市场上确立地位，往往需要风险投资公司的发展投资。只是此时由于市场已经明朗，要谁的投资，投资条件如何，企业握有主动权。

（4）拓展投资

企业已经进入获利阶段，谋求更大程度上的发展。此时企业可以以非常有利的条件，得到拓展投资，一般企业在这时应考虑公开上市。

对于风险投资公司而言，真正的风险在于创业投资和开发投资阶段。而对于创业家来说，引入风险投资难度最大的也就在于这两个阶段。一旦冲过这两个险滩，则风险投资家和创业者皆大欢喜，都能赚个盆满钵满。

风险投资意味着"承受风险、以期得到应有的投资效益"。正如人们所谓"不入虎穴、焉得虎子"。因此，风险投资也被定义为"由专业投资媒体承受风险、向有希望的公司或项目投入资本、并增加其投资资本的附加价值"。

7.1.4　风险投资的判定条件

传统的风险投资对象主要是那些处于起动期或发展初期却快速成长的小型企业，并主要着眼于那些具有发展潜力的高科产业。风险投资通常以部分参股的形式进行，它具有强烈的"承受风险"的特征，而作为高投资风险的回报则是得到中长期高收益的机会。

只需要 3 个基本条件就可以判断投资者的投资是否属于风险投资。

① 被投资者所提供的投资担保远远小于投资金额；

② 投资者不直接参与企业经营管理，但当管理者提出要求时或企业陷入困境时，会向企业提供优质的顾问服务或接管公司；

③ 投资者不控制企业。

尽管风险投资的判定很简单，但它绝不是一个名称、一个概念或一个可以随便使用的时髦词语那么简单，它有着极其丰富的内涵、深刻的寓意和旺盛的生命力，它浓缩了人类文明的精华。

7.2　风险投资的钱是从哪里来的？

从严格意义上讲，风险投资和非风险投资共同构成非公开资本市场。从广义上讲，来自内部及外部的竞争力量，使得风险投资扩大自己的投资范围，渐渐向非风险投资领域扩张，占据私人资本市场的重要部分。因此，可以从研究私人资本市场入手研究风险投资的资金来源。从 1970 年以来，投资于私人资本市场的机构持续大幅度增加，在退休基金、捐赠基金以及基金的资金中这种增长显得尤为强劲。

对于每一类投资者来说，最大的投资者常常既直接投资，同时也通过有限合伙人投资，一般投资者通常通过有限合伙人开始其在私人资本市场上的投资，那些想将其投资行为扩展到直接投资的投资人可能通过与合伙人共同投资的方法，以获得创建，监控和退出等一系列操作的经验。例如：在有限合伙人的主要投资者中，公司退休基金和捐赠基金是较大的共同投资者（直接投资）。因而，直接投资方式的持续发展依赖于一个机构创立、选择和管理其投资的能力，而公共退休基金，由于其进入市场的途径和经验都极其有限，不太可能进行直接投资。

以下简要介绍在美国私人资本市场上的各种有关投资者，以供参考。

（1）公司退休基金

20 世纪 80 年代早期，公司退休基金作为私人资本的有限合伙人开始大量进入市场。他们的投资纯粹是出于财务上的考虑：一方面，他们被私人资本市场的巨额回报所吸引；另一方面，出于投资分散化的策略。同时，ERISA 法规禁止他们作出有益于其母公司的战略性投资。从 80 年代以来，公司退休基金持续不断地提供私人资本合伙人总资金的大约四分之一。

尽管大多数公司退休基金，与其他类型的投资者一样主要通过合伙制进行投资，其中一些最大的基金在直接投资和共同投资中已变得非常积极。这些基金认为自己已是非常老练的投资者，因而并不像其他投资者那样经常听取咨询人员的建议。相反，他们依靠自己富有投资经验的专家来评价投资战略和管理其投资行为。有限合伙制中的，普通合伙人认为公司退休基金是非常有价值的投资者，因为他们对合伙交易的承诺会使其他潜在的有限合伙人明白：他们这种合伙关系的质量是较好的。有时，有经验的公司退休基金会利用其"领导地位"通过谈判获得较低的管理费和附带权益。

（2）公共退休基金

与公司退休基金相比，公共退休基金是私人资本投资市场的新来者，在整个 20 世纪 80 年代公共退休基金签订的私人资本合伙协议中急剧增加，并且在这几年中，他们已经逐渐取代了公司退休基金而成为私人资本市场的最大投资者，与公司退休基金相同，他的投资动机也是纯财务性的。但是，有些基金可能迫于压力而投资于本领域的公司。一般说来，投资于私人资本市场的公共退休基金的规模要比作同样投资的公司退休基金大。尽管基金规模要大，公共基金却比私人公司基金执行更为严格的预算，雇用更少的专家。因为公共基金通常受额外的限制，即其投资额不得超过单个合作协议所规定金额的 10%，所以公共基金倾向于投资于更大的合伙人。

由于其本质特性，公共基金及其投资决策可能受到公众审查。实际上，基金托管委员会和投资委员会的负责人员都是公开选举出来的，公众对其不熟悉的高额投资项目上的损失（例如私人资本）可能反应激烈。所以基金在这方面可能特别慎重。对于私人资本，他们可能在更有规则的基础上要求提供满意的投资操作证据。这样，公共基金比公司基金更倾向于规避风险并要求更短的回报期，但是对风险和非流动性的规避并没有阻止公共基金成为私人资本市场上的主要投资者，它已经影响了风险投资所选择的合伙企业的类型。特别指出，与早期的风险合伙制相比，公共退休基金明显更青睐于后期风险投资和无风险投资。因为他们风险可能较小，并可能更快地产生回报。

公共基金常常依赖外部咨询人员评估和"确证"潜在的合伙制投资。与公司基金相比，公共基金很少进行直接投资和共同投资。其中的一个原因是基金所依赖的外部投资者通常不对直接投资进行评估，而且繁琐的投资决策再审查程序限制了公共基金对投资机会作出快速反应，而这一点是市场参与者最强调的成功地进行直接投资或共同投资的关键。

（3）捐赠基金

捐赠基金和一般基金都属于风险资本市场的最早投资者，大多数投资都是通过合伙制实行，但是一些最大的大学捐赠基金也对某些项目进行直接的投资，这些项目往往是与其学校的研究项目相联系而启动的。一般来说，他们为私人资本合伙项目提供大约 12% 的资金。

相对退休基金来说，捐赠基金规模较小，而且仅有少数为私人资本市场提供大额的资金。

（4）银行控股公司

银行控股公司也是风险资本市场的早期投资者，而且据估算他们还是私人资本市场的最大的直接投资者。自从 1980 年以来他们便作为一个群体活跃在私人资本市场上，但有关的银行控股公司已经发生了很大的变化。这是因为在许多情况下，母控股公司对这种投资行为缺乏强有力的支持。在进行私人资本投资的银行控股公司中，有些是市场新进入者。在 20 世纪 80 年代中后期，其分行设立一些附属机构来管理用发展中国家债务所交换得来的资产。这时，它们才进入到风险资产市场。此外，许多银行控股公司进入这个市场，是为了获得介于私人资本投资和提供其他商业银行产品之间的经济上的好处。作为小型和中型公司的资金提供者，银行控股公司与一些他们可能对其进行私人资本投资的大公司签订协议，反过来，通过投资于私人资本合作人，他们可能能够为其合伙投资的公司提供资金。

因为商业机构的所有者权益是受到限制的，银行控股公司一般通过资本分离的银行控股公司的附属机构而投资于私人资本市场，其直接投资通过特许的小型商业投资公司进行。对有限合伙人的投资通过独立的分支机构进行，据统计，在最大的进行私人资本投资的 20 家银行控股公司中，前 5 家占了其总投资额的三分之二。可见，规模大的银行控股公司在风险投资中作用很大。

（5）富有家庭和个人

富有家庭和个人在私人资本市场上投入了大量的资金，但是由于退休基金和捐赠基金投资额的增长，这一投资群体在市场上的重要性已经大大减小。此外，富有家庭也是最早的风险资本投资者之一，这一投资群包括退休的首席执行官和由于具有敏锐的商业头脑和大量金钱而被聘用的公司经理们。这一投资群还包括商业和投资银行的富有的客户。

和其他投资者群一样，这一投资者群也是被风险投资的高回报所吸引，富有家庭和个人所要求的回报期通常比其他类型投资者所要求的长。因此，他们可能更适合投资于非流动性资产，例如私人资本特别是风险投资。市场参与者也注意到个人可能更乐意为初始合伙人提供资金。与免税的退休基金和捐赠基金不同的是，富有家庭和个人可能受到税法变化的影响。

（6）保险公司

保险公司在私人资本市场上的业务是从公司的私募业务中衍生出来的。多年以来，保险公司通过购买那些具有资产特性的债务为风险更大的公司客户提供资金。在公共的垃圾债券市场出现之前，他们还以麦则恩债务的方式为一些最早的杠杆收购业务提供资金。随着其专业技术的发展，为了使其麦则恩融资活动创造交易流，保险公司开始投资于私人资本市场上的有限合伙人。因而，一些保险公司通过有限合伙人提供资金，同时也为同一家公司直接提供麦则恩融资。然而，在整个 20 世纪 80 年代，保险公司将其大多数私人资本投资行为限定为其本身的麦则恩融资。由于保险公司已变得更适应合伙制投资，因此对于外部合伙公司来说，其地位变得更为重要。

（7）投资银行

投资银行参与到私人资本市场最常用的方式是，通过投资于其自身充当一般合伙人的合伙公司，特别是风险投资合伙公司。商业银行业务的目的是为大型收购项目提供融资及服务，这与投资银行的投资重点有所不同。投资银行支持的合伙公司业务方向仍是投资在已设立的公司的晚期投资和无风险投资，同时，这些合伙公司的金融活动与投资银行的其他业务处于同一经济范围。例如，一家投资银行在预计到该银行合伙公司将为一家公司上市包销并为其提供其他金融服务，在这家公司上市之前，这家投资银行可能对其进行桥梁投资或麦则恩投资。在进行大型的收购交易时，投资银行也可能提供包销服务，以及合并、兼并咨询服务。不通过合伙公司而进行直接投资对于投资银行来说是罕见的。

（8）非银行金融机构

和银行控股公司一样，非银行金融机构从 20 世纪 60 年代以来就是风险资本市场的有力支持者。非银行金融机构常常设立一些特殊的附属机构来进行此类业务。现在，许多非银行金融机构仍然是风险投资的积极的投资者。非银行金融机构主要投资于那些符合其竞争和战略目标的，处于早期发展阶段的风险投资项目。在它们投资的公司中，大约三分之二集中在保健、制造业、化工以及通讯业。

7.3　风险投资是怎么运作的？

（1）筹集风险投资资金

风险投资活动首先必须拥有一定数量的资金，因此融资是风险资本家面临的首要任务之一。

（2）寻找和筛选项目

建立风险投资基金后，下一步的重要工作就是寻找投资项目。寻找投资项目是一个双向的过程，风险投资机构可以通过发布投资项目指南的形式，由风险企业提交项目投资申请，再由风险投资机构进行评审遴选；风险投资机构也可以采取"主动出击"的方式，主动去寻找投资项目。这一阶段在国外被称为协议起源。在美国，一个很重要的风险投资协议来源是"工作分派系统"，各种投资协议可能通过他们的上级机构、贸易伙伴或朋友等委托给风险投资公司。在美国，工作分派系统所处理的协议量占整个风险投资协议总量的65％。第二个重要的协议来源是中介组织或中间人，他们把风险投资公司和潜在的企业家联系在一起。在美国，大约有四分之一的投资协议起源于这种中间组织。协议的第三个来源是通过互联网关系、贸易活动、会议和专家讨论会等方式而获得的。

风险投资公司并不是对所有申请项目都进行投资，而是要对申请的投资项目进行最初的甄别和筛选，因为风险投资公司的资金是有限的。筛选的根据先是一些概括性标准，然后再进一步深入分析。在美国，最初的筛选过程趋向于风险资本家所熟悉的投资领域，并规定投资规模，说明提供基金的步骤。一般情况下，风险资本家所采用的最重要的筛选标准是投资的产业性质，风险企业的财务状况及其筹资阶段也是评价的重要标准。

一般说来，获得风险投资机构青睐的项目（企业）必须具有以下特点：①巨大的市场潜力，该项目产品必须具有巨大的市场潜力，包括会被未来的市场普遍认可。②先进的技术，公司拥有的技术必须是先进的甚至是革命性的、独一无二的。通常是一国或多国的专利技术，或获得了行政保护、被定为商业秘密的技术等。③持久的竞争优势。

（3）详细评价

一旦某一申请项目通过了最初的筛选，风险资本家就要对该项目进行更详细的评估。评估项目的过程并不是一个简单的就事论事的过程，而是一个复杂的综合评价问题。它涉及项目的技术水平、市场潜力、资金供给、经营管理人员的素质乃至政策、法律等因素，需要由各方面专家组成的专门班子来完成。安德鲁·谢尔曼在 1986 年 5 月的《管理评论》杂志上发表的"风险基金如何运作"一文中指出，对风险项目（企业）的评价应从管理结构、产品和服务、目标市场和期望收益等方面来进行。在挑选项目的标准中，技术是重要的，但更重要的是产品的市场和经营管理人员的品质。对经营管理人员的考察，主要侧重于以下几个方面：管理者在经营一个处于成长阶段的公司方面经验如何；在所从事行业的技术水平方面有多高；以及在管理工作中是否有过成功的记录等。

要评价市场的定位，包括市场的大小、市场的渗透率及市场的竞争度。技术方面的核查主要包括技术的独特性、掌握技术的人员情况和技术的成熟性。风险投资者在挑选项目进行投资时，往往要求被投资的风险企业提供条理清楚的业务计划、明确的行政管理纲要、对公司现状和营业目的的准确报告、对产品或服务的详细说明、具体的市场战略、条理清晰的管理背景情况和清楚详细的财务分析。

评估项目还有一个重要的方面是投资风险评估。要对风险项目的全过程中可能存在的技术风险、市场风险、工程风险、管理风险、财务风险和政策风险等进行充分的估计和考虑，并提出必要的相应对策。值得说明的是，随着风险投资的日趋国际化，风险投资机构在进行跨国投资时，对于被投资国家的国家风险也要进行评估，因为在当今多变的世界环境中，政治因素对于经济的影响仍然存在。

风险投资家对风险企业发展不同阶段上的考察重点是有区别的，在首轮投资中投资者考察的因素依次是：管理队伍、技术和产品的特性；而后续投资中则注意企业实施计划的效果，另外，不同的投资者由于其知识背景、信息掌握、投资偏好和项目的不同，在排序和权重上亦存在差别。如有的认为新企业拥有出色的管理队伍是最重要的，其次才是产品因素；有的认为商业因素比产品因素更重要。应该说对不同的技术、行业和企业发展阶段，在标准上有一定灵活性和差异，这也在一定程度上反映了投资者经验因素在成功的决策与管理中的作用方面非常重要。

（4）谈判阶段

一旦某一协议经过评价后认为是可行的，风险资本家和潜在的风险企业就会在投资数量、投资形式和价格等方面进行谈判，确定投资项目的一些具体条件。这一过程在国外被称为"协议创建"。协议包括协约的数量、保护性契约和投资失利协定。

风险投资公司和风险企业作为两个独立的目标函数，各自追求自身利益的最大化，因此该阶段要确立相互协作的机制，平衡各自的权益。一般来说，风险投资公司关注的问题是：在一定风险情况下投资回报的可能性；对企业运行机制的直接参与和影响；保障投入资金一定程度的流动性；在企业经营绩效不好时对企业管理进行直接干预，甚至控制。而风险企业关注的则是：保障一定的利润回收；基本上可以控制和领导企业；货币资本能够满足企业运转的要求。因此谈判阶段所要解决的问题是确定一种权益安排，以使双方互惠

互利，风险共担，收益共享。

谈判的最终结果，即未来的操作安排及利益分享机制，体现在双方商定并共同形成的契约上，契约条款一般包括：投资总量；资金投入方式及组合，包括证券种类、红利、股息、利息及可转换债券的转换价格；企业商标、专利、租赁等协议；投资者监督和考察企业权利的确认；关于企业经营范围、商业计划、企业资产、兼并、收购等方面的条件确认；雇员招聘及薪酬确定；最终利润分配方案。

（5）投资生效后的监管

风险投资公司和风险企业之间达成某种协议以后，风险资本家就要承担合伙人和合作者的任务。前面已经讲过，风险投资的一个重要特点就是其"参与性"。这种参与性不仅表现在对风险企业的日常运营进行监督管理，还表现在风险投资者对风险企业的经营战略、形象设计、组织结构调整等高层次重大问题的决策上。

风险投资机构对风险企业的监管主要通过以下方式：定期审阅公司的财务报表；向风险企业推荐高水平的营销、财务等专业管理人员；向风险企业提供行业发展分析报告；协同企业寻求进一步发展所需的资金支持，并为公开上市创造条件，进行准备。

风险投资公司对风险企业的监管对于企业的经营绩效有时起着关键的作用。美国汽车塑料技术公司（APT）就是依靠风险投资的参与而起死回生的一个例子。美国汽车塑料技术公司（APT）是一家为汽车工业生产注模塑料部件的厂商，是靠底特律塑料模件公司（DPM）的资产建立起来的。APT 是一家经济效益不好的大公司，20 世纪 80 年代中期经历了销售额下降的打击，情况不断恶化，管理混乱。DPM 公司的实力在于大型塑料注模机器和组装技术。风险投资公司于 1990 年 2 月至 1992 年 5 月期间对其进行了 100 万美元的投资，制订并实施了如下战略：一是重新建立领导班子；二是成功地实行了两大计划，为通用汽车公司和克莱斯勒汽车公司供应部件；三是通过购买资产对公司进行了改组，把业务集中到了三个工厂；四是提高质量，降低成本。通过采取这些步骤，APT 公司的状况迅速好转，内部利润率达到 193.7%。另一个这方面的例子是美国的 YSH 公司。YSH 公司是一家为美国汽车工业做成型橡胶和橡胶金属粘合产品的公司，在这一领域中具有设计、生产和销售优势。到 1987 年时，该公司无力应付客户对产品的需要，面临着两种严峻的前途：①在激烈的市场竞争中被淘汰；②在管理和生产方面做全面的调整和改革。这时风险投资公司以 1760 万美元购买了该公司，又进行了 30 万美元的投资，实施了以下战略：改善营销，加强技术能力；更新生产设备；组建新的管理队伍；物色合并伙伴，获得更好的经济效益。结果，YSH 公司成为汽车行业中该类产品的主要供应商，1991 年时内部利润率达到 621%，重新赢得了光明的发展前途。

但是，风险投资公司参与风险企业管理的程度取决于风险资本家的策略，不同国家或地区有所不同。在美国，风险资本家会参加董事会并成为很有影响力的董事会会员。但在中国台湾，风险资本家更倾向于间接管理。研究表明，风险投资公司对投资的日常管理加以控制的做法是不受风险企业欢迎的。如果风险企业发生财政或管理危机，那么风险资本家有可能干预甚至任命一个新的经营管理班子。最新研究发现，如果企业家管理企业并没有任何先进的管理经验，那么风险投资公司在董事会中代表权将增加，另外，当企业家在某种"组织危机"中被取代时，风险投资公司的监督变得更加重要。

（6） 撤资退出

风险投资家对风险企业进行风险投资的目的不是对风险企业的占有和控制，而是为了获取高额收益，因此风险投资家会在适当的时机变现撤出。一般来说，风险投资的周期比超过 3～4 年，也就是说，3～4 年后要有下一波风险投资者接手，或者被其他公司收购，也可以直接让股票上市，这就是风险投资的"游戏规则"，不能要求一个投资者"死跟到底，不能退出"。由此可见，风险投资者的目的不是为了经营企业。投资者的使命是促进产权流动，在流动中实现利润。

风险资本家变现退出有 3 种途径：首次公开发行；被其他企业兼并收购或股本回购；破产清算。专门从事中小型企业股票交易的场外交易市场在风险资本退出投资活动中起着重要的作用，尤其是通过初期公开销售证券和并购方式。将资本撤出后风险投资公司获取回收和增值的资本。

7.4 风投的钱去哪儿了？

创业者花费在寻找投资上的时间较多，而在赚钱上花的时间却较少。创业者一般在初期资金的花费上没有很好的计划。为了更好地决定短期和长期资金的需求，必需制订精确的财务估测。这些估测应考虑以下几点。

① 即时资金需求（需支付的费用）；

② 研究和开发（估计，并乘以 2）；

③ 购买固定资产（必需的设备等存货底价预计，必需的原材料）；

④ 运转资金需求（工资，到期支付等）；

⑤ 市场渗透（现金流何时启动）。

现金流模型是决定资金需求的最好的工具，不要过分乐观或过分保守。把握影响对行业下跌（或成本、价格突变等）预计的因素，和第三方、财务顾问、会计、产业顾问、已退休的经理密切合作，不要坐井观天。现金流模型在第一年中应按月计算，在之后的四年中应按季度计算。

对于企业来说，掌握大量的资金固然有好处，但同时也存在不少弊端。

（1） 增大了企业的资金成本

企业募集的资金，必须通过投资产生收益，才能得到资本市场投资者的认同，如果企业募集的资金量超过了实际资金需求量，那么就会存在一笔闲置资金无法通过项目投资产生收益，从而增大了企业的资金成本。

（2） 阻碍了优化资源配置的进行

如果本来企业募资计划所投项目不需要那么多的资金，而企业为了募集更多的现金而私自人为扩大了投资项目的资金需求量。这样的做法从资本市场来看是降低了资本收益率，从而使资本市场优化资源配置的功能无法产生最佳效果。

（3） 可能增加企业投资的盲目性

当企业募集的现金超过了招股说明书所述投资项目的实际资金需求时，企业就会想方设法将闲置资金利用起来使其产生效益。于是便产生了现在资本市场上常见的企业"投资饥渴症"。因为是脱离自身主营业务而进行的投资，企业的投资容易产生盲目性。

还有一些企业，为了让过多的募集资金产生高收益，于是找到证券公司做资产委托管理，通过证券市场获取收益。这种做法既违反了证监会的规定，同时也有悖于资本市场为企业提供融资渠道的初衷，不利于资本市场的发展。

7.5　融资的非主流渠道

融资渠道，指协助企业的资金来源，主要包括内源融资和外源融资两个渠道，其中内源融资主要是指企业的自有资金和在生产经营过程中的资金积累部分；协助企业融资即企业的外部资金来源部分，主要包括直接融资和间接协助企业融资两类方式。直接协助企业融资是指企业进行的首次上市募集资金（IPO）、配股和增发等股权协助企业融资活动，所以也称为股权融资；间接融资是指企业资金来自于银行、非银行金融机构的贷款等债权融资活动，所以也称为债务融资。随着技术的进步和生产规模的扩大，单纯依靠内部协助企业融资已经很难满足企业的资金需求。外部协助企业融资成为企业获取资金的重要方式。外部协助企业融资又可分为债务协助企业融资和股权协助企业融资。

从筹集资金来源的角度看，筹资渠道可以分为企业的内部渠道和外部渠道。

（1）内部筹资渠道

企业内部筹资渠道是指从企业内部开辟资金来源。从企业内部开辟资金来源有 3 个方面：企业自有资金、企业应付税利和利息、企业未使用或未分配的专项基金。一般在企业并购中，企业都尽可能选择这一渠道，因为这种方式保密性好，企业不必向外支付借款成本，因而风险很小，但资金来源数额与企业利润有关。

（2）外部筹资渠道

外部筹资渠道是指企业从外部所开辟的资金来源，其主要包括：专业银行信贷资金、非银行金融机构资金、其他企业资金、民间资金和外资。从企业外部筹资具有速度快、弹性大、资金量大的优点，因此，在购并过程中一般是筹集资金的主要来源。但其缺点是保密性差，企业需要负担高额成本，因此产生较高的风险，在使用过程中应当注意。

借款筹资方式主要是指向金融机构（如银行）进行融资，其成本主要是利息负债。向银行的借款利息一般可以在税前冲减企业利润，从而减少企业所得税。向非金融机构及企业筹资操作余地很大，但由于透明度相对较低，国家对此有限额控制。若从纳税筹划角度而言，企业借款即企业之间拆借资金效果最佳。向社会发行债券和股票属于直接融资，避开了中间商的利息支出。由于借款利息及债券利息可以作为财务费用，即企业成本的一部分而在税前冲抵利润，减少所得税税基，而股息的分配应在企业完税后进行，股利支付没有费用冲减问题，这相对增加了纳税成本。所以一般情况下，企业以发行普通股票方式筹资所承受的税负重于向银行借款所承受的税负，而借款筹资所承担的税负又重于向社会发行债券所承担的税负。企业内部集资入股筹资方式可以不用缴纳个人所得税。从一般意义上讲，企业以自我积累方式筹资所承受的税收负担重于向金融机构贷款所承担的税收负担，而贷款融资方式所承受的税负又重于企业借款等筹资方式所承受的税负，企业间拆借资金方式所承担的税负又重于企业内部集资入股所承担的税负。

除以上方法外实际上还有很多种融资渠道，以下逐一列举。

（1）个人

创业者可以动用他们的银行存款、有价证券、保险单和退休金计划，或是用他们的房产作抵押借款。尽管这对许多个人来说是一种比较容易的资金来源，但是它对于个人及家庭的风险也是非常大的。

（2）家人和朋友

关系好的家人和朋友的礼物、借款或是权益投资对许多个人而言，也是一个容易取得资金的来源。但是，与家人和朋友做生意，可能要承担引起情感变化的潜在风险。

（3）非正式的私人投资人

这是许多企业筹集资金的一个普遍方式。事实上，某些行业或领域，在很大程度上依赖这些非正式的私人投资人，这些出资人要按其投资权益来分享报酬。虽然这些出资人能够承担这种风险，但他们通常不会在出资额的基础上再提供额外的资金。

（4）商品（服务）的供应商

供应商通常会给处于成长期的企业以商业信用。而且，他们也乐意进行以物易物的交易，即你收到他们的商品（服务），同时作为交换，你也付出你的商品（服务）。"在交易中取得百分之一"是服务业的一种常见做法。在某些行业，如新闻媒介、广告、餐饮、旅馆和设备租赁业，在很大程度上依赖于以物易物。

（5）雇员

有些雇员实际上非常想向企业投资。有资本投资的雇员可能会因有这种激励而工作起来更加卖力。同时，这种资金来源可以使雇主取得一种低成本的资金来源。关于这种资金来源，一个最重要的考虑是，你作为雇主愿意在多大程度上放弃对公司的所有权和控制权。

（6）特许人

一个企业可以用其产品（服务）的某些权利，授予特许人的方式取得资金。这种特许权仅可以在有限的基础上授予。例如特许某公司拥有在外国生产经营本企业的产品（服务）的独占权。在授予特许人这些权利的时候，实际上没有直接的或立即发生的成本。但是，管理这些特许人可能是很困难的事。随之而来的是，企业的产品（服务）的可靠性，乃至最终企业的信誉都有可能会受到损害。

（7）顾客

企业客户可能会在其本身毫无意识的情况下，以多种方式帮助公司筹集资金。这些费用实际上是为公司筹措资金，以购买这些"会员"在以后租赁的电视节目和电影。与之类似的是，很多直接邮购的企业在预先收到顾客所付款项之后，再寄出他们的商品。提供销售现金折扣，则是为达到这一让客户及早付款目的所采取的进一步的措施。

（8）政府

地方政府在管理企业发展时，常有重点发展某些行业的特定目的。地方政府能够向企业提供某些税务优惠措施、免费的或非常廉价的公用设施、劳务以及其他直接或间接的资金。而国家政府则通过中小企业联合会提供贷款，并通过这种联合会的其他机构提供各种津贴和奖励。当然，国外政府为了吸引投资流向本国，以繁荣商业活动，也会提供类似的优惠措施。

(9) 投机资本

不像其他的投资人，投机资本家通常都是很投入的职业投资人，他们通过单独向企业注入资本的形式，取得企业的权益，他们可能掌握一个企业的多数或较大比例的股份和利益。除了向企业提供资金外，他们常会带给企业某一行业的专业知识和经验，这些都是他们通过许多实践和磨练而得来的。

(10) 共同承保或联合

共同承保或联合是指建立合资企业或与大公司建立伙伴关系。资金可能仅仅是合伙人所提供的几大重要优势之一。其他的好处可能包括销售代理以及在研究和开发等方面所提供的各种各样的支持。

(11) 首次公开上市

企业可以通过公开筹措资金，即在股票市场上出售其股票来筹措到大量资金。这种资金的筹措通常是用柜台交易的方式来进行的。但是，为发行股票而准备的各种文件的法律费用，常会达到六位数。因此，一个企业希望筹集的资金，应当与这些费用相对称。

(12) 部分附属公司的上市

让企业的一个附属公司上市，对小企业来说并非是一个可能的选择。但是，这种上市机会可以向企业提供便宜的权益资本。它同样还可以增加附属公司职工的积极性。在未上市之前表现越差的附属公司，在上市后越可能成为一个成功的企业。

因此，可以用有计划的负债来填充短期需求，包括对供应商的负债和个人贷款等。长期的需求可用公共基金、银行贷款、个人贷款、现金或非现金的贡献等等价的参与和等价的资本援助。对中国的创业者来说，还可以增加一些中国特有的融资方式。

思考练习题

1. 什么是风险投资？结合实际谈谈风险投资所具有的特点。
2. 联系实际讨论企业不同发展阶段的几种风险投资方式。
3. 简述风险投资的一般资金来源。
4. 结合实际阐述风险投资企业的投资决策流程。

第 8 章

互联网开店一点通

当选择在互联网开店后，需要做的第一件事就是决定互联网销售的商品品种。目前在互联网开店的人很多，店铺功能差不多，能够采取的推广渠道也大同小异，因此，能否有受欢迎的产品直接决定着日后的销售业绩。本章针对互联网开店的实际，着重讨论互联网开店的商品选择、店址选择以及互联网商店的装修技巧等。

8.1 开店了，我该卖什么？

8.1.1 互联网零售商品选择依据

要想使商品在互联网卖得好，所选产品必须符合下列条件。

(1) 在互联网上有足够的消费群

产品必须符合目前互联网消费者的需求，满足他们的口味。据 CNNIC 发布的第 35 次中国互联网发展状况调查统计报告显示，截至 2014 年 12 月，我国网民规模达 6.49 亿，全年共计新增网民 3117 万人。互联网普及率为 47.9%，较 2013 年年底提升了 2.1 个百分点，其中互联网购物用户规模达到 3.61 亿，较 2013 年年底增加了 5953 万人，增长率为 19.7%；我国网民使用互联网购物的比例从 48.9% 提升至 55.7%，互联网消费市场正在不断扩大。从职业构成来看，网民中学生群体的占比最高，为 23.8%，其次为个体户/自由职业者，比例为 22.3%，企业/公司的管理人员和一般职员的占比合计达到 17.0%。从网民的年龄来看，网民以 10～39 岁年龄段为主要群体，比例合计达到 78.1%。其中 20～29 岁年龄段的网民占比最高，达 31.5%，这意味着互联网销售要重点围绕年轻人展开，挑选能够吸引年轻人眼光、符合年轻人认知的商品经营。其中，学生以及刚踏上工作岗位的年轻人有较多的未满足需求，对生活追求新意和品质，又极易受到同伴的影响，因此是互联网销售的重点目标。从网民的收入来看，网民中月收入在 2001～3000 元、3001～5000 元的群体占比最高，分别为 18.8% 和 20.2%，这意味着互联网销售不一定唯廉是图，完全可以走某种精品路线。越是符合年轻人的口味，越是新潮，越有可能在互联网上卖得好。

(2) 必须能通过文字和图片描述清楚，不致引起歧义

因为目前在互联网暂时还只能通过文字、图片等手段展示商品，产品的触觉、嗅觉特征难以让消费者当场体验，互联网销售应尽量选择对触觉、嗅觉不敏感，产品一般肯定能达到消费者心理期望的产品。对需要试穿、试用才能了解的产品，往往需要提供某种无因退货的承诺才能顺利销售，建议谨慎选择。

（3）产品必须易于配送

体积较小，主要是方便运输，降低运输的成本。基于目前互联网零售的产品一般以邮寄、快递方式发货的现状，体积过大、或价低分量重的产品一般不太适合互联网销售，最好卖那些一个快递员就能够方便携带的、分量较轻、价值较高的商品。当然，如果是数字化产品，如软件、音乐、点卡、在线图书等，那是最有利的了。

（4）必须是相比传统销售方式而言，在互联网销售更加有优势的产品

如果传统超市就能买到的商品，互联网就只能靠价格取胜了。最好销售那些时尚性或个性化强，顾客分散度大，传统店铺不太容易见到的产品。

（5）附加值较高

价值低过运费的单件商品是不适合在网上进行销售的。

（6）具备独特性或时尚性

（7）价格较合理

如果在互联网下可以用相同的价格买到就不会有人在互联网上购买了。

（8）通过网站了解就可以激起浏览者的购买欲

如果这件商品必须要亲自见到才可以达到购买所需要的信任那么就不适合在网上开店销售。

（9）网下没有只有网上才能买到

比如外贸定单产品或者直接从国外带回来的产品。根据以上条件目前适宜在网上开店销售的商品主要包括首饰、数码产品、电脑硬件、手机及配件、保健品、成人用品、服饰、化妆品、工艺品、体育与旅游用品等。

总体来说，互联网销售，最好是卖新、卖优、卖廉。

在以上原则的指导下，落实到实践，就是卖熟，卖自己熟悉的、有优势货源的产品。建议您在创业之初先列出一个您有条件经营的产品清单，然后按以下步骤甄别打分，总分列前三位者可以考虑作为您的主营产品（参见表8.1）。

表 8.1　互联网商品选择的参考依据

序号	判据	计分法
1	物流管理的难度	数字化产品：1 实物产品：0
2	备货成本	顾客可以延迟发货或供应商允许退货：1 顾客要现货或供应商要求买断：0
3	可描述性	通过文字和图片中心描述清楚：1 需见货甚至试用才能了解：0
4	个性化	特色浓郁、特点鲜明、为一类人量身定制：1 面向所有人服务：0
5	传统销售中流通毛利	出厂价、批发价、零售价之间差距很大：1 出厂价、批发价、零售价之间差距很小：0
6	顾客地理位置集中度	顾客分布广泛，每平方公里顾客人数少：1 顾客密度高：0
7	实体店铺经营状况	实体店铺不容易见到，或价格较贵：1 容易在实体店铺买到，价钱也不贵：0
8	消费速度	快速消费品：1 耐用品：0
9	产品价值：送货费	送货费≥2：1 送货费<2：0

8.1.2 互联网开店的商品种类组合

在谈及互联网开店的商品种类组合前，首先要明确的是店铺定位。

常见的店铺定位方法有三种：

（1）针对某一类顾客，满足他们的各种需求

如针对白领和学生销售，就要了解他们有什么兴趣，他们主要希望从互联网购买什么，然后组织货源，像优盘、移动硬盘、小饰品、暖宝宝等，凡是符合目标顾客的需求，总能在店铺中得到满足。这种做法最能凝聚顾客忠诚度，但经营的品种较多，适合有一定积累的店家采用。

（2）只做某一类产品，满足高、中、低各价位层次的顾客需求

这种做法十分有利于通过购物搜索引擎吸取客流，因为顾客往往是有了明确的购物清单，通过搜索来寻找店家的。如果你的店铺能满足各种顾客的此类需求，做到"买这类产品只要找我就行了"，无疑会大大提高店铺的成交率。

（3）没有特别的想法，盲目跟风，或者能弄到什么就卖什么

这是初开店者最常见的情况，也极易引发同质竞争，互联网开店的风险由此而来。曾有卖家在社区里发帖子哭诉：自己看别人卖 Hello Kitty 产品很火，于是在不了解市场、不了解产品的情况下进了几千块钱的货，结果货很不好销，整天陷入自责和后悔当中。

因此，开店之前一定要仔细策划，明确自己的定位、优势与不足以后再行动。多花一、两天的前期策划是值得的，它会让你在以后的路更好走。

明确了定位后，就可以策划商品组合了。所谓商品组合，是指一共要经营哪些商品，通过这些商品的品种组合和价格策略组合，使所经营的商品之间互为补充，形成"1＋1＞2"的效果。商品种类组合，一般要考虑以下问题。

（1）主力商品

主力商品是店铺销售额或利润的主要来源。应确保它符合目标顾客的需求，且有可能引发大量销售。主力商品的构成一般可以考虑以下几类。

a. 感觉性商品

以个性化商品为主，突出特色，人无我有，相对稀缺。注意商品的格调要与整个网店形象相吻合，不断引进新品种，使顾客常来不厌。适于服装、饰品、礼品类商品。

b. 季节性商品

适合季节需要而能多销的商品。如冬天卖暖宝宝，夏天卖榨汁机，可获得较满意的销售量。

c. 选购性商品

如有优势货源，做到某种垄断；有明显价格优势且能稳定供货，建立自己的竞争优势。

（2）辅助商品

它是与主力商品具有相关性的商品，一般可选以下几类。

a. 主力商品的互补品、消耗品

要挑选那些对于顾客而言，在价格上相对便宜，而且实用效果较好的商品，以便刺激长期购买行为。

b. 常备的商品

虽然不能引发季节性消费热潮，但属于一年四季都能使用的商品。

c. 常见用品

不一定只做"人无我有"，也可以是"人有我也有"。但要由于此类商品销售的地方较多，因此备货不要多，只要能方便顾客成套配齐就行。

辅助性商品，应尽量满足顾客"一站式购齐"的需要，通过联动消费提高销售额。

（3）刺激性商品

为了刺激顾客的购买欲望，可以针对以上两类商品群，选出重点商品，在必要的时候大力促销，在显眼的地方陈列出来，借以带动整体销售或利润率高的商品销售。其重点为以下几点。

a. 战略性商品

即配合战略需要，用来吸引眼球，在短期内以低价跑量销售的商品。跑量不是目的，是为了获得大量顾客，因此低价促销时一定事先准备好吸引顾客的主力销售产品，为今后打下基础。

b. 特选性商品

利用各种陈列及组合等表现形式，产生较强的吸引力，形成冲动性购买，可配合各种节日或社会活动推出。

8.1.3　互联网开店的商品货源寻觅

8.1.3.1　货从何来

决定了要卖什么之后，接下来就要找货源了。如何才能找到质优价廉的货源呢？以下推荐几种渠道。

（1）充当市场猎手

密切关注市场变化，充分利用商品打折找到价格低廉的货源。拿互联网销售非常火的名牌衣物来说，卖家们常常在换季时或特卖场里淘到款式品质上乘的品牌服饰，再转手在互联网上卖掉，利用地域或时空差价获得足够的利润。互联网上有一些化妆品卖家，与高档化妆品专柜的主管熟悉之后，可以在新品上市前抢先拿到低至 7 折的商品，然后在互联网按专柜 9 折的价格卖出，因化妆品售价较高，利润也相应更加丰厚。

（2）关注外贸产品

外贸产品因其质量、款式、面料、价格等优势，一直是互联网销售的热门品种。很多在国外售价上百美元的名牌商品，在互联网的售价仅有几百元人民币，这使众多买家对此趋之若鹜。淘宝网店主张小姐从事外贸工作，由于工作关系积累了不少各地的纪念品，送了一部分给亲友后，仍有大量剩余。在朋友的推荐下，张小姐将自己的闲置物品上网销售，没想到在登出不久就销售一空，现在，她的小店已经有了固定客户 200 多人。

易趣网的"大风外贸"、"51clothes 外贸流行服饰"等信用度超过 2000 点的大卖家都是以外贸服饰起家的。新的互联网创业者如果有熟识的外贸厂商，可以直接从工厂拿货。在外贸订单剩余产品中有不少好东西，这部分商品大多只有 1～3 件，款式常常是明年或现在最流行的，而价格只有商场的 4～7 折，很有市场。

目前许多工厂在外贸订单之外的剩余产品会有一些剩余产品处理，价格通常十分低廉这是一个不错的进货渠道。

（3）买入品牌积压库存

有些品牌商品的库存积压很多，一些商家干脆把库存全部卖给专职互联网销售卖家。品牌商品在互联网是备受关注的分类之一，很多买家都通过搜索的方式直接寻找自己心仪的品牌商品。而且不少品牌虽然在某一地域属于积压品，但由于互联网覆盖面广的特性，可使其在其他地域成为畅销品。如果有足够的砍价本领，能以低廉的价格把他们手中的库存拿下来，一定能获得丰厚的利润。

（4）拿到国外打折商品

国外的世界一线品牌在换季或节日前夕，价格非常便宜。如果卖家在国外有亲戚或朋友，可请他们帮忙，拿到诱人的折扣在互联网销售，即使售价是传统商场的 4～7 折，也还有 10%～40% 的利润空间。这种销售方式正在被一些留学生所关注，日本留学生"桃太郎"的店铺经营日本最新的化妆品和美容营养保健品，通过航空运输送到国内甚至世界其他国家，目前在淘宝和易趣都有店铺。因为其化妆品新鲜，而且比国内专柜上市更快，更便宜，因而受到追捧。此外，一些美国、欧洲的留学生也在互联网出售"维多利亚的秘密"、"LV"等顶级品牌的服饰和箱包产品，其利润均在 30% 以上。

（5）厂家进货

去厂家进货，可以拿到更低的进货价但是一次进货金额通常要求会比较高，增加了经营风险。经营网店，最好认识在厂家工作的朋友，或者自己直接就在厂家工作，那就没有问题了。

（6）批发商品

一定要多跑地区性的批发市场，目前各个大中城市都有商品批发市场，如北京的西直门、秀水街、红桥；上海的襄阳路、城隍庙；江苏南京金桥、银桥市场；浙江台州路桥小湖州丝绸城、湖州丝绸城、杭州丝绸市场、杭州轻纺市场、杭州环北小商品市场、嘉兴洪合羊毛衫市场、义乌中国小商品城、绍兴中国轻纺城、萧山商业城；广东高第街工业品市场、广州天虹商品交易市场、广州白马服装市场、流花服装批发市场等。多跑批发市场不但熟悉行情，而且还可以拿到很便宜的批发价格。北京的淘宝网卖家萍萍家住北京南城，家附近就有很多批发商城，除了在家的附近进货以外，还会偶尔去西直门动物园等大规模的批发市场去淘货。通过和一些批发商建立了良好的供求关系，能够拿到第一手的流行货品，而且能够保证互联网销售的低价位。

（7）网上批发市场

网络卖家的大量出现也派生出网络批发群体的出现，除一些常见的网上零售商店外，网络批发网站也有不少，如阿里巴巴网站及慧聪网等。这种网络批发市场与传统实体批发市场有很多相似之处，如网上批发市场商品同样琳琅满目，品种齐全，同样适合各种批发客户，与零售相比同样具有价格优势。有些网站还有专门针对个人开店的小额批发平台，如阿里巴巴的小额批发网，淘宝许多"掌柜"都是从此网站进货。

与传统批发市场相比，网上批发市场有其优势也有其劣势，如网上批发市场查找商品方便快捷，不用跑很多地方就能很快找到想要的商品；但其劣势也很明显，网上商品只有图片，不能看到实体商品，而有些商品图片与实体在颜色及质量上还是有一定差离，这往往是商品批发来后卖不出去的主要因素。所以在网上批发市场进货更要注意首次进货量不能太大，进货前多与供应商沟通、与其他用户沟通，避免造成太大的损失，尽量选择信誉度高的供应商，如阿里巴巴网站的诚信通用户。与传统批发市场进货一样，在网上进货也应与供应商事先谈好换货及退货事宜。

目前，不少网站提供网上批发业务，除前面提到过的阿里巴巴网站（www. alibaba. com）及慧聪网（www. hc360. com）外，还有无忧货源网（www. 21024. net）、支付宝社区（推荐商家版块 http://club. alipay. com）、百度贴吧（代销吧，批发吧：http://tieba. baidu. com）、中国小商品城网（www. onccc. com）等。

（8）品牌代销

品牌代销品牌产品因其成熟的管理及营销方式，消费者对产品的质量及售后服务较为信赖，网店代销此类商品客户群有保证，也无需花大量的精力及资金去宣传推广。更重要的是"掌柜"无需为商品拍照，只要在网上展示商家给的产品图片，产品介绍等资料即可。有些网店甚至不需先垫付资金进货，可先向卖家收取定货资金，再给商家一定的资金，让他发货，然后代销者从中赚取其中的差额。对于刚进入网上开店行列的新手来说，这是一个非常不错的选择。目前有不少在一些 C2C 网站开店的网店采用的就是这种方式。

做得好的品牌代销不需什么资金投入，不用准备仓库，不用负责物流，不用给商品拍照，且从商家那拿到的商品图片一般比较好也更容易吸引买家。但品牌代销正因为这些优点，也使得利润相对缩水，只能赚取代销差价，且价格相对稳定。另外，有些个人网店直接从网上品牌代理商那进货，作为品牌产品的三级、四级代理商，并由供应商发货给客户，所以不好对商品质量、库存和售后服务有很大的把握，所以在挑选的时候也要找一些比较正规的公司，根据自身的要求选择最合适的。

如何寻找品牌代销渠道？这也是很多人关心的问题。我们除了可以多出去逛逛，主动寻找现实生活中见到的品牌及客户群外，网络也提供了不少品牌代销的渠道或网站，如无忧货源网（www. 21024. net）中就提供了不少网络代销的品牌。

（9）特别的进货渠道

如果在香港或国外有亲戚或朋友，可以由他们帮忙，进到一些内地市场上看不到的商品或者一些价格较低商品。如果住在深圳珠海这样的地方，可以办一张通行证，自己去香港、澳门进货。

找到货源后，可先进少量的货试卖一下，如果销量好再考虑增大进货量。在互联网，有些卖家和供货商关系很好，往往是商品卖出后才去进货，这样既不会占资金又不会造成商品的积压。总之，不管是通过何种渠道寻找货源，低廉的价格是关键因素。找到了物美价廉的货源，互联网商店就有了成功的基础。

8. 1. 3. 2　不同级别供应商特点比较

开一家互联网商店，首先要解决好货源问题。如何能拿到便宜又优质的货物，是开商店重要的环节。货源的选择会直接左右创业者的利润和收入状况，因此在货源的选择上一定要谨慎。从互联网经营的普遍性看，货源可以考虑从 3 个方面寻找：厂家、一级批发商、二级甚至三级批发商。一般来说，进货方式选择越接近源头，能够获得的利润空间也越大。但不同级别的批发商都有其优缺点，不同实力的创业者要根据自己的现实状况慎重选择（参见表 8.2）。

表 8.2　不同级别供应商的特点比较

供应商类别	特点		适应卖家
厂家	优点：货源充足、价格最低		适合销量稳定、有大量进货的卖家
	缺点：要求量大、容易压货		
大批发商	优点：货源稳定、方便寻找		适合有一定实力、能与之周旋的中等卖家
	缺点：换货麻烦、服务滞后		
二级批发商	优点：了解行业、服务周到		适合刚刚起步的小卖家
	缺点：价格偏高、信用不明		

　　可以从厂家拿到货源的商品并不多，因为多数厂家不屑于与小规模的卖家打交道，但有些网下不算热销的商品是可以从源头进货的。这些正规的厂家货源充足，而且对待客户的态度较好，如果长期合作的话，一般都能争取到滞销换款。但是一般而言，厂家要求的起批量非常高，以外贸服装为例，厂家要求的批发数量至少要近百件甚至上千件，达不到这个数量不但拿不到最低的价格，甚至可能连基本的合作都争取不到，这样容易造成货品积压，因而不适合小量批发的客户。如果创业者有足够的资金储备，并且不会有压货的危险或不怕压货，完全可以去找厂家进货。

　　大批发商或者说一级批发商比较好找，通过搜索引擎就能找到很多。他们一般直接由厂家供货，货源较稳定。但因为他们订单较多，服务难免有些滞后。淘宝互联网的饰品卖家 tianren98 是店铺"天仞时尚购物网"的"大掌柜"，他认为，大批发商订单多发货慢还可以理解，但最大的难题在于换货，要求换货时往往会遭到拒绝或者换回的商品不尽人意，而货款更是不能退。他的经验是，在订货之前务必要将商品细节和服务方式确定，如果订货数额较大，最好能签订规范的售货合同，以免日后发生纠纷。

　　二级批发商一般是刚刚由零售转做批发的，对这一行的货源、顾客需求等比较了解。这类批发商由于刚起步，没有固定的批发客户，没有知名度，因而为了争取客户，起批量要求较小，价格一般不会高于甚至有些还会低于大批发商。创业者可以按照进货的经验和他们谈条件，比如价格和换货等问题。而且为了争取回头客，他们的售后服务一般比较好。二级批发商的不足也是比较明显的，就是诚信度问题。因此在合作前最好能通过小批量合作探路，待了解其行事方式和服务态度之后，再进行大规模的合作。

　　很多刚刚到互联网开店的创业者，在一开始并不能准确找到商品的源头批发商。因为即使在各大批发市场，批发商之间也有合作。有些批发商甚至从 A 批发市场批进商品，然后在 B 批发市场以批发向外发货，这无疑会增加创业者的进货成本。要避免这种现象，就不要怕麻烦，一定多跑几个批发市场，不漏掉任何可能的机会，才能确定进货源头，避免上当。

　　另外，每个批发商都会有主打类商品，这些商品一般都是从关系好的厂家直接进货，价格上具有一定的优势。他们往往会把这些产品中的一部分定价较低，以此来吸引顾客的眼球，从而带动其他产品的销售。如果创业者不嫌麻烦，可以找多个批发商，分别批发他们那些用来吸引顾客眼球的商品。如果嫌麻烦，那还是找售后服务好的批发商，要不然换货时浪费的费用和精力一定大大高于进货时节省的费用和精力。在选择批发商时，要尽量找因质量问题换货，费用由卖家出的批发商，这样他们出货时一般会仔细检查商品质量，就算有问题，也是他们出运费，这样就不会浪费自己的钱了。

　　与批发商打交道的注意事项有以下几点。

① 要了解批发商的性格，与之交朋友，可以得到更多价格上及其他好处。

② 要讲究互利双赢。如果为了多得一点差价和批发商讲来讲去，会损害自己的声誉。与批发商合作时直爽一些，会赢得更多的合作机会。

③ 如果是新开店，进货较多，而且距离不远，可以让批发商给你开业垫付货款，这样进货比较多可以受到批发商重视，可以在下一次进货时把这次的欠款还清。

④ 在调换货的问题上，与批发商一定要事先达成协议，什么可以换，什么不能换，换的周期多长，要做到心中有数。

⑤ 与批发商的每次货款交易，都要保留好凭证。如进货时对方开具的发货单、向对方欠款时的欠条等，最好有专门的夹子存放。如果与批发商有欠款，一定要在还清欠款后请对方开具收条，收条要妥善保管，以备处理可能的经济纠纷。

8.2　在哪里开店呢？

8.2.1　互联网开店的店址选择标准

8.2.1.1　互联网开店的形式

目前，互联网开店主要有 4 种形式。

（1）自建网站开店

这种方式需自己配齐服务器等互联网设施，编写专门的程序。好处是带宽独占，网站程序能较好地符合自己的要求。缺点是起步投资高，对技术的要求高，只适合有一定身家的企业。

（2）借用他人已有的互联网商店模板购建网站，使用独立域名，专门推广

现在互联网有大量的网站模板，如书店、花店、卡店等，不少都做得不错，商品管理、支付、订单处理等功能一应俱全，完全可以在它们的基础上稍加改动，做出自己的网站。独立网站的好处是品牌形象较好，特别是以后发展壮大了，需要升级功能时不至于因寄宿平台技术限制无法满足而不得不另行迁移，浪费前期积攒的知名度。当然，这样的网店和上面第一种一样，也需要单独为它做推广，创业早期的推广费用会比较高。

（3）进驻互联网开店平台，如淘宝、eBay 易趣等，利用平台提供的功能开设网店

此种方法的起始投资最小，只要有条件上网即可，非常适合个人创业。而且互联网开店平台会做很多市场活动，由此而来的客流可能进驻到你的网店。现在有不少企业已经有了自己的独立网站，但仍到淘宝上开个店，原因就是因为淘宝上的客流量大，宣传效果好。

（4）社交电商平台，兼职创业平台

这种社交平台，如微店，无需资金成本、无需寻找货源、不用自己处理物流和售后，是最适合大学生、白领、上班族的兼职创业平台。

就目前而言，互联网开店个人创业的最好选择是加入电商平台，利用平台凝聚的滚滚客流赚取创业的第一桶金。

8.2.2.2　互联网开店平台选择标准

互联网开店平台的选择标准见表 8.3。

表 8.3　互联网开店平台的选择标准

选择标准	比　较　方　法
人气	该平台有多少注册用户,每天的访问量和成交量如何。人气旺,生意才能做得好
面向市场	总的行情好,不一定你的店就能卖得好。要了解目标顾客群体在这一平台上是否足够多,包括国别、地区、年龄、消费倾向、价格接受度等
成交率	成交率越高,使用价值越大
使用方便性	商品和商品类别维护是否方便、是否有流畅的订单处理功能、是否提供某种风险管理功能,等等
竞争程度	如果卖的东西在这里已经泛滥成灾了,是否考虑该换换方向了
成本	达到同样的效果,能省一点当然好。这是淘宝为什么会夺走易趣网国内 C2C 老大位置的一个最重要的原因

8.2.2　互联网开店的平台攻略

下面为大家介绍一下互联网开店的主流平台。

(1) 淘宝

淘宝网（www.taobao.com）由阿里巴巴公司斥资 1 亿,自 2003 年 5 月成立。据 CNNIC《2014 年中国互联网购物调查研究报告》,到 2014 年,中国 C2C 交易最活跃的北京、广州、上海三地有超过 1000 万网民在淘宝互联网购过物。短短几年之间,淘宝网凭借 87% 品牌渗透率位居首位,遥遥领先于同类竞争对手。由于其实行 2008 年前免费的服务政策,目前是个人开店创业的首选。

欲在淘宝网开店,需通过卖家实名认证。注册为淘宝会员后,将自己的有效身份证件传真或发扫描件到淘宝网。淘宝网审核通过后,卖家就可以点击网站上的"我要卖"进行商品信息发布。商品发布达到 10 件,就有权开店了。

淘宝网为交易双方提供了方便可靠的交易服务。

我的淘宝：将会员的买卖行为集中在一个界面,方便了交易管理。

淘宝旺旺：淘宝开发的通讯软件,它不仅具有普通聊天工具的功能,还与"我的淘宝"相互集成,使用户可以随时在洽谈和交易管理间进行切换。

淘宝助理：淘宝推出的线下商品编辑器。店主可在其中存储商品说明模板,利用其快速生成和管理店铺形象,并集中上传到互联网,节省了在线编辑的时间。

支付宝：买卖双方提供了第三方担保支付的安全机制,买卖双方达成订购意向后,买方先将货款预存在支付宝公司,待收到货满意后,支付宝公司才把货款转给卖方。这一机制将互联网交易的风险降到了最低,无论买方还是卖方,再也不用怕被骗钱骗货了。目前,支付宝已与国内 10 家银行合作开展互联网支付,无论是银行账户与支付宝账户间,还是支付宝账户间的转款都不用付手续费。

交易评价：该机制要求在每笔交易完成后由买卖双方分别给予对方评价,包括商品质量、发货速度、付款速度等,并将其公布在每个会员的诚信记录中。通过查看诚信记录,网民可以很方便地了解对方以往的交易表现,因此很多卖家都非常珍惜自己的诚信记录。有的甚至在店铺公告中说："有任何不满意都请与我联系,一定尽快解决。千万不要随意给中评或差评"。

另外,淘宝还经常推出各种活动,如"团购"、"7 天无理由退货销售"等,帮助卖家做高人气。如果在经营中有任何不明，都可以向淘宝值班人员留言提问，也可到淘宝的论坛学习各种经验。许多人就是从淘宝论坛起步，逐步成长为大卖家的。

（2）eBay 易趣

eBay 易趣（www.ebay.cn）的前身——易趣网成立于 1999 年 8 月，由两个从美国留学回国的青年创立。当时正处在 C2C 网站爆发阶段，雅宝、酷必得、e 必得、网猎等一大批拍卖网站与易趣网交相辉映，但经过了 2000 年互联网泡沫破灭的严冬，最终只有易趣网生存了下来，并于 2003 年宣布首次实现盈利。2002 年 3 月，世界最大的个人交易网站 eBay 向易趣注资 3000 万美元，2003 年 6 月，eBay 又以 1.5 亿美元购下易趣余下的股份。2004 年 7 月，易趣更名为 eBay 易趣。

eBay 易趣实行收费服务。从店铺租金，到商品登录、价格设置、橱窗布置、成交服务均需收费。尽管如此，由于在这里的成交率高，买家支付能力强，仍受到许多有经验卖家的喜爱。淘宝出现后，eBay 易趣的地位受到强力挑战，其在 C2C 市场的占有率从 90% 直下到 20%，但是毫无疑问，是易趣培育了中国的 C2C 市场，并成功地探索出了一条依靠收费服务盈利的可持续发展之路。随着与淘宝之间竞争的继续，而且以后淘宝也要走上收费，相信 eBay 易趣会有更好的表现。

欲在 eBay 易趣上开店，一样要先通过卖家身份认证。具体要求见 eBay 易趣网站。

eBay 易趣提供的特色功能有。

易趣助理：帮助卖家编辑网店的线下处理工具。

易趣管家和易趣管家专业版：类似淘宝的"我的淘宝"，是高效的在线交易管理器。

SKYPE 通讯软件：不仅有普通的聊天功能，还能利用计算机拨打固定电话，目前有很多人利用它打长途电话，节省了大量电话费。

Paypal 贝宝：与淘宝的"支付宝"类似，是安全的第三方担保支付工具，由易趣以前的安付通和国外流行的 Paypal 支付方式结合而来。

（3）eBay 国际站

电子港湾 eBay（www.ebay.com）成立于 1995 年，是全球最大的个人交易网站，其目标为"帮助地球上任何人完成任意商品的买卖交易"，目前在全球 28 个国家和地区有分站。如果你想做海外贸易，到 eBay 国际站开店是一个很好的选择。建议到 eBay 台湾（www.ebay.com.tw）或 eBay 香港（www.ebay.com.hk）去申请一个 eBay 账号，注册成功后全球通用。

鉴于各家平台处于不断的发展中，创业者在选择平台时要多看——看各家平台的服务与政策，多听——听他人对这些平台的评价，综合比较后决定自己的选择。

（4）Amazon 亚马逊

亚马逊公司（Amazon），是美国最大的一家网络电子商务公司，位于华盛顿州的西雅图，是网络上最早开始经营电子商务的公司之一。亚马逊成立于 1995 年，一开始只经营网络的书籍销售业务，现在则涉及了范围相当广的其他产品，已成为全球商品品种最多的网上零售商和全球第二大互联网企业。

亚马逊及其销售商为客户提供数百万种独特的全新、翻新及二手商品，如图书、影视、音乐和游戏、数码下载、电子和电脑、家居园艺用品、玩具、婴幼儿用品、食品、服饰、鞋类和珠宝、健康和个人护理用品、体育及户外用品、汽车及工业产品等。2004 年 8

月亚马逊全资收购卓越网，使亚马逊全球领先的网上零售专长与卓越网深厚的中国市场经验相结合，进一步提升客户体验，并促进中国电子商务的成长。

想要在亚马逊开店很简单，首先在线填写公司信息，创建亚马逊卖家账户。在注册过程中，需要提交公司资质（营业执照副本和国税税务登记证），以及品类和品牌相关的资质以完成亚马逊资质审核。其次就是等待审核了，资质审核工作一般会在材料提交后的 3 个工作日内完成，之后你就可以上传商品信息和图片进行销售了。亚马逊每隔 14 天会进行一次结算。

此外，亚马逊还提供全球开店的跨境电商服务，业务覆盖北美、欧盟以及日本三大全球市场，可接触到更多的优质客户；还能够在本土市场以外，根据各国不同的文化以及季节性消费行为，寻求新的销售机遇。亚马逊还为店主提供高效的海外物流和结算服务。如果你有志于在跨境电商上创业，亚马逊是个不错的平台。

8.3　网店装修——这是一个看脸的时代！

互联网商店虽然不需要像实体店那样花大量的钱装修，但店铺的设计也是很有讲究的。好的店铺设计会让你的店好搜、好记、好看，对于增加店铺的流量和吸引回头客有重要的作用。

（1）店名

店铺命名很重要，一个好的店名往往给人以好的联想，网友在列表中点击哪个店铺很大程度上取决于名字是否吸引人。好的店名还有利于传播推广。

好的店铺名应符合下面的规则。

① 以中文或其他有意义的字母构成，不要掺杂不明符号。有不少店铺名字里含有一些奇怪的符号，虽然在一定程度上能吸引眼球，但是别人宣传的时候，只会宣传店铺的名字。如"某某店铺很好啊，下次你去看看，我就是在那买的！"这是人们的习惯用语，只会说汉字或数字、英文等，不会说没有实际意义的符号。有特殊符号的店名就会失去被宣传的机会。

② 店铺名字要简短响亮，好读易记，以便传播。

③ 店铺名字要与经营主题相关，富有良好的寓意，以便树立和加强品牌形象。

下面列举一些店铺名字，希望有一些启发。

"＊唯一＊首饰吧＊"：既标明了店铺性质，又表达了店主的志向——要做到这一行中的老大，或某一方面的独一无二。

"爱美之家"：明显是美容类的店铺。

"省到家"：未明确卖什么，但一看就知道应该是个自称最省钱的地方，给以后的产品线扩张留下了充分的空间。

"★精品毛绒玩具★◆你买我就送◆出口香港正版迪士尼天使米奇 50cm"：既介绍了产品又宣传了活动。

另外，店铺的主营关键字要设置正确，店铺类型要设置正确。特别是对新开店的情况，不大可能通过口碑相传获得大量流量，必须用易于被搜索到的关键词增加被访问的机会。这点在第 10 章的商品描述中会专门讲到。

（2）店标

要制作一个反映店铺特色的图片作为店标。好的店标可以建立起良好的第一印象，而如果店标位置是空白的，会降低顾客对网店的评价。店标可采用 JPEG 或 GIF 格式，内含店铺的主营品种、经营口号的图片等，也可将重点推荐的商品或活动做在里面，为了增加店标的信息量，可采用几幅图片交替更换的形式。

（3）产品分类

如果产品品种较多，要将它们合理地分类，使顾客可以方便地按分类找到所需的商品。分类方法有以下几种。

按产品类型——如音像区、随身听。

按品牌——如索尼、柯达。

按价格档次——二折区、五折区。

按服务类型——现货区、打折预订区、7 天包退区。

（4）产品描述模板

所有的商品都可以用文字、图片等手段加以描述，强烈推荐使用图片。图片要反映物品的真实状况，可以用图形处理工具美化，但不要与真实效果相差太大。顾客收到了货，发现与互联网图片效果不符是要投诉的。同时，所有的产品描述要采用相似的规范，用统一的风格。建议先建立一个产品描述模板，预先定义好文字、图片的规格，方便统一遵循。

（5）店铺公告

店铺公告是自己的促销广告，可以是最新商品消息、打折优惠信息的宣传窗口，要及时更新，同时要简洁明了。店铺公告也可以写上自己的开店宗旨等。

以下是几则店铺公告（见表 8.4）。

表 8.4　店铺公告案例

店铺公告	店铺公告
百分之九十九以上的好评，您可信赖的钻石店铺。专售原装进口一线品牌的化妆品，专业美发类产品最新上架。店主因业务繁忙，6 月 1 日起将取消见面交易，一律快递邮寄，大家省时省力，多谢关注	我曾听过一个故事，我们每个人都是上帝咬过一口的苹果。所以，这个世界上没有人是完美的，而上帝爱谁深些就把那只苹果咬得更深些，所以把肌肉萎缩全身无力的进行性肌肉营养不良绝症留给了我们，V 乐人，就是这样一群被上帝深深爱着的幸与不幸掺半的孩子。也许曾经埋怨过上帝特殊的宠爱，让我们这样痛苦，让我们失去了很多。但在苦难面前，我们从不曾低下头，因为我们知道，来到这个世界上，就有我们存在的价值。用我们短暂的生命，为这个世界创造些什么，给它留下些什么，V 乐音像专卖就是我们的一个尝试，集合了 V 乐人的勇气和汗水，用仅能驱动双手的力量捧出温暖的太阳，希望它能给我们晦涩的天空带来缕缕阳光
对绝大多数人来讲，没想到旧西藏政府还发行过货币，更没想到西藏地方币是中国皇帝钦定的，也没想到西藏货币居然有如此深厚的历史积淀……本期特开辟藏币专栏，让我们通过藏币触摸西藏与祖国息息相关荣辱与共的历史脉搏	

8.4　淘宝开店其实很简单

在淘宝互联网开店完成以下几步就可以了。

① 注册淘宝账户；

② 进入"卖家中心"页面，点击"我要开店"或"免费开店"，开始开店认证；

③ 当"开店认证"显示已完成，完成"在线考试"和"完善店铺信息"便可以拥有自己的店铺了；

④ 开店成功后，进入"卖家中心"，在左侧菜单栏"店铺管理"处即可看到"查看我的店铺"字样。

详细步骤如下：

（1）开店准备

① 硬件设施：电脑一台，笔记本电脑、台式电脑均可，要求可以上互联网。对电脑配置没有要求。当然，电脑配置越高、操作越快。

② 自身必须年满 18 周岁，并且有二代身份证，在中国工商银行、建设银行、或者中国农业银行（推荐这三个银行是因为这三个银行开网店的操作程序最简单、好操作、安全系数较高）办理一张银行储蓄卡，也就是我们平时说的"银行卡"（非信用卡，信用卡不能开店），并且开通了网银。注意，开通了网银的银行卡有电子口令卡、或者 U 盾、或者 K 宝，如果现在还没有，那就是说明只办理了银行卡，而没有开通网银。

③ 属于自己的一部手机并能够保持正常通话状态（是为了注册淘宝、安装一些淘宝必要的辅助组件时作为接收验证码来用）。

④ 非常清晰的自己身份证的正反面照片（电子版），如果自己没有照相机，建议去照相馆拍照或者扫描，用手机拍照、电脑摄像头拍照的清晰度不够，清晰度见图 8.1。

图 8.1 身份证照片

⑤ 非常清晰的自己的上半身照以及自己上半身手持身份证正面的照片（电子版），如果自己没有照相机，建议去照相馆拍照或者扫描，用手机拍照、电脑摄像头拍照的清晰度不够。

注意，这两张照片要求图片背景一致、并且手持身份证的照片，必须能够看清身份证上的文字，放大后，要求与第④点身份证正面照片清晰度一致或者接近。

好了，上述内容是每位淘宝网开店必备条件，如果可以满足上述条件，并且按照上述条件去办了，办好后，继续往下看！

（2）开店前注册淘宝会员名和支付宝

打开 http://www.taobao.com？点击左上角的，免费注册，见图 8.2。

点击免费注册，然后出现图 8.3。

点击"同意以下协议并注册"以后，会出现图 8.4。

图 8.2　淘宝注册页面

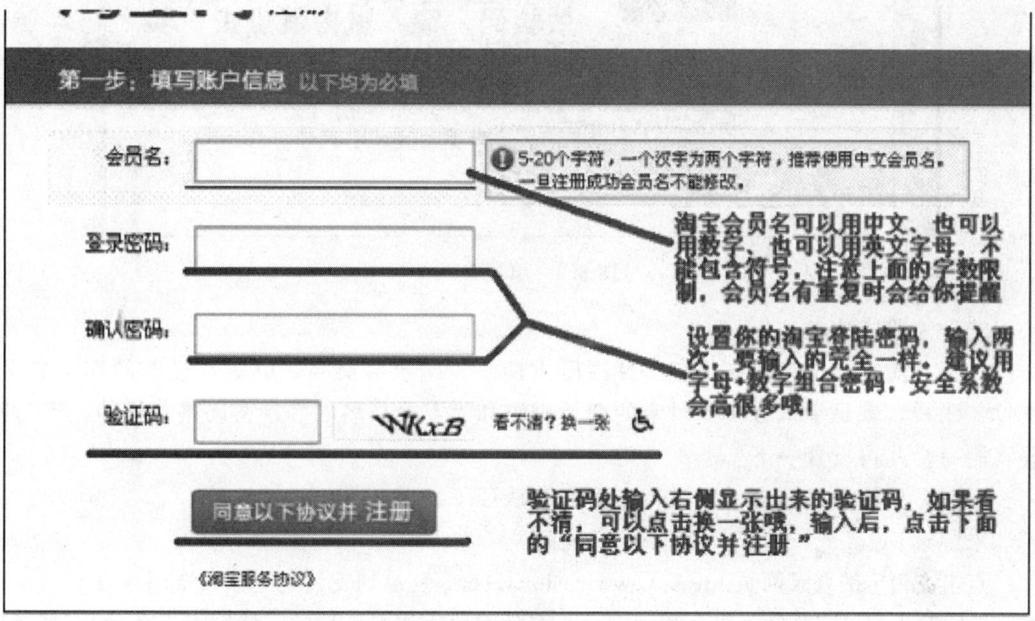

第一步：填写账户信息 以下均为必填

会员名：

⚫ 5-20个字符，一个汉字为两个字符，推荐使用中文会员名。一旦注册成功会员名不能修改。

淘宝会员名可以用中文、也可以用数字或符号，也可以用英文字母，不能包含符号，注意上面的字数限制，会员名有重复时会给你提醒

登录密码：

确认密码：

设置你的淘宝登陆密码，输入两次，要输入的完全一样，建议用字母+数字组合密码，安全系数会高很多哦！

验证码：　　　　WKxB　看不清？换一张

同意以下协议并 注册

《淘宝服务协议》

验证码处输入右侧显示出来的验证码，如果看不清，可以点击换一张哦，输入后，点击下面的"同意以下协议并注册"

图 8.3　填写账户信息

淘宝网 注册

第二步：验证账户信息

国家/地区：　中国大陆

您的手机号码：　+86　　　　　⚫ 请输入手机号码

此处输入你的手机号码吧，前面的+86不用管哦，直接输入你的手机号，点击"提交"（免费注册，不扣钱）

提交

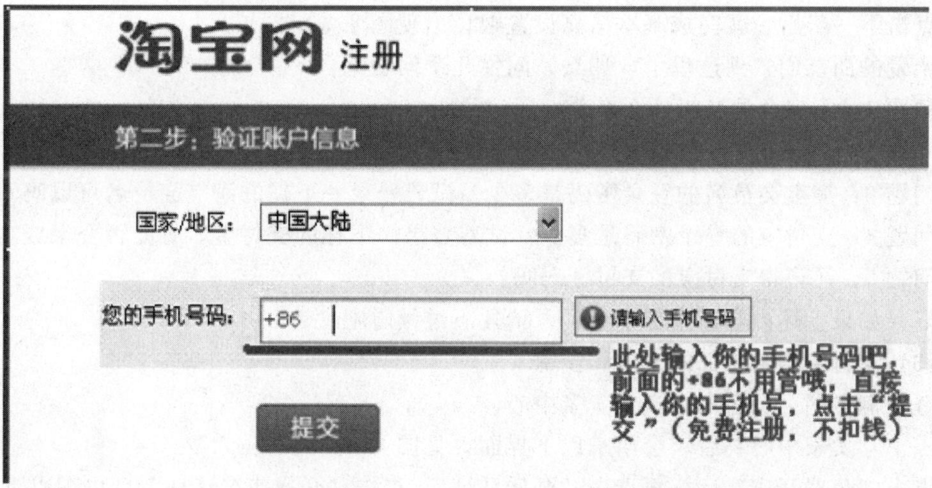

图 8.4　账户验证

点击提交后，会出现图 8.5。

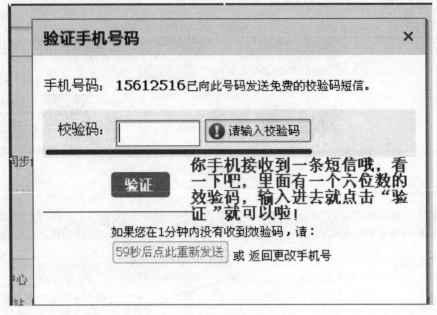

图 8.5 填写验证码

哇…注册成功啦。

好了，淘宝会员名和支付宝一并注册成功了，淘宝会员名，就是自己取的那个名字，支付宝账户，就是手机号！支付宝的登录密码和淘宝会员名的登录密码是一样的，支付密码我们一会儿再设置一下。

下面，要给自己的支付宝进行一下实名认证了。

来继续！

点击支付宝的登录网页 https://www.alipay.com/登录到支付宝，输入支付宝账户（手机号）然后输入支付宝登录密码（和淘宝会员名的登录密码是一样的，然后点击登录），登录后点击安全中心，再次点击修改支付密码后，出来如图 8.6 所示内容，请仔细看一下哦！

点击下一步后，就完成基本信息设置啦！出现图 8.7。

亲爱的朋友们，到这里了，那么，问你几个问题吧！

问题 1：淘宝会员名叫什么来着？还记的吗？

问题 2：支付宝的账户是多少？

问题 3：淘宝会员名的登录密码是多少？试着登录一下你的淘宝会员名可以吗？

问题 4：支付宝的登录密码是多少？试着登录一下你的支付宝，看能否登录成功？

问题 5：还记得支付宝的支付密码吗？

好，如果上述内容你全都学会了，请往下继续看吧！

（3）支付宝实名认证的方法和步骤

登录淘宝网会员名，并点击卖家中心。

点击"卖家中心"后，会出来以下界面，见图 8.8。

点击"免费开店"后，再点击"开始认证"、点击"开通实名认证"后出现以下界面，见图 8.9。

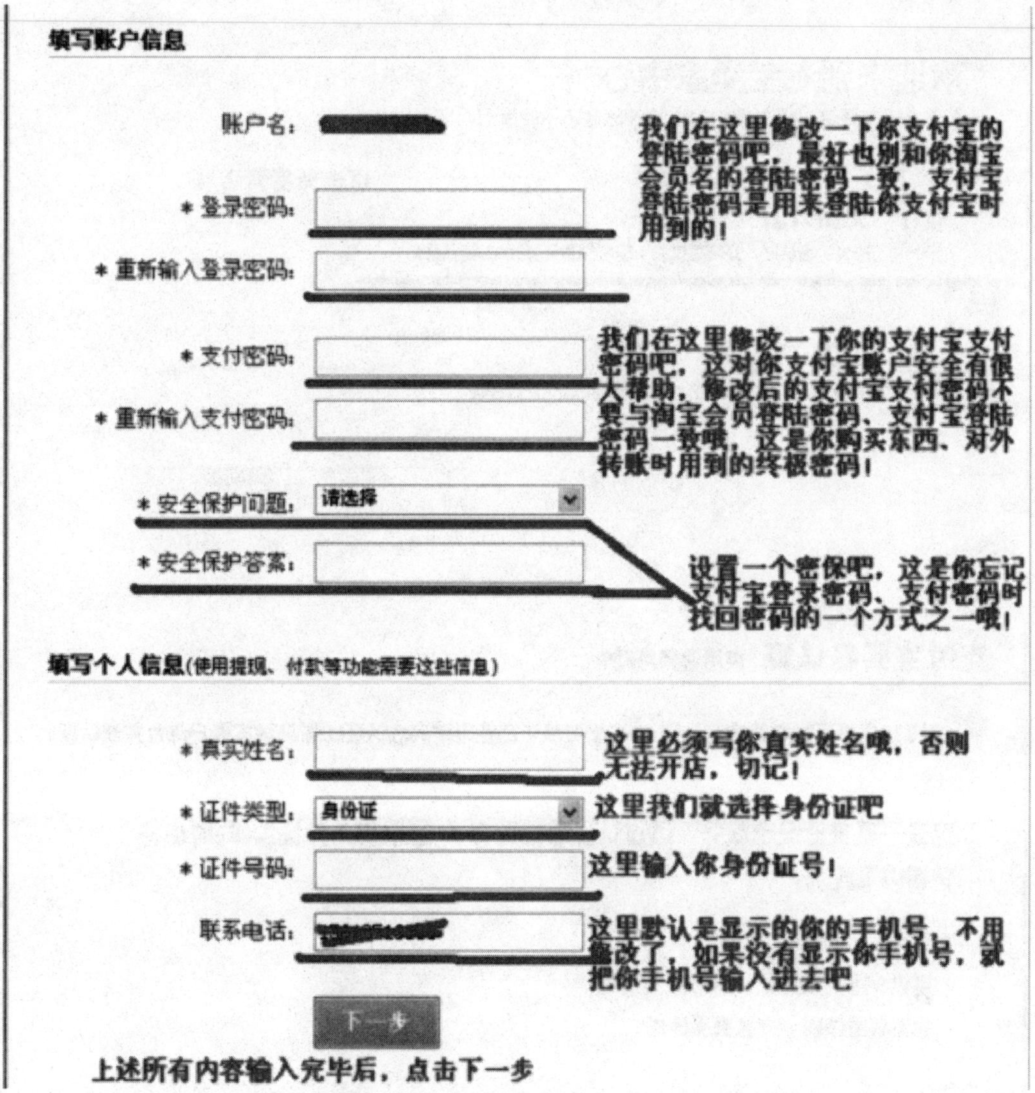

填写账户信息

账户名：

* 登录密码：

* 重新输入登录密码：

我们在这里修改一下你支付宝的登陆密码吧，最好也别和你淘宝会员名的登陆密码一致，支付宝登陆密码是用来登陆你支付宝时用到的！

* 支付密码：

* 重新输入支付密码：

我们在这里修改一下你的支付宝支付密码吧，这对你支付宝账户安全有很大帮助，修改后的支付宝支付密码不要与淘宝会员登陆密码、支付宝登陆密码一致哦，这是你购买东西、对外转账时用到的终极密码！

* 安全保护问题：请选择

* 安全保护答案：

设置一个密保吧，这是你忘记支付宝登录密码、支付密码时找回密码的一个方式之一哦！

填写个人信息(使用提现、付款等功能需要这些信息)

* 真实姓名：

这里必须写你真实姓名哦，否则无法开店，切记！

* 证件类型：身份证

这里我们就选择身份证吧

* 证件号码：

这里输入你身份证号！

联系电话：

这里默认是显示的你的手机号，不用修改了，如果没有显示你手机号，就把你手机号输入进去吧

下一步

上述所有内容输入完毕后，点击下一步

图 8.6　填写本人真实信息

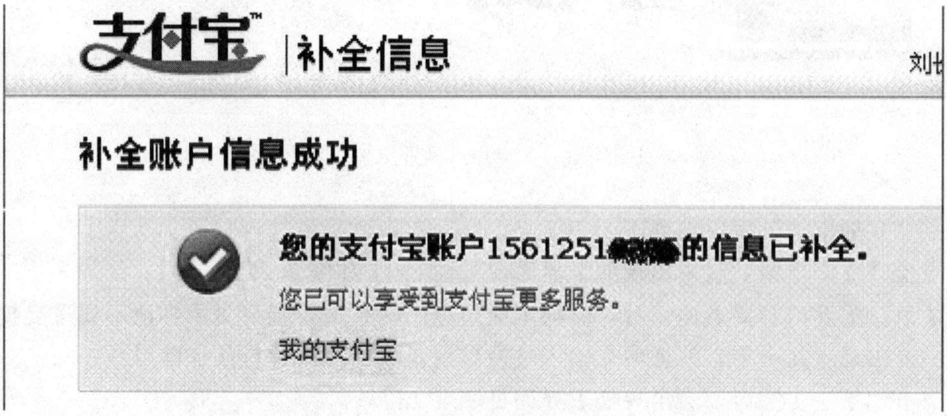

支付宝|补全信息　　　　　　　　刘比

补全账户信息成功

✔ **您的支付宝账户1561251****的信息已补全。**

您已可以享受到支付宝更多服务。

我的支付宝

图 8.7　认证完成

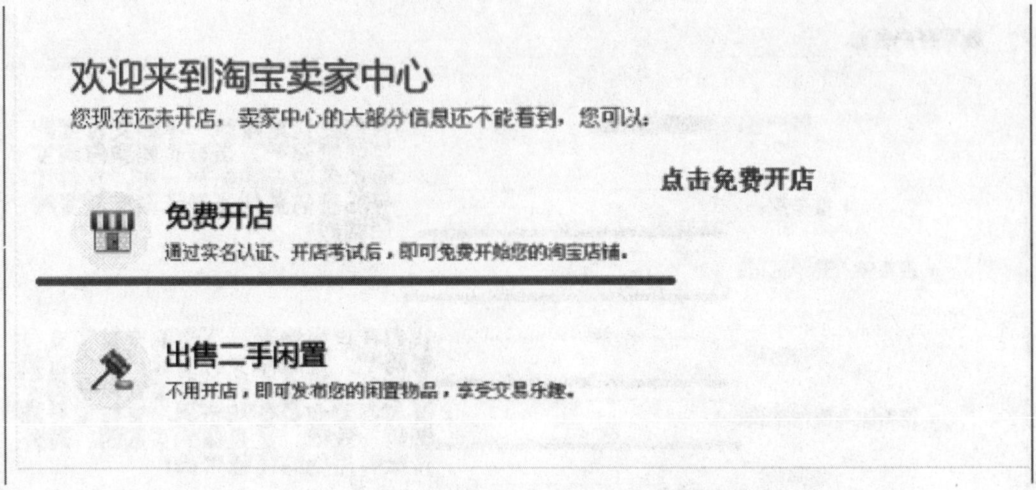

欢迎来到淘宝卖家中心

您现在还未开店，卖家中心的大部分信息还不能看到，您可以：

点击免费开店

 免费开店
通过实名认证、开店考试后，即可免费开始您的淘宝店铺。

 出售二手闲置
不用开店，即可发布您的闲置物品，享受交易乐趣。

图 8.8　点击"免费开店"

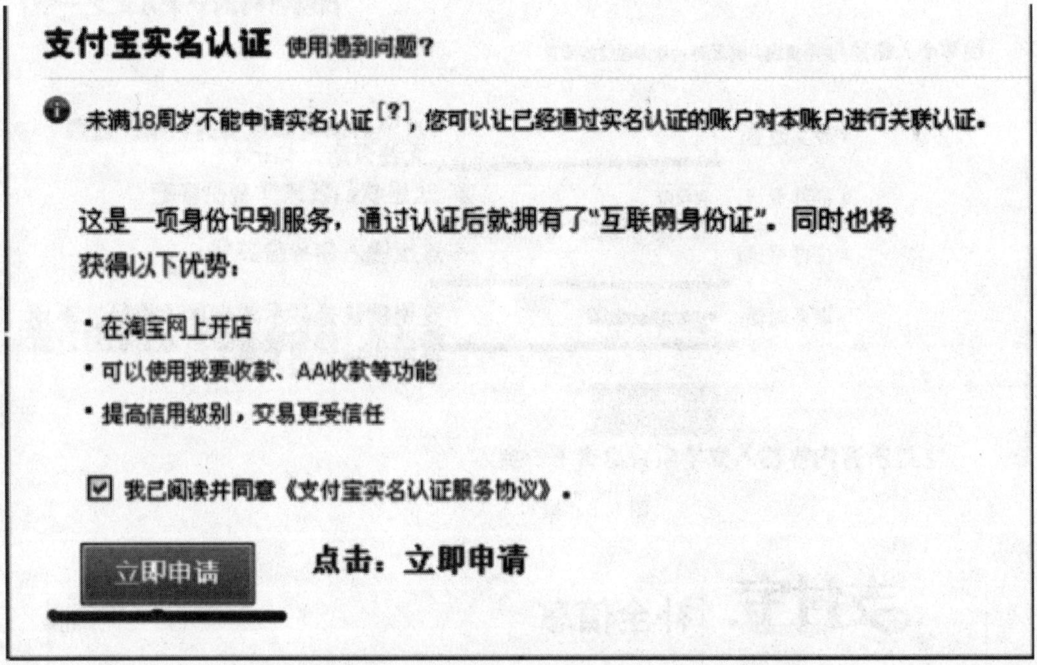

支付宝实名认证 使用遇到问题？

🔵 未满18周岁不能申请实名认证[?]，您可以让已经通过实名认证的账户对本账户进行关联认证。

这是一项身份识别服务，通过认证后就拥有了"互联网身份证"。同时也将获得以下优势：

· 在淘宝网上开店

· 可以使用我要收款、AA收款等功能

· 提高信用级别，交易更受信任

☑ 我已阅读并同意《支付宝实名认证服务协议》。

立即申请　　　**点击：立即申请**

图 8.9　点击"立即申请"

点"立即申请"后，出现图 8.10。

点击"立即申请"后，出现如下界面，见图 8.11 和图 8.12。

注意：上述内容要迅速填写，时间不能超过 100 秒，否则会提示你请不要重复提交请求，只要出现这几个字，就证明你输入过慢导致，重新点击进行认证即可！

点击"下一步"后，会出现如下界面见图 8.13。

输入完，点击"下一步"后，出现如下界面，见图 8.14。

图 8.10　申请银行认证

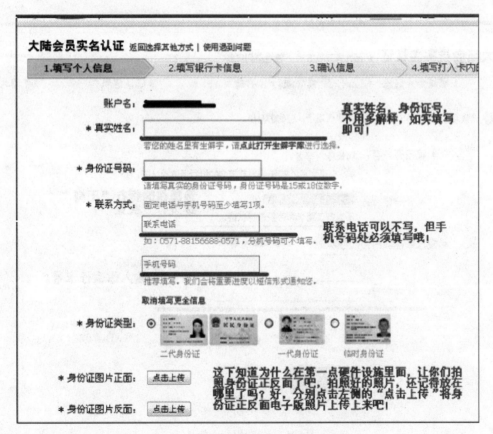

图 8.11　填写个人信息

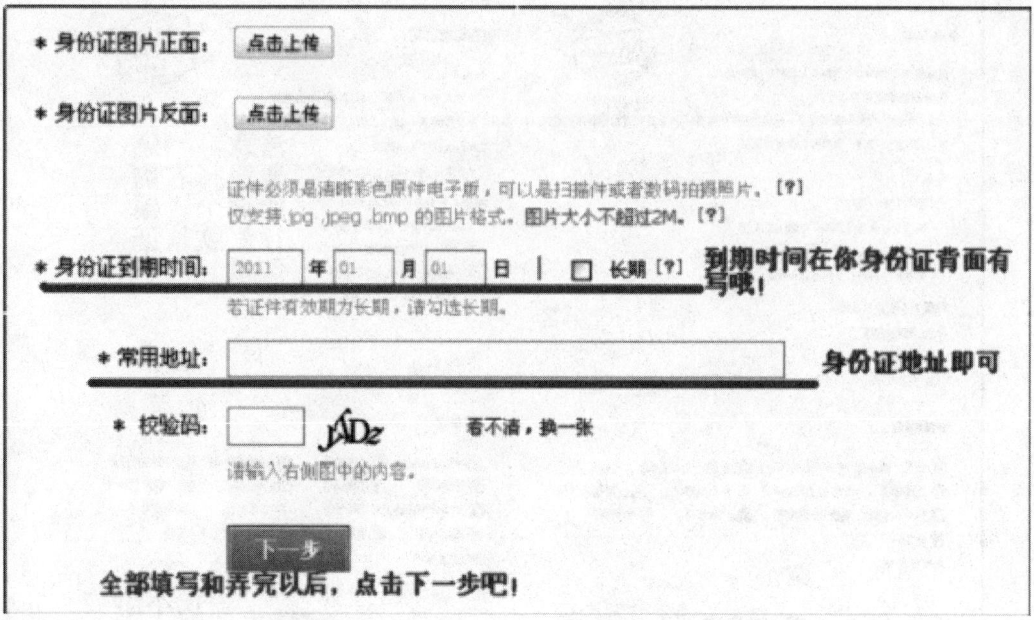

* 身份证图片正面： 点击上传

* 身份证图片反面： 点击上传

证件必须是清晰彩色原件电子版，可以是扫描件或者数码拍摄照片。[?]
仅支持 .jpg .jpeg .bmp 的图片格式。图片大小不超过2M。[?]

* 身份证到期时间： 2011 年 01 月 01 日 | ☐ 长期 [?]   **到期时间在你身份证背面有写哦!**
若证件有效期为长期，请勾选长期。

* 常用地址： [_____]   **身份证地址即可**

* 校验码： [____] JADz   看不清，换一张
请输入右侧图中的内容。

下一步

全部填写和弄完以后，点击下一步吧!

图 8.12　点击"下一步"

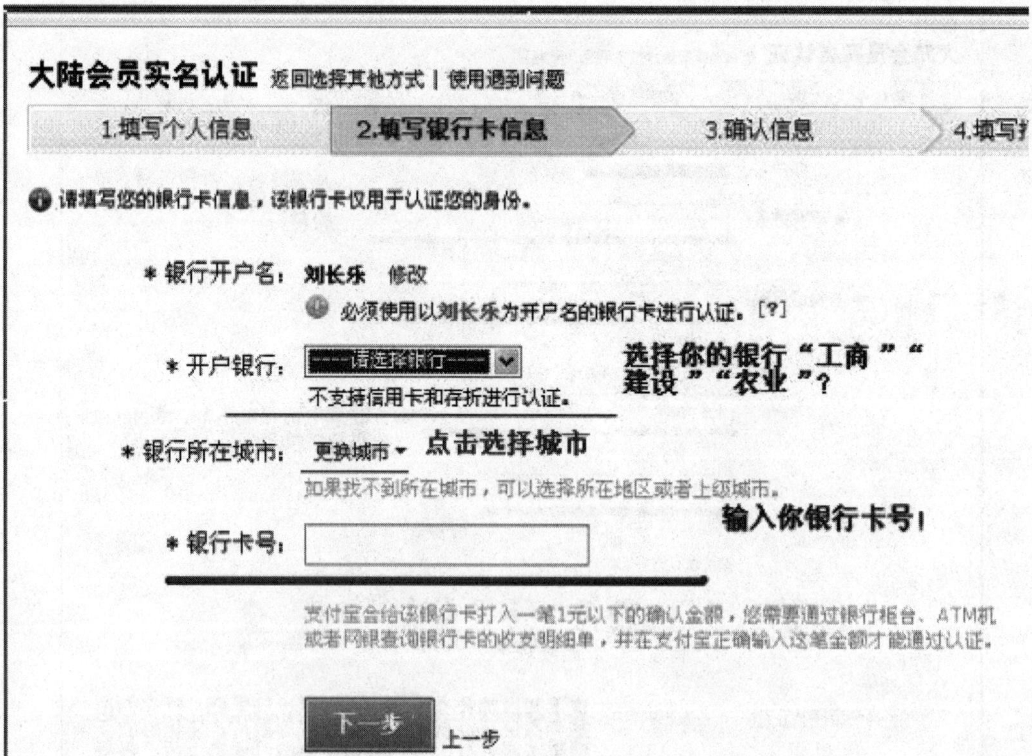

大陆会员实名认证 返回选择其他方式 | 使用遇到问题

| 1.填写个人信息 | 2.填写银行卡信息 | 3.确认信息 | 4.填写 |

🛈 请填写您的银行卡信息，该银行卡仅用于认证您的身份。

* 银行开户名：**刘长乐**　修改
　　必须使用以刘长乐为开户名的银行卡进行认证。[?]

* 开户银行： [----请选择银行---- ▼]　　**选择你的银行"工商""**
不支持信用卡和存折进行认证。　　　　**建设""农业"?**

* 银行所在城市： 更换城市 ▾　**点击选择城市**
如果找不到所在城市，可以选择所在地区或者上级城市。
　　　　　　　　　　　　　　　　　　　　输入你银行卡号!

* 银行卡号： [_____]

支付宝会给该银行卡打入一笔1元以下的确认金额，您需要通过银行柜台、ATM机
或者网银查询银行卡的收支明细单，并在支付宝正确输入这笔金额才能通过认证。

下一步　上一步

图 8.13　填写银行卡信息

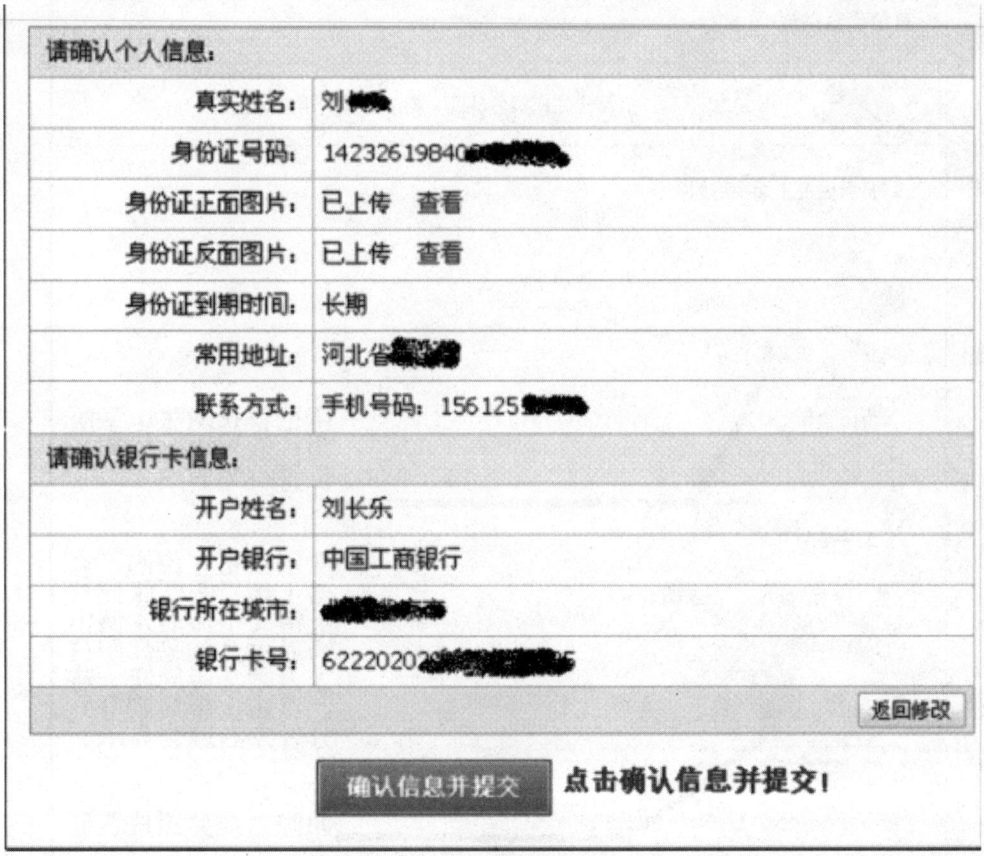

请确认个人信息：	
真实姓名：	刘
身份证号码：	14232619840
身份证正面图片：	已上传　查看
身份证反面图片：	已上传　查看
身份证到期时间：	长期
常用地址：	河北省
联系方式：	手机号码：156125
请确认银行卡信息：	
开户姓名：	刘长乐
开户银行：	中国工商银行
银行所在城市：	
银行卡号：	622202020

返回修改

确认信息并提交　　点击确认信息并提交！

图 8.14　确认信息并提交

认证提交完成，支付宝公司，在 1～2 天之间，会给你的银行卡打入一笔钱，其金额肯定在 1 元以下但不能确定具体是多少，如果给你银行打款成功，支付宝会给你手机发短信通知你，让你登录你的网银查看，登录网银后，点击查看账户明细，选择日期要往前推两天！其中，你会发现有一笔收入金额，在 1 元以下的，备注是支付宝，记住金额（如：0.12、0.36 等）然后登录淘宝网，同样点击卖家中心、免费开店、开店认证、开通实名认证（注意，此时会出现让你输入打款金额，将支付宝给你的打款金额，正确地输入到框框里面，点击提交确认，如果你输入的金额正确，网银认证就通过啦！）

网银认证通过后，再次登录淘宝会员名，同样点击卖家中心、免费开店、开店认证（图 8.15），等待 1～2 个工作日，淘宝官方小二审核通过完毕，支付宝的整个实名认证过程就完毕啦！完成实名认证、开店考试、完善店铺信息（图 8.16），就拥有了属于你自己的淘宝网店铺啦！赶快行动吧！

到这里，淘宝开店的流程就走得差不多了，接下来就是在网上把宝贝列出来，开始卖东西了，关于如何装修店铺，如何推广店铺等在淘宝大学（https://daxue.taobao.com/）有详细教程，欢迎各位开店的朋友前去学习。

淘宝开店流程网详细地介绍了淘宝开店的流程，通过对淘宝开店流程网的学习，可以迅速掌握如何在淘宝互联网开网店、淘宝开店步骤、开网店的步骤、网店怎么开、淘宝网开店流程、如何开网店等基本知识。

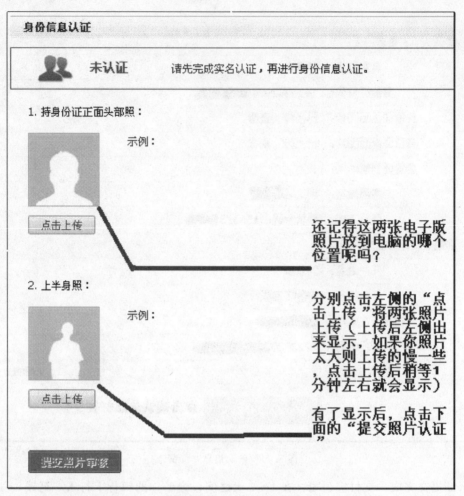

图 8.15　身份信息认证

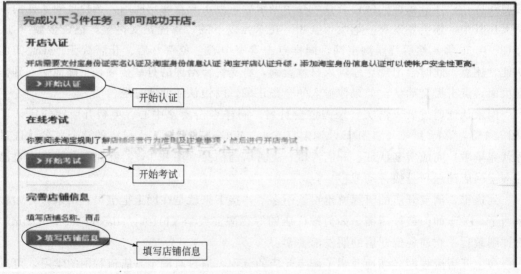

图 8.16　完成认证的 3 件任务

操作练习题

1. 注册淘宝用户，完成一次淘宝购物

到淘宝网（www.taobao.com）注册一个账号，下载并安装淘宝旺旺。拟定想购买的商品，然后上淘宝网寻找商品。找到的候选商品可能很多，注意先将有初步意向的商品加入"我的收藏"，然后通过淘宝旺旺与这些商品的卖家洽谈，了解商品描述中未说清的性能、售后服务、物流价格及到货期，添加到商品备注里。在货比三家后向最后的中选商家发送订购信息，选择合适的支付方式完成付款，最后在收到货物后给予对方评价。

整个过程结束后，分组交流交易过程及在此过程中的感悟。包括以下几点。

（1）你最初想买什么，是通过什么方式找到这些候选商家的。

（2）你比较了哪些卖家的产品，他们分别是怎样回答你的问题的。最后你买了哪家的产品，为什么？

（3）哪个店给你的印象最好，为什么？你对该店的其他商品是否产生了兴趣，请推荐一二。

（4）你在购买过程中感到最困难或最不放心的是什么？推及自己，你认为在开店的时候应注意什么？

2. 拟定一个可卖商品列表

先不进行货源调查，通过分组讨论拟定一个可卖商品候选表，比较它们的适销性，将第一轮讨论结果记录在案。

进行了货源调查，再次讨论可行的销售商品列表，比较它们的适销性，并为拟开的店铺起店名，为商品起便于搜索的商品名和关键词。

与第一轮结果相比，看看哪一组最初的可卖商品被保留得更多。

第**9**章

运营不累，一招搞定

9.1 商品描述讲究图文并茂

互联网销售不同于传统，由于买卖双方不见面，许多信息是通过文字、图片等商品描述来传达信息的。好的商品描述能够为店主招徕顾客，而商品描述过于粗糙，或者不能吸引人，顾客来了也会掉头而去。那么，应该怎样进行商品描述呢？

9.1.1 文字描述

一般来说，互联网商品文字描述的要点有以下几点。

① 真实不夸大，符合商品性能特点；

② 吸引人，能为你招来顾客；

③ 最好能与顾客进行情感交流，给人以打动。

从内容上看，一般分为 3 个步骤。

① 为商品起一个好标题；

② 撰写详细的商品说明；

③ 撰写其他备注情况。

（1）商品标题

买家主要是通过关键词来搜索商品的，这决定了给商品起名的时候要多用买家关心的关键词。一般的商品命名可由品牌、品名、规格、其他说明等组成，顺序安排上以买家的关心程度排序。字数在 30 个字以内（多了显示不了）。举例如下。

"全新行货！终身保修！朗科无驱加密型 U 盘 1G"，侧重售后服务和产品品牌；

"＊钻石店铺卡通专卖＊会说话的天线宝宝＊"，侧重卖家信誉；

"130 万像素数码相机 260 元就卖"，侧重性能和价格；

"情人节最佳礼品＊德芙巧克力礼盒＊帮你向心上人表白，送心意贺卡"，侧重产品用途和时机，大打感情牌；

"爱在深秋·安利蛋白粉 8 折售·数量有限，送护手霜"，每款商品前都加店名，增加店铺曝光率。

分析这些商品名称，我们会发现好的名称一般有以下特点。

① 商品名称和品牌一目了然，便于顾客搜索；

② 名称中突出价格优势，低价是吸引客流的最有力法宝；

③ 商品标题中带有自己的风格，或自己的店铺名称，利用每个可用的机会加深品牌印象；

④ 写上自己的信用等级，特别是高等级时，顾客会直接去看一下信用记录，如果确实是好评一片，马上就会使顾客产生可信的感觉。

（2）商品详细说明

商品详细说明是顾客了解商品的最重要方法，一定要写真实、写详细。一般商品详细说明可包含以下内容。

① 产品的相关背景：特别是国外品牌或新品，更有必要说明它的来历，以便树立良好形象。

② 产品规格和功能：这是最重要的，宁可啰唆不要偷懒。许多时候就是因为没写清楚，顾客不知道宝贝是否能满足他的要求，所以才离开。建议将这块用列表形式写，不要全部内容都写在一段里。如果你懂行，还可以拿你的宝贝与其他产品作一下比较，会有意想不到的效果哟！

③ 产品的使用特点：将产品如何使用作一个说明，某些产品如无线耳机等还可以将配戴安装方式附图加注，这对第一次使用该产品的顾客特别有用。

④ 产品的价格说明：开店平台的价格往往是不分地区的，但店主对不同地区的顾客收费却是不同的。有必要说明一下本地和外地的顾客分别可以多少总价购得商品。

（3）其他备注情况

在这里，通常可以写一些有关付款、交货方式的约定。三包服务条款也可写在这里。另外，还可以写一些开店的心路历程，店铺的经营理念。如果能引起顾客的共鸣，会对赢得顾客信任有很好的帮助。新手开店用此法较多。举例说明。

> 本人刚刚开店，没什么经验。之所以选择 7 天无理由退货这种方式，是因为相信在互联网也可以有信任，可以交到许多和我一样诚实守信的朋友。如果您对我的商品有任何不满意，只要商品没有损坏，不影响再次销售，都可以原价退回（邮费已经付给快递恕不退回）。
>
> 希望在我这里有您满意的商品。
>
> 如果您满意，请帮忙告诉您的朋友。谢谢！您的支持和鼓励是我不断改进的最大动力！

9.1.2　图片描述

除了文字描述外，图片描述也是商品描述的重要环节。赏心悦目的图片不但能使商品外观一目了然，而且会明显提高店铺的可看性。对于经营服装、饰品、玉器的店铺，商品图片更是不可或缺的。商品图片描述的制作，一般要经过拍摄、图片处理等步骤。

9.1.2.1　商品拍摄前的准备

互联网店铺的布置中，最麻烦的恐怕就是图片处理了。因为图片的重要性在于眼见为实，为了让买家放心，图片的处理可是马虎不得的。如果商品拍得不好，模糊不清，再好的图片处理软件也无法弥补先天缺陷。所以商品拍摄时一定要注意。

一般商品拍摄时通常会用单反相机加上架设灯光经测光后拍摄，但因为我们并不是印刷成高质量的出版物，所以只要有一部130万像素以上等级的数码相机加上合适的灯光即可。使用数码相机的好处在于可以预览拍摄效果，拍得不好可以马上重拍，直到满意为止。当然，如果用传统相机拍摄并搭配扫描仪，把拍好的照片扫描成电子档也是可行的，注意尽量使用感光度高的底片。如果商品是体积较小的，例如首饰类，使用数码相机还必须要有光学变焦的功能才能拍得清楚。

有部分卖家用视频聊天的摄像头拍摄商品，效果大都差强人意，所以不推荐使用。

9.1.2.2　商品拍摄的技巧

商品拍摄前，首先要把想拍的商品考虑清楚。特别是当要拍的商品较多时，最好制订一个计划表，因为每个商品要突出的地方不一样，有了计划可以做起心中有数，不至于手忙脚乱，或兴之所至，拍到哪算哪。比如可以这样考虑：①要拍摄的商品数量。如果用自然光的话，一批不要拍太多，因为光线时刻在变，等拍到最后几件时，光线也许连角度、颜色都变了。②要拍摄的货品的大小、质地，确定选用的背景、光线（自然光的话就是要选时间和角度了）。最好每批拍摄的商品的大小、质地都相似，这样背景和光线就不用经常更换。③做个小计划，先拍哪件，后拍哪件，每件商品要表现的是什么特点等。

商品拍摄总结起来有3个技巧，就是清晰的光源、合适的背景、取景构图。

（1）清晰的光源

在拍摄商品图片时常遇到的问题是光源，由于拍摄大都在室内进行，如果没有足够的灯光，照片的效果一定欠佳。直接使用相机所附的灯光作为光源并不是个好办法，因为灯光太强，若是容易反光的物体反而会因为炫光而造成不清楚，比较好的办法是用两盏灯分别在商品的左右朝着商品打光。如果可以加上一盏直接由上方照射的顶光会更清楚。从左右两边同时打光的原因在于可以消除物品上因为单方向打光所产生的阴影。另外，使用的灯具种类也会让拍出来的色调略有差异，若是传统灯光会偏黄，而日光灯则偏蓝。一般说来数码相机都有调整色差的"白平衡调整模式"。

环境过暗、过亮、镜头和物体距离过近、对焦部分光线反差过大都易导致对焦不准或不成功。多数的数码相机在对焦不成功时都会有提示。曝光过度或曝光不足是因为光照环境过亮或过暗，需要调整光线设置。

（2）合适的背景

经常看到一些商品图片都是随意放在桌上或是地上就直接拍摄。这样的照片也许很生活化，但是欠缺"卖相"。比较适当的做法是把物品放在背景布或背景纸上拍摄。若由上方拍摄可直接把物品放在背景布上，若由物品前方拍摄，则可在靠墙的平台把背景布固定在物品后方的墙上微微垂到平台上，再把物品放置于背景布上。背景布原则上以白色为宜，当然若物品本身已是白色或浅色，就可考虑用深色的背景以凸显商品。

（3）取景构图

由于商品图片主要是希望买家可以借由照片对物品的状况了解得更清楚，因此需要注意以下几点。

① 若有完整外盒，不妨把盒子也一起拍，不过要把商品拿出盒子外拍摄，否则等于

只拍到盒子。

②　若希望能凸显原物品的大小，可以在商品旁放置一个常见物品作参照物，如笔、硬币或手。

③　让物品居于画面中央，在画面四周留适当空白，这样全画面不会太压迫。

④　欲使照片清晰，按快门时手不要打战。

初拍者通常在按下快门的时候手抖，没有三脚架的话，可用手臂或其他支撑物尽量稳定身体和手腕，按快门的时候屏住呼吸。另外照片不清晰多是因为对焦不准造成的。用数码相机拍摄时要选好合适的模式，拍小饰物的时候通常用特写（微距/近拍）模式。最好把 LCD 打开，在屏幕上看对准焦距了，画面清晰了才按快门。拍完放大看看，不清晰的话马上补拍。

对于在电脑上的后期加工，曝光过度或曝光不足的照片都不好处理。但对于数码照片，曝光不足的照片比曝光过度的照片有更多的信息储存，比曝光过度的照片稍微容易调整一些。所以拍摄时宁可稍微暗一点也不要过亮。

考虑到图片可以在电脑里做后期加工，所以拍出的照片只要清晰、曝光基本正确就可以了，如果能够拍得漂亮就更好了。

9.1.2.3　常见的图片处理工具

图片的后期处理，应该要以实物为基础，尽量忠于实物。不要为了图片效果好看而把颜色调得过于鲜艳、明亮，否则买家收到货后会有货不对版的受骗感，那你的信誉就会受到怀疑了。处理图片的软件很多，大家自己动手的话，不一定要用太复杂的软件。只要有以下功能就能制作一般的货品图片了。

①　可以改变图片的尺寸；

②　可以裁剪图片；

③　可以调整图片的亮度；

④　可以调整图片的对比度；

⑤　可以调整图片的彩度；

⑥　可以勾选图片的部分做单独处理；

⑦　可以勾画各种基本几何图形；

⑧　可以加上彩色文字；

⑨　可以添加立体或阴影等效果；

⑩　可以保存/输出成 JPEG、GIF 格式文件。

9.1.2.4　常用的图片处理软件

下面为大家介绍几款卖家们用得较多的图片处理软件。

（1）微软的"画图"软件

微软的"画图"软件为 Windows 操作系统自带，打开"程序—附件—画图"即可见到，其特点是：裁剪、压缩很方便。

裁剪操作：打开图片后用工具栏上的"任意形状的裁剪工具"选中需裁剪的部分，右键选择"复制"或"剪切"，再打开一个新的文档，在新文档中"粘贴"，就可以将需要的部位保存到新文档了。

压缩操作：打开图片后，另存为一个新的文件，一般可使文件缩小一半。这对上传图片很有利，太大的图片会降低页面的打开速度，因此各家开店平台都规定了图片的最大容量。

改变图片尺寸：选择主菜单上的"图像"—"属性"，可以设置图片的高度和宽度，注意高宽比不要改变，否则就失真了。

"画图"的缺点是，对层的管理较差，如想把两张图分别作为前景和后景，用"画图"就勉为其难了。另外也不能调节图片的分辨率、亮度、对比度等。因此一般只用于图片大小和尺寸的修改，不作美化之用。

（2）Adobe 的 Photoshop 软件

专业的图像处理工具，提供了多种图像涂抹、修饰、编辑、合成、分色与打印功能，并给出了许多增强图像的特殊手段。运行时占计算机资源较多，差一点的机器用上它会运行得很慢。不过 Photoshop7.0 迷你版是一个很好的软件，大小只有 20 几兆，但保留了Photoshop 的主要功能。

作为互联网开店的卖家，并不是专业的美工，只要掌握好开店最需要的图片处理功能就行了。

① 有关如何修正拍摄过程中的曝光不当，请参见淘友"e _ photo88"的"一招搞定调色、调光、去背、做白地图片▲ PS 菜鸟最佳法宝"（http://forum. taobao. com/forum-18/show _ thread----8202615-. htm）。

② 有关如何将前景和背景组合起来构图，请参见淘友"兜肚 0 儿"的"新手必读 宝贝图片，教你做不花钱的背景布"（http://forum. taobao. com/forum-18/show _ thread----8234795-. htm）。

（3）易趣的图片处理软件

该软件是易趣公司免费提供给卖家的简单图片合成软件，可以把 4 张或 4 张以下的图片合成为 1 张。用户可以轻松调节产品照片在合成图片中的布局、合成图片的尺寸及文件大小，默认保存为可以上传给易趣网的最大 K 数。非常适合卖家集中展示商品，是做店标和橱窗展示的好帮手。

（4）Acdsee 软件

看图、编辑图片的好工具，其特长为对单张照片进行尺寸、曝光、色度和文件大小的修改，适合不需进一步合成的照片。

（5）Firework 软件

做网页时图片处理的利器。擅长处理生成各种图片艺术效果，并能方便地保存成含有动画的 GIF 文件，用来做店标、横幅广告或展示橱窗可以达到很好的效果。

9.2 低了？高了？互联网商品如何定价？

（1）互联网销售定价形式

目前互联网销售定价形式主要有：一口价、竞拍、议价。其中竞拍又分普通竞拍和荷兰拍，议价又分一对一议价和集体议价（又称团购）。

各种定价形式的特点见表9.1。

表 9.1 互联网销售定价形式的特点分析

定价形式	优 点	缺 点	建 议
一口价： 卖家明码标价,买家只能选择接受与否	物品价格明确,买家只要接受就可以立即下单,交易便捷	如果报价过高影响客流,报价过低又会减少原本可以获得的利润	适合希望快速销售的商品。只要价格合理,相信会有顾客的
普通竞拍： 价格不固定,在竞拍期间出价最高的买家中标。为防成交价格过低,还可以设置底价,买家出价低于底价也是不能成交的	以买家可以接受的最高价格成交,利润最大 如设置了底价,则即使买家出价低或人数少也没有亏本销售的风险	设了底价后,经常会出现买家竞价踊跃,却因为未达底价,最后白忙活一阵的情况	无底价或低起始价的竞拍很适用于促销拉人气,相当于把广告费用作低价促销。贵重物品需设底价,并做好宣传和买家咨询工作
荷兰拍： 适用于同一商品有多件的情况。如共拍出 10 件,则出价最高的 10 个买家均以排名第 10 的买家的出价成交	对买家很有吸引力,因为他不用担心自己出价过高,反正最后成交是按中标买家中的最低出价执行的 对卖家来说,这显然比一件一件单独拍效率高	同上	适合批量出销。建议同时作一些宣传,保证有足够多的买家在拍卖期限内参与
一对一议价： 价格不固定,或虽然标定了价格但还可以商量,以最高协商结果为准	给了顾客讨价还价的余地,满足了顾客的还价心理,利于成交	协商过程耗费大量时间,效率低下	适合对大买家采购时使用。如在商品说明中注明"量多优惠"。或对某些特别爱砍价的顾客使用
集体议价： 又称团购,指预先公布一个总销量与价格的对应关系,总销量越大,价格越低。目前一般采用收押金订货的方式进行,在指定的期限内,根据订货总量确定最终的成交价格	买家可以买得便宜,订货积极性高,尤其是当看见订货总量已接近打折点的时候尤其如此。相应地,卖家的销量就扶摇直上了	对买卖双方的互信程度要求很高。如果不信任,买家是不敢轻易付订金的,"万一你不兑现诺言,不按打折给我怎么办"？当然卖家也可以选择不预收订金,仅仅依靠报名订货的情况决定打折价格,这又可能造成买家报名踊跃但最后成交时突然取消订单的情况	适合信誉度较高的卖家批量销售时使用,注意价格要制订好,不要亏本。另外,打折点的销售量标准要考虑好,太大的话,顾客难以凑齐批量,积极性小。量太小又容易达成批量,做不到吸引更多顾客参与的作用

（2）互联网商店的定价策略

互联网开店，吸引顾客的最大因素是低价，然后是产品特色。在开店的过程中，一定要多与传统销售渠道比，与互联网其他竞争者比，力图在有合理利润前提下营造自己的价格或性价比优势。下面介绍几种卖家常用的定价策略。

a. 成本加成定价策略

又称保底法，即将"商品进价＋物流费用＋预期毛利"作为销售价或竞拍的底价，力求不亏本。

b. 竞争定价策略

又称相对优势法，即对比互联网网下的竞争对手，使价格低于对手的价格。但不要理解为简单的价格战，而是力求找出产品和他人产品的差异点，强调特色，针对目标顾客来讲，性价比最优。如果是和别人一样的商品，价高肯定难卖，遇到这样的情况，可以采用下面招数。

c. 产品组合定价策略（以点带面、相得益彰法）

不可能所有的商品都比别人便宜，但可以做到某一些比别人便宜。当顾客慕名而来的时候，如果服务、解说做得好，往往顾客不是只买这一种便宜的商品，而是会顺便把其他商品也一站式买齐。

因此，要规划好自己的产品序列，弄清哪些是用来招揽人气的，哪些是指着它赚钱的。一般可将价值低的商品作为明显低价品放出去，或将需长期使用耗材的设备低价卖出，而在耗材上赚回利润。一句话，吃小亏赚大便宜，舍一时之材，赚长期之钱。

另外，如果产品分不同档次，而不同档次的利润率有较大差异时，可将利润率低的商品定价略高些，引导顾客购买利润高的商品。有绿叶，红花才显得更红。

d. 薄利多销策略

薄利多销是永恒的法宝。可以对顾客进行分类，大买家、老顾客均给予一定优惠，鼓励他们多买、常买。对老顾客介绍过来新顾客的情况，可以给予引荐人一定的消费积分，让顾客为你找顾客。

对于有长期稳定货源的暴利商品，适时组织一些团购活动也是很好的方法。如果商品有足够的利润空间，可以放出令人心动的团购价格，从而大幅拉动销售，占领市场。这对于阻止竞争者进入有很好的作用。

如果是流行性较强的时尚产品，就要趁别人还没做的时候先标相对高的价格，赚取最肥的利润。等别人逐渐进入了，迅速组织几次降价优惠活动，用撇脂战略收取低价位顾客群，甚至以低价批发给其他零售店，在流行逝去之前清仓，飘然远去。

9.3 互联网商店推广三大招

互联网商店的经营，第一重要的是货源。有了优势货源，就有了长远成功的底气。第二就是宣传了。只有让更多的人知道你，你的优势才能发挥出来。宣传主要通过互联网商店平台，也可辅以平台外的宣传。

9.3.1 互联网商店平台内的宣传

9.3.1.1 善用搜索，合理设置商品关键词

搜索是买家购买宝贝的主要方式之一，为了让更多的买家搜索到你，就要研究买家搜购习惯，要将买家使用几率高的关键词纳入商品名称。具体做法见淘友"纤紫陌若"的帖子"成功＝货源＋宣传（四钻以下）"（http://forum.taobao.com/forum-18/show_thread----6233624-.htm）。

9.3.1.2 巧设宝贝上架时间，换取更多注意力

要想使商品在搜索结果中排在前面，可将宝贝的有效期设置得短些，能设为 7 天就不要设为 14 天。因为搜索结果默认是按宝贝的剩余时间从少到多排序的，也就是说宝贝的剩余时间接近于零的次数越多，那么宝贝排在搜索结果第一页的次数也越多。

商品的开始（上架）时间要安排在人气旺盛的时间。淘友"纤紫陌若"根据自己的长期观察提供了这样的数据：在每个星期中，以星期二、星期三、星期四最为旺盛；在每一天中，以上午 10 点到 12 点，下午 3 点到 5 点，晚上 8 点到 10 点最为旺盛。

9.3.1.3　利用拍卖拉动人气

拍卖历来为广大高等级卖家所推崇。以淘宝网为例，首页里有两个区，一元区和荷兰区，都是淘宝为了宣传拍卖宝贝而量身定做的（前提都是荷兰拍的宝贝）。因此，如果拍卖宝贝满足了这两个区的准入条件的话，系统就会自动收录拍卖宝贝进去，那么拍卖宝贝和店铺的浏览量就会因此而大幅上升了。

那么，如何拍卖才能最大程度地提高店铺浏览量呢？关键在于能否做好下面 6 点。

① 如果是荷兰拍，务必进入首页一元区和荷兰区；

② 如果是单件拍卖，务必设好拍卖价格（比如 0.01 元）。为有利宣传考虑，建议设置尽可能低的起始拍卖价格（比如说 0.01 元）。不过也有卖家不这样认为。孰优孰劣，还有待实践进一步验证；

③ 务必设好拍卖宝贝的名字，选用买家喜欢用的关键词；

④ 务必做好拍卖宝贝的宣传。要想利用拍卖起到大幅提高店铺浏览量的作用，又不想亏本或不致亏得太多，就要做好拍卖宝贝的宣传，珍惜来之不易的浏览量；

⑤ 务必做好拍卖宝贝的描述。拍卖一般是亏本的或没什么赚头的，虽然如此，但很多钻石卖家还是乐此不疲，那是因为拍卖能带来一些长远的和潜在的效益。因此，我们要利用好拍卖宝贝，最大限度地发挥以点带面的效益，为整个店铺的浏览量和成交量服务。因此，我们要做好拍卖宝贝的描述，比如在描述里推荐一些其他的宝贝，或想办法吸引买家去逛店铺等，不一而足；

⑥ 拍卖的宝贝务必是橱窗推荐的宝贝。因为在首页的一元区，默认是橱窗推荐的宝贝，而买家也不会特意去点击"所有宝贝"这一栏目。所以，如果我们采用荷兰拍的宝贝不是橱窗推荐的宝贝，那么即使我们被收录进一元区，买家打开这个区的时候，默认的页面也找不到我们的宝贝，这样我们就失去了很多被浏览的机会，随之失去的，还有我们的信心。

9.3.1.4　在互联网商店平台的论坛中发帖

从理论上说，社区里聚集了众多的卖家和买家。只要你的帖子有足够的浏览量，只要你的帖子是深受大众欢迎的，你的店铺还怕没人看吗？你的"好酒"还怕没人买吗？

可能有人会说，社区里大部分都是卖家，买家很少。对此，淘友"纤紫陌若"的回答是：其一，卖家也有购物需求，卖家同时也是买家。淘宝里不乏买家信用远远超过卖家信用的卖家。其二、如果你的产品有价格优势又做得比较好的话，可能很多卖家会向你批发，这时你的成交量就开始大幅增加了。

此外还可以利用签名档。可以在论坛上更改签名档为自己小店的网址、店标、宣传语以及店名等，以便让有兴趣的朋友通过签名档访问小店。此外，还可以在 QQ 上向好友发布网店的消息，将自己的个性签名改成含有网店地址的内容。这样，一传十、十传百，就会有越来越多的人知道你的网店。

如何发帖才能提高店铺浏览量呢？关键在于下面要诀。

① 发帖要发在人气旺的版面；

② 发一些买卖双方，或者是有一方特别想看的帖子。只要抓住了一方，就会提高很大一部分的点击率。比如：自己在销售过程中遇到的一些困难、麻烦是怎么解决的；自己最近的销售额不错，是怎么提高的。同样，回帖子也要尽可能中肯，表明自己的一些看法

和建议，跟大家来交流沟通；

③ 多发和销售、装修有关的好帖；

④ 发帖要注重"售后服务"；

⑤ 要起个好的帖名。

9.3.1.5　参加互联网商店平台组织的活动

淘宝网经常组织活动，如"六一"大联销、"七天无理由退货"、各种有奖征文等。组织活动的时候要积极参与，因为不但淘宝会配合活动在首页等地方大力宣传，还会有丰厚的奖励，如奖励你免费的广告推荐位等。这对于提高知名度，增加客流量有着显著的作用。

目前一些名气大、效果好的促销活动主要有以下几种。

（1）天猫双十一活动

双十一网购狂欢节是指每年 11 月 11 日（光棍节）的网络促销日。在这一天，许多网络商家会进行大规模促销活动。近年来双十一已成为中国电子商务行业的年度盛事，并且逐渐影响到国际电子商务行业。2015 年 11 月 11 日，天猫双十一全天交易额 912.17 亿元。

（2）淘宝直通车

淘宝直通车是为专职淘宝卖家量身定制的，按点击付费的效果营销工具，为卖家实现宝贝的精准推广。它是由阿里巴巴集团下的雅虎中国和淘宝网进行资源整合，推出的一种全新的搜索竞价模式。他的竞价结果不只可以在雅虎搜索引擎上显示，还可以在淘宝网（以全新的图片＋文字的形式显示）上充分展示。每件商品可以设置 200 个关键字，卖家可以针对每个竞价词自由定价，并且可以看到在雅虎和淘宝网上的排名位置，排名位置可用淘大搜查询，并按实际被点击次数付费。（每个关键词最低出价 0.05 元，最高出价是 99 元，每次加价最低为 0.01 元）。

（3）淘宝聚划算

淘宝聚划算是阿里巴巴集团旗下的团购网站，已经成为展现淘宝卖家服务的互联网消费者首选团购平台，确立国内最大团购网站地位。聚划算团购活动以商家报名、小二审核挑选优质报名宝贝的方式录用。聚划算审核人员将会从宝贝热卖及应季情况、宝贝质量、性价比、店铺实力、聚划算活动自身策略等多个维度综合考虑，进行筛选。

9.3.1.6　巧用即时通讯工具，作为宣传阵地

以淘宝网的旺旺为例，有以下方法可帮助提高客流量。

（1）制作有广告效果的头像

在别人旺你或你旺别人的过程中，你的头像总会经常有意无意地映入别人的眼帘，别人对你的印象在很大程度上也总是和你的头像有关，因此，我们要精心制作具有广告效果的头像，让别人尽可能多地看到我们的产品，这样才能充分提高店铺的浏览量和成交量。建议制作 GIF 格式的头像，只有 GIF 格式的头像才能尽可能多地放下你的产品图，才能尽可能多地吸引淘友的眼球。

（2）设置自动回复

把价格优惠信息、新到宝贝信息、拍卖宝贝信息、相关店铺信息设置为自动回复，当不在计算机旁或很忙的时候使用。如"亲爱的，爱心猫出去一会儿，你先随便看看货。最新流行的×××到货了！有什么不明白的给我留言，我回来会回复的"。此法是最好的旺

旺宣传方法之一，不会惹人反感，值得大力提倡。

（3）设置状态信息

这是最简单的一招，可是还是有很多人没有利用，不知是没想到还是不屑于这么做。其实，这个状态信息也可以成为你的一个小广告，名字后面可以放上优惠活动信息，或者新货上架信息。如在名字后面加"毛绒玩具特惠活动进行中"，有时也可以写成"新货到喽，快来看看吧"。怎么样？这样的广告机会不错吧？

9.3.1.7　在平台的首页或社区首页做广告

曾有卖家试过，在信用等级还在四颗心的时候，抢过几乎 12 天的社区首页广告位，经过比较，在没做广告的那些天里，浏览量一般是徘徊在 200 左右，而做了广告，浏览量一般都在 400 左右。

抢广告位的小贴士。

① 尽量在每周的星期二、三、四抢，因为那几天是每周之中人流量最高的。

② 尽量抢社区首页广告位，难度虽大，但那是效果最好的广告位，如果确实没钱，可以抢经验畅谈论坛广告位，性价比也不错。

③ 抢到广告位的那一天，尽量把店里最好的宝贝都安排在店铺的第一页，毕竟很多买家的耐心仅仅限于第一页。

如果能拿到开店平台首页的推荐位，效果就更好了。如淘宝首页上有很多推荐位，几乎每天更新一部分（周六周日除外）。

9.3.1.8　利用评价和解释宣传店铺

有时看到卖家作出的评价都非常简单，要么是"好买家"三个字，要么干脆什么都不写。其实，完全可以把这个发言的机会利用起来的，因为很多买家在购买东西的时候会首先查看卖家的信用，那么就要趁机做个广告。如评价可以写成"很好的买家，希望再次光临优优玩具铺，老顾客一定会有优惠的"，或"XX 新货也上架了，其他顾客反映不错，有时间来看一下吧"。

同样，在买家给你评价后你有权写一段解释，也可以用作宣传。

9.3.2　互联网商店平台外的推广

除了在互联网商店平台的推广外，还可以利用其他方法为你广结客缘。

9.3.2.1　到各大搜索引擎中注册、登记

如前所说，在搜索引擎注册时要尽量使用高频访问关键词。一般可采用换位思考法，把自己当成要寻找某方面信息的人，看看自己会用什么关键词来搜索。也可到搜索引擎上查看推荐的热门关键词，然后把它们提交到搜索引擎上。

自行提交后，搜索引擎需要较长时间才会收录，有没有其他方法能更快地让搜索引擎快速收录店铺信息呢？这里有一些方法可以尝试，效果不错。①由于搜索引擎是按照 PR 值来恒定一个网站受欢迎的程度，所以，可以到一些 PR 值高，而又和你内容相关的网站的社区论坛去发布信息，在信息后加上签名，注意必须是活动的签名，也就是必须能链接到店铺的签名。这样，由于搜索引擎对 PR 值高的网站进行抓取信息比较频繁，因此能最大限度地检测到你的活动链接，如果你的链接出现的频率高，就会引起注意从而被抓取后收录。②可以注册 Google Sitemap 查询店铺被收录的情况，注册方法：进去 google 大全，

选择右边的 Google Sitemap。这是网站的营销方法，虽然淘宝店铺无法提交 Sitemap 文件，但是互联网店铺的营销方法和网站是一样的。

当然，如果愿意付费购买搜索排名，效果就更好了。但请千万注意关键词的选取，别流量很高，付了一大堆广告费，来的却不是顾客。

9.3.2.2　在聊天室、BBS 上发出邀请

首先，要选取目标顾客相对集中的论坛。这点可以通过观察已有发帖就可以了解到。然后争取在其中经常发表有质量、对他人有帮助的帖子，建立自己的形象。最后，通过你的论坛签名或头像标志将别人引到你的店铺，或在聊天时有意无意地透露店铺情况，请坛友来参观一下，并提宝贵意见。注意不要非常明显地做广告，否则很容易被踢出去。

9.3.2.3　使用专门的注册工具提交店铺

有专门的注册软件，可以在几分钟的时间内将店铺信息发布到上千个搜索引擎和门户网站的相关目录和主题下。这方面的软件很多，大多都是免费的，可以去互联网输入关键字"搜索引擎登录工具"或"网站推广＋软件"搜索。注意一定在信息中留下联系方式。

9.3.2.4　邮件广告模式宣传

如果手中有许多朋友或者客户的电子邮件地址，可以考虑利用电子邮件来通知他们来访问。注意标题要简洁明了，让人一看就知道是怎么回事。另外，不要向未经同意的人重复性地发送广告邮件，以免引起反感。

如果经营的是知识性较高的产品，到希网开个邮件列表是个不错的主意。你可以将想告诉大家的各种产品信息、促销活动通知放在你制作的电子杂志中，希网会把电子杂志发给你的所有订阅用户，效果非常好。当然，前提是你的电子杂志吸引人。

9.3.2.5　友情链接

通过友情链接来增加访问量也是目前推广网站的好方法．不论是文字还是 LOGO 链接只要链得合理也会带来一笔不小的流量。要注意的是，一定要找一些访问量较大的网站或信誉度较好的网店来交换链接。最好要求对方在显眼的位置摆放，这更有利于提高知名度。

9.3.2.6　返利网

返利（www.fanli.com）成立于 2006 年，是中国领先的电商导购媒体，拥有用户9000 万。返利现有合作伙伴几乎涵盖了所有知名电商，包括天猫、淘宝、京东、苏宁易购、苹果中国官方商城、一号店、亚马逊、聚美优品等 400 多家电商网站，以及 12000 多个知名品牌店铺。目前返利的移动端占比达 70%。基于商家资源的整合，返利为用户提供涵盖线上、线下消费的 360°的返利服务。当用户点击返利的链接去到对应的商家网站下单购物，商家会为用户的订单支付给返利一笔营销费用。返利把该费用的绝大部分以返利的形式返还给用户。成为返利网的商家可以吸引到大量的客流，并且增加客户黏性。

9.3.2.7　CPS 广告

CPS 广告是网络广告的一种，广告主为规避广告费用风险，按照广告点击之后产生的实际销售笔数付给广告站点销售提成费用。网络广告是近几年来随着网络的兴起和普及成长起来的新型广告模式，由于它借助 Internet 为媒体工具，因此在收费模式上有别于传统广告。此外，还有每行动成本（CPA）、每购买成本（CPP）、每千人印象（CPM）、单次点击成本（CPC）、每次通过网络广告产生的引导付费的定价模式（PPL）。近几年来，

网络广告的收费模式更有发展和创新之势，比如在我国继承传统的方式上提出了"包月制"以及 Clickthrough，Hits，Pageview 等模式。其实不管是 CPS 按成交支付佣金，CPA 按注册成功支付佣金，或者 CPC 按点击付费等，这中间重要的问题就是如何吸引用户去点击你的广告，做到最好的用户体验，从而来达到转化，选择一个好的广告联盟是最重要的。

9.3.2.8　广告联盟

广告联盟通常指网络广告联盟，指集合中小网络媒体资源（又称联盟会员，如中小网站、个人网站、WAP 站点等）组成联盟，通过联盟平台帮助广告主实现广告投放，并进行广告投放数据监测统计，广告主则按照网络广告的实际效果向联盟会员支付广告费用的网络广告组织投放形式。一定要选择一家有实力的广告联盟，例如：Google Adsence，百度广告联盟等。

9.3.2.9　SEM

Search Engine Marketing，我们通常简称为"SEM"。就是根据用户使用搜索引擎的方式利用用户检索信息的机会尽可能将营销信息传递给目标用户。简单来说，搜索引擎就是基于搜索引擎平台的网络营销，利用人们对搜索引擎的依赖和使用习惯，在人们检索信息的时候将信息传递给目标客户。搜索引擎营销的基本思想是让用户发现信息，并通过点击进入网站或网页，进一步了解所需要的信息。SEM 的方法包括搜索引擎优化（SEO）、付费排名、精准广告以及付费收录。

（1）SEO

SEO 是由英文 Search Engine Optimization 缩写而来，中文意译为"搜索引擎优化"。SEO 是指通过对网站内部调整优化及站外优化，使网站满足搜索引擎收录排名需求，在搜索引擎中关键词排名提高，从而把精准用户带到网站，获得免费流量，产生直接销售或品牌推广。

（2）付费排名

按效果付费排名是指在搜索引擎付费广告中，根据用户实际点击后打开网页的效果，确认一次有效点击的付费排名方式。竞价排名是按效果付费的主要推广方式，主要是企业在搜索引擎购买关键词，当用户搜索这些关键词信息时，企业的推广内容就会出现在用户面前。

（3）精准广告投放

精准广告投放可以根据广告主和广告内容，在网络平台上选择特定的目标用户和区域，采用文字、图片或视频三种形式，精准地将广告投放给用户。精准广告最重要的效果就是增大曝光率的同时增强了企业网站的流量，并且实现网络客户的截留，进而可以在宣传和市场开拓方面减少开支，最终带来效益。

（4）付费收录

部分搜索引擎提供付费收录服务，客户一般只需向其支付一定服务费用即可让网站得到收录。付费收录的典型例子如雅虎的商务目录收录服务，客户须交纳 299 美元年金，但雅虎并不保证网站会被收录其中。

9.3.2.10　利用一切可能的方法帮助宣传

除了上面的宣传方法，还可以在店铺中放计数器，通过排行榜来吸引访客；可以动员亲朋好友一起行动起来，利用大家的智慧和力量帮助你进行宣传；在日常生活中，可以印制一些名片，在名片中放上店铺的地址，在与人交往时可以通过名片来宣传站点。

其实方法很多，关键是自己要用心，只有用心去做事，才能取得更好的效果。

9.3.3 互联网商店的推广效果测评

广告界有一名话：我知道我的广告费有一半是扔在水里了，但是我不知道是哪一半。在进行了多种互联网商店的推广后，我们有必要对推广的效果进行测评，据此改进推广手段或优化推广渠道组合。

推广效果主要是以店铺流量为指标来衡量的。当进行一段时间的推广后，可以通过比较店铺浏览量的变化来判断推广措施的有效性。一般的测评顺序如下所示。

9.3.3.1 看流量

流量未上升，说明推广无效，需要改进推广方式或转移推广渠道。流量的统计主要依靠计数器，所以应该为店铺配备一个好的计数器。本章的"典型操作"中会介绍一个计数器给大家。

9.3.3.2 看销量

流量上升但销量不上升，说明推广是有效的，但可能目标定位不准，或店铺经营的"内功"有问题，需要审视推广渠道的目标受众、店铺产品组合、价格、店铺装修或销售方式。

9.3.3.3 做调查

可以在店铺首页设一个投票栏，或者在交易过程中对顾客进行访谈，了解他们是通过什么渠道来到店铺的，对店铺或产品的哪点感兴趣，并征求他们对店铺的意见。这样，就可以做到顾客来源清，顾客喜好清，正确地衡量店铺推广的作用。

推广效果监测工具有以下几个。

可以通过在网页内插入统计代码来监测店铺内的各项数据，目前主流的统计工具有Google Analytics 和百度统计。

（1）Google Analytics

Google Analytics（简称 GA）是著名互联网公司谷歌提供的免费网站数据统计工具，可以实时监控网站上发生的活动，对目标网站进行访问数据统计和分析，并提供多种参数供网站拥有者使用。

GA 账户有 80 多个报告，可对整个网站的访问者进行跟踪，并能持续跟踪营销广告系列的效果：不论是 Adwords 广告系列、电子邮件广告系列，还是任何其他广告计划。利用此信息，将了解哪些关键字真正起作用、哪些广告词最有效，访问者在转换过程中从何处退出。Google Analytics 是一种功能全面而强大的分析软件包。

使用步骤如下所示。

第一步：注册成为 Google 的用户（建议用 Gmail 账号），注意将默认语言设置成英文，这个可以在完成 GA 注册后再改回来。如图 9.1 所示。

第二步：注册 GA 免费服务，访问地址：http://www.google.com/analytics/点击创建账户（Create Account），按提示填写注册信息。如图 9.2 所示。

图 9.1　Google 注册/登录界面

图 9.2　创建 GA 账户

第三步：进入 GA 管理页面，配置跟踪站点。如图 9.3 所示。

第四步：重新登录后，点击头部"报告"链接，即可查看网站流量的分析结果。通常是 24 小时后可以看到效果。如图 9.4 所示。

第五步：查看报表，重点查看点击量来源，用于确定广告效果；查看受众特征，兴趣和地理信息，可以分析目标用户；查看用户行为，可以了解用户；查看跳出率，可以看出网页之间的关联程度。如图 9.5 所示。

更具体报表使用说明参考 Google Analytics 官网：http://services. google. com/analytics/breeze/en/v5/interface _ navigation _ v15 _ ad1/，见图 9.6。

扩展使用步骤如下所述。

第一步：在"管理＞＞跟踪信息＞＞跟踪代码"中找到适合的跟踪代码段。跟踪代码包含与每个 Google Analytics 媒体资源相对应的唯一 ID。请勿混合来自不同媒体资源的跟踪代码段，也不要对多个域重复使用此跟踪代码段。如图 9.7 所示。

第二步：直接复制该代码片段，黏贴到您要跟踪的每个网页源代码的＜head＞和＜/head＞中间。如果需要高级的自定义跟踪用户行为，则需要有程序员的帮助。如图 9.8 所示。

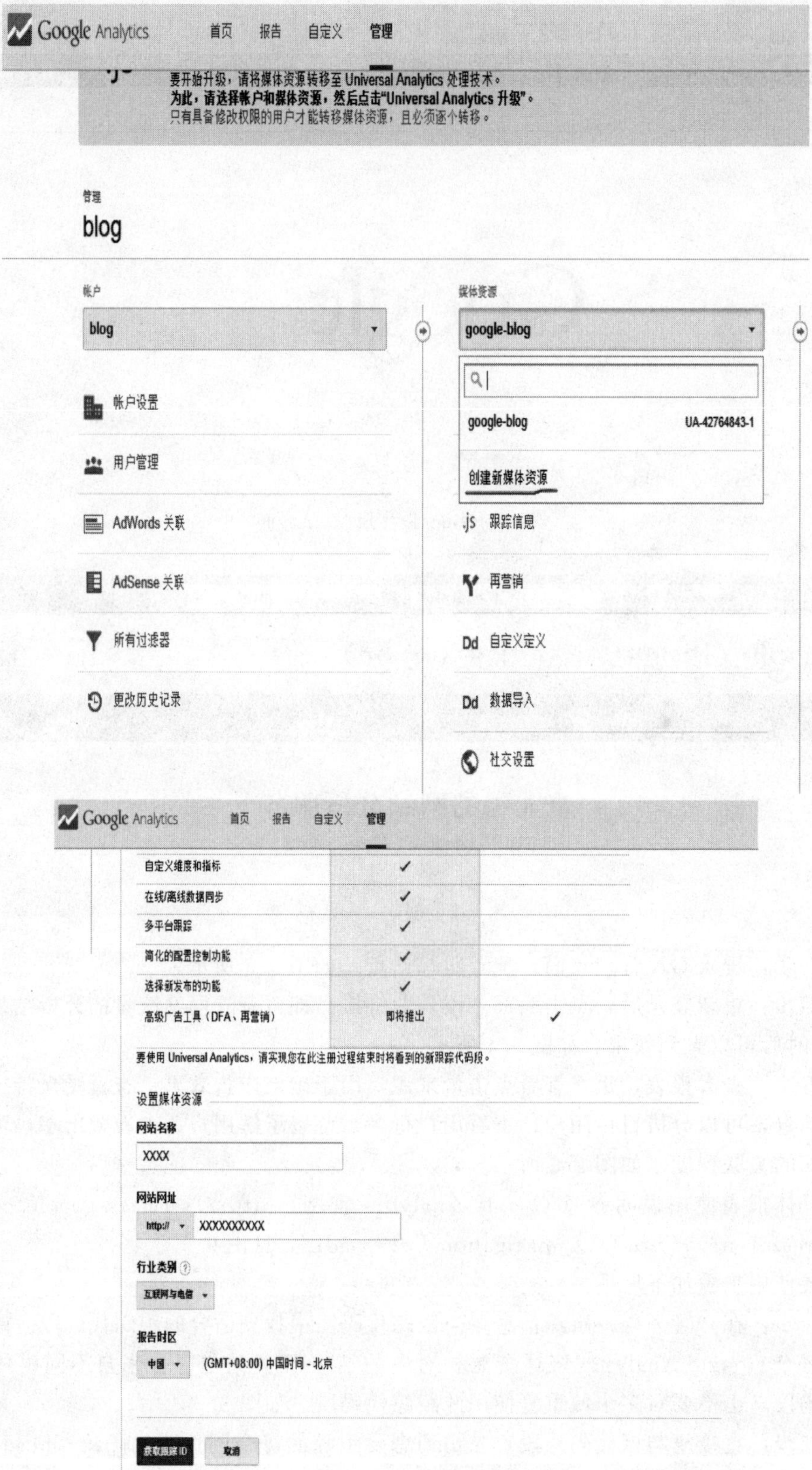

Google Analytics　　首页　报告　自定义　**管理**

要开始升级，请将媒体资源转移至 Universal Analytics 处理技术。
为此，请选择帐户和媒体资源，然后点击"Universal Analytics 升级"。
只有具备修改权限的用户才能转移媒体资源，且必须逐个转移。

管理
blog

帐户

| blog ▾ |

🏢 **帐户设置**

👥 **用户管理**

⌨ **AdWords 关联**

📋 **AdSense 关联**

🔻 **所有过滤器**

🕑 **更改历史记录**

媒体资源

| google-blog ▾ |

| 🔍 |
| google-blog | UA-42764843-1 |
| **创建新媒体资源** |

.js **跟踪信息**

Ɣ **再营销**

Dd **自定义定义**

Dd **数据导入**

🌐 **社交设置**

Google Analytics　　首页　报告　自定义　**管理**

自定义维度和指标	✓	
在线/离线数据同步	✓	
多平台跟踪	✓	
简化的配置控制功能	✓	
选择新发布的功能	✓	
高级广告工具（DFA、再营销）	即将推出	✓

要使用 Universal Analytics，请实现您在此注册过程结束时将看到的新跟踪代码段。

设置媒体资源

网站名称

| XXXX |

网站网址

| http:// ▾ | XXXXXXXXXX |

行业类别 ⑦

| 互联网与电信 ▾ |

报告时区

| 中国 ▾ | (GMT+08:00) 中国时间 - 北京 |

| 获取跟踪 ID | 取消 |

图 9.3　配置跟踪站点

152

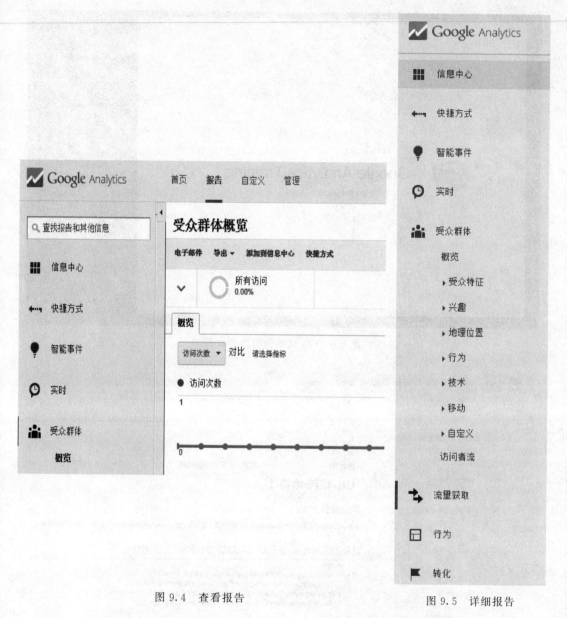

图 9.4　查看报告　　　　　　　　图 9.5　详细报告

第三步：恭喜您！等待 24 小时之后，即可登录 GA 服务查看报表信息。

（2）百度统计

鉴于目前国内对 Google 的限制，导致很多用户无法正常打开 GA，所以建议可以使用百度统计。百度统计是百度推出的一款免费的专业网站流量分析工具，能够告诉用户访客是如何找到并浏览用户的网站的，在网站上做了些什么，有了这些信息，可以帮助用户改善访客在用户的网站上的使用体验，不断提升网站的投资回报率。

百度统计提供了几十种图形化报告，全程跟踪访客的行为路径。同时，百度统计集成百度推广数据，帮助用户及时了解百度推广效果并优化推广方案。

基于百度强大的技术实力，百度统计提供了丰富的数据指标，系统稳定，功能强大且操作简易。登录系统后按照系统说明完成代码添加，百度统计便可马上收集数据，为用户

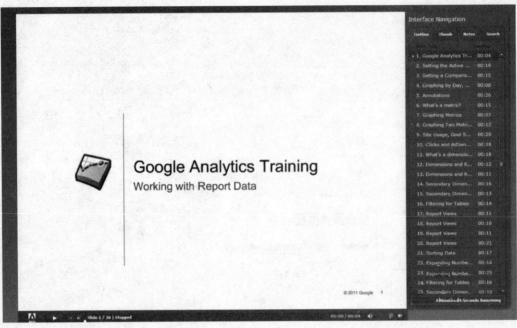

图 9.6　GA 使用说明参考首页

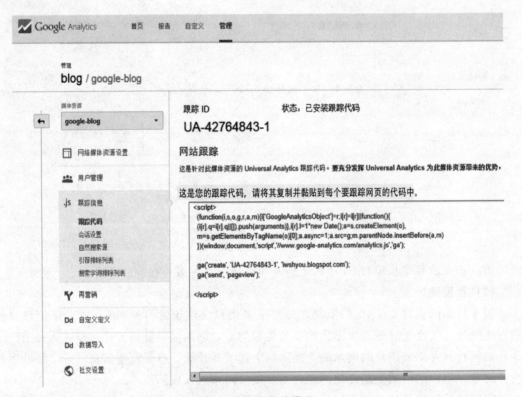

图 9.7　GA 跟踪代码

提高投资回报率提供决策依据。是提供给广大网站管理员免费使用的网站流量统计系统，帮助用户跟踪网站的真实流量，并优化网站的运营决策。

```
1   <html>
2   <head>
3   <meta http-equiv="Content-Type" content="text/html; charset=utf-8" />
4   <script>
5   (function(i,s,o,g,r,a,m){i['GoogleAnalyticsObject']=r;i[r]=i[r]||function(){
6   (i[r].q=i[r].q||[]).push(arguments)},i[r].l=1*new Date();a=s.createElement(o),
7   m=s.getElementsByTagName(o)[0];a.async=1;a.src=g;m.parentNode.insertBefore(a,m)
8   })(window,document,'script','//www.google-analytics.com/analytics.js','ga');
9
10  ga('create', 'UA-42764843-1', 'iwshyou.blogspot.com');
11  ga('send', 'pageview');
12
13  </script>
14  </head>
15  <body bgcolor="#ffffff">
```

图 9.8　将跟踪代码插入网页源代码中

目前百度统计提供的功能包括：流量分析、来源分析、网站分析等多种统计分析服务。

使用步骤如下所示。

第一步：注册百度统计账号。如图 9.9 所示。

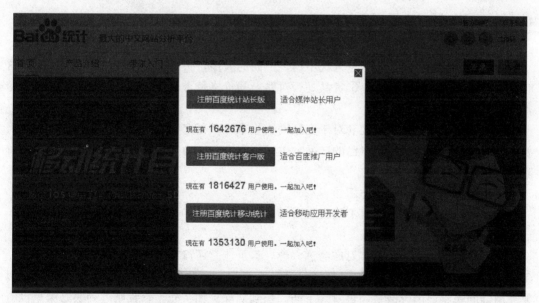

图 9.9　百度登录/注册页面

第二步：进入百度统计后台管理中之后，再点击上面的"网站中心"，进入添加监控统计网站，然后获取统计代码；如图 9.10 所示。

如果不懂得如何安装代码，那还有一个简单的方法就是：选择代码自动安装；在里面把 FTP 的账号跟密码填写下就可以进入自动安装的界面，然后选择需要安装的代码的网页就自动开始添加；如果 FTP 账号密码不知道可以找自己网站的制作人问问。

详细教程请参见：http://yingxiao.baidu.com/support/class/tongji/。

图 9.10　百度跟踪代码

9.4　销售是个技术活

有不少卖家抱怨：自己店里人气不错，但问的人多，买的人少，销售额总上不去。这时，就需要考虑以下几点了：①货品是否对路；②价格是否合理；③自己的介绍、推销是否成功。

第三点是非常重要的，尤其对于互联网销售来说，买家看到的只是一张图片，店主需要跟买家积极地沟通，推销自己的产品，主动、耐心、诚心，一样不可缺少。以下介绍排除客户疑义的几种成交法。

（1）顾客说：我要考虑一下

对策：时间就是金钱。机不可失，时不再来。

a. 询问法

通常在这种情况下，顾客对产品感兴趣，但可能是还没有弄清楚你的介绍（如：某一细节），或者有难言之隐（如：没有钱、没有决策权）不敢决策，再就是推脱之词。所以要利用询问法将原因弄清楚，再对症下药，药到病除。如：先生，我刚才到底是哪里没有解释清楚，所以您说您要考虑一下？

b. 假设法

假设马上成交，顾客可以得到什么好处（或快乐），如果不马上成交，有可能会失去一些到手的利益（将痛苦），利用人不愿放弃机会的心理迅速促成交易。如：某某先生，一定是对我们的产品确实很感兴趣。假设您现在购买，可以获得××（外加礼品）。我们一个月才来一次（或才有一次促销活动），现在有许多人都想购买这种产品，如果您不及时决定，会……

c. 直接法

通过判断顾客的情况，直截了当地向顾客提出疑问，尤其是对男士购买者存在钱的问题时，直接法可以激将他、迫使他付账。如：××先生，说真的，会不会是钱的问题呢？或您是在推脱吧，想要躲开我吧？

（2）顾客说：太贵了

对策：一分价钱一分货，其实一点也不贵。

a. 比较法

与同类产品进行比较。如：市场××牌子的××钱，这个产品比××牌子便宜多啦，质量还比××牌子的好。

与同价值的其他物品进行比较。如：××钱现在可以买 a、b、c、d 等几样东西，而这种产品是您目前最需要的，现在买一点儿都不贵。

b. 拆散法

将产品的几个组成部件拆开来，一部分一部分来解说，每一部分都不贵，合起来就更加便宜了。

c. 平均法

将产品价格分摊到每月、每周、每天，尤其对一些高档服装销售最有效。买一般服装只能穿多少天，而买名牌可以穿多少天，平均到每一天的比较，买贵的名牌显然划算。如：这个产品你可以用多少年呢？按××年计算，××月××星期，实际每天的投资是多少，您没花××钱，就可获得这个产品，值！

d. 赞美法

通过赞美让顾客不得不为面子而掏腰包。如：先生，一看您，就知道平时很注重××（如：仪表、生活品位等）的啦，不会舍不得买这种产品或服务的。

（3）顾客说：市场不景气

对策：不景气时买入，景气时卖出。

a. 讨好法

成功的诀窍：当别人都卖出，成功者购买；当别人却买进，成功者卖出。决策需要勇气和智慧，许多很成功的人都在不景气的时候建立了他们成功的基础。通过说购买者聪明、有智慧、是成功人士等，讨好顾客，打开钱包。

b. 化小法

景气是一个大的宏观环境变化，是单个人无法改变的，对每个人来说在短时间内还是按部就班，一切"照旧"。这样将事情淡化，将大事化小来处理，就会减少宏观环境对交易的影响。如：这些日子来有很多人谈到市场不景气，但对我们个人来说，还没有什么大的影响，所以说不会影响您购买××产品的。

c. 例证法

举前人的例子，举成功者的例子，举身边的例子，举一类人的群体共同行为例子，举流行的例子，举领导的例子，举歌星偶像的例子，让顾客向往，产生冲动、马上购买。如：某某先生，××人××时间购买了这种产品，用后感觉怎么样（有什么评价，对他有什么改变）。今天，您有相同的机会，作出相同的决定，您愿意吗？

（4）顾客说：能不能便宜一些

对策：价格是价值的体现，便宜无好货。

a. 得失法

交易就是一种投资，有得必有失。单纯以价格来进行购买决策是不全面的，光看价格，会忽略品质、服务、产品附加值等，这对购买者本身是个遗憾。如：您认为某一项产品投资过多吗？但是投资过少也有他的问题所在，投资太少，使所付出的就更多了，因为您购买的产品无法达到预期的满足（无法享受产品的一些附加功能）。

b. 底牌法

这个价位是产品目前在全国最低的价位，已经到了底儿，您要想再低一些，我们实在办不到。通过亮出底牌（其实并不是底牌，离底牌还有十万八千里），让顾客觉得这种价格在情理之中，买得不亏。

c. 诚实法

在这个世界上很少有机会花很少钱买到最高品质的产品，这是一个真理，告诉顾客不要存有这种侥幸心理。如：如果您确实需要低价格的，我们这里没有，据我们了解其他地方也没有，但有稍贵一些的××产品，您可以看一下。

（5）顾客说：别的地方更便宜

对策：服务有价，现在假货泛滥。

a. 分析法

大部分人在做购买决策的时候，通常会了解 3 个方面的事：①产品的品质；②产品的价格；③产品的售后服务。在这 3 个方面轮换着进行分析，打消顾客心中的顾虑与疑问，让他"单恋一枝花"。如：××先生，那可能是真的，毕竟每个人都想以最少的钱买最高品质的商品。但我们这里的服务好，可以帮忙进行××，可以提供××，您在别的地方购买，没有这么多服务项目，您还得自己花钱请人来做××，这样又耽误您的时间，又没有节省钱，还是我们这里比较恰当。

b. 转向法

不说自己的优势，转向客观公正地说别的地方的弱势，并反复不停地说，摧毁顾客心理防线。如：我从未发现那家公司（别的地方）可以以最低的价格提供最高品质的产品，又提供最优的售后服务。我××（亲戚或朋友）上周在他们那里买了××，没用几天就坏了，又没有人进行维修，找过去态度不好……

c. 提醒法

提醒顾客现在假货泛滥，不要贪图便宜而得不偿失。如：为了您的幸福，优品质高服务与价格两方面您会选哪一项呢？你愿意牺牲产品的品质只求便宜吗？如果买了假货怎么办？您愿意不要我们公司良好的售后服务吗？××先生，有时候我们多投资一点，来获得我们真正要的产品，这也是蛮值得的，您说对吗？

（6）顾客讲：没有预算（没有钱）

对策：制度是死的，人是活的，没有条件可以创造条件。

a. 前瞻法

将产品可以带来的利益讲解给顾客听，催促顾客进行预算，促成购买。如：××先生，我知道一个完善管理的事业需要仔细地进行预算。预算是帮助公司达成目标的重要工具，但是工具本身须具备灵活性，您说对吗？××产品能帮助您公司提升业绩并增加利润，您还是根据实际情况来调整预算吧！

b. 攻心法

分析产品不仅可以给购买者本身带来好处，而且还可以给周围的人带来好处。购买产品可以得到上司、家人的喜欢与赞赏，如果不购买，将失去一次表现的机会，这个机会对购买者又非常重要，失去了，痛苦！尤其对一些公司的采购部门，可以告诉他们竞争对手在使用，已产生什么效益，不购买将由领先变成落后。

（7）顾客讲：它真的值那么多钱吗

对策：怀疑是奸细，怀疑的背后就是肯定。

a. 投资法

做购买决策就是一种投资决策，普通人是很难对投资预期效果作出正确评估的，都是在使用或运用过程中逐渐体会、感受到产品或服务给自己带来的利益。既然是投资，就要多看看以后会怎样，现在也许只起到一小部分作用，但对未来的作用很大，所以它值！

b. 反驳法

利用反驳，让顾客坚定自己的购买决策是正确的。如：您是位眼光独到的人，您现在难道怀疑自己了？您的决定是英明的，您不信任我没有关系，您也不相信自己吗？

【总结】方法是技巧，方法是捷径，但使用方法的人必须做到熟能生巧。这就要求销售员在日常推销过程中有意识地利用这些方法，进行现场操练，达到"条件反射"的效果。当顾客疑问是什么情况时，大脑不需要思考，应对出口成章。到那时，在顾客的心中才真正是"除了成交，别无选择"！

9.5 互联网营销 VS 传统营销

9.5.1 传统营销的过程及 4P's 组合

从生产能力低下的短缺经济，到产能丰富、顾客至上的相对过剩经济，传统营销理念的发展经历了 5 个阶段。

（1）生产观念阶段

在生产力相当不发达的年代，很多产品处于供不应求的状态。这个阶段，只要能生产出来，不愁卖不出去。这个阶段的企业关心的是如何提高产量，销售和顾客忠诚度被放在次要的地位。

（2）产品观念阶段

由于生产力的提高，再上各企业都致力于提高产量，市场上的商品渐渐丰富起来，消费者开始有了一定的选择余地。这时，光靠能生产出产品显得有些不足了，企业关心如何提高产品质量，做到"人有我优"。只要质量好，不愁卖不出去。俗话说，"酒香不怕巷子深"，说得就是这种情况。

（3）推销观念阶段

又经过一段时间的发展，社会产品已出现相对过剩，优质产品也已不再是少数企业的专利。这时，决定一个企业经营得好与不好，决定性的因素已不再是生产，而是销售。在产品都差不多的情况下，谁的销售能力更强，谁就有希望在竞争中走在前列。这一时期，销售被放在最重要的位置，企业、学术界都在探索推销的技巧，一大批诸如"如何成为百万推销员"的书成为宠儿。

（4）市场营销观念阶段

在推销技巧也被充分运用后，企业渐渐发现，光有优质产品，聪明勤奋的销售员，不一定就能获得好的业绩，因为也许产品本身就没有太大的市场。为了从根本上解决市场从何而来的问题，消费者需求和心理的研究被放到一个空前重要的位置。人们一致同意，使企业成长起来的最重要的因素是市场，市场来源于消费者的需求。为了获得和巩固市场，企业必须不断研究和满足消费者的需求。此时，消费者不再被看成需求一致的一个大市场，而是被细分为有着各种各样不同需求的小市场，企业通过强调自己产品的特性，可以更好地满足自己定位的目标市场的需求，从而诞生了从"市场细分—市场定位—4P's组合"的完整的现代市场营销的理论。该理论强调企业经营应从市场细分开始，先将顾客按需求、购买力等因素进行分类，测算出不同细分市场的规模、成长性及竞争水平；然后选择目标市场，围绕目标市场的需求进行产品设计，此即产品策略（Product）。最后通过价格策略（Price）、分销渠道策略（Place）和促销策略（Promotion）的综合运用推动销售。其中，在产品策略（Product）中，强调产品的价值由使用价值、服务价值和心理价值组成，将服务也作为产品的组成成分，比以往只重产品不重服务的观念大大前进了一步。

（5）社会市场营销阶段

此阶段，企业不但以满足消费者的现实需求为己任，而且开始关注其社会形象。因为如果仅仅满足消费者在其产品和服务上的需求，却在其他方面扮演"不良市民"的角色，依然有可能遭到消费者的疏离甚至反对。例如：金枪鱼罐头原本在美国一直是畅销商品，但却在20世纪70年代一度销量大幅下滑。经过调查，捕鱼协会发现，原来是因为绿色保护组织倡导保护海豚所致。当人们得知渔船在捕捞金枪鱼的过程中会使正在追食金枪鱼的海豚受伤、死亡时，纷纷抵制金枪鱼制品。为了解决这个问题，捕鱼协会要求渔民改进渔网和捕捞作业方式，并大力宣传使用了新的捕捞方法后，已不会对海豚造成伤害。过了一段时间，金枪鱼罐头的销量又回升到原来的水平。

总的来说，现代的营销是建立在生产能力较为充足、对顾客需求高度重视的基础上，利用差异化经营原理和4P's营销组合进行市场经营和销售的过程。

9.5.2 互联网营销的特点及4C's组合

20世纪末期，依托于互联网的电子商务崭露头角。借助于互联网强大的记忆、高速的查询、极低成本的信息扩散特性，互联网营销应运而生。互联网营销，即利用计算机互联网等电子手段开展营销工具。其主要特点有以下几点。

① 市场进一步细分，甚至可以达到单个消费者为市场目标。

② 沟通的便捷性，借助互联网、移动通讯网，企业与顾客的沟通几乎可以完全不受地理位置的限制，计算机强大的信息处理能力使沟通的频率和深度大大加强。

③ 顾客主动。由于互联网市场上信息大量富集，消费者可以轻而易举找到大量卖家，交易中的信息不对称现象大大减少。这使得消费者有更多的条件按自己的要求主动地挑选卖方，而不是在非常有限的卖方中被动地接受相对比较符合自己需要的产品。

由此，一些专家提出互联网营销中需特别注意的4C's组合。

（1）Customer（顾客）

强调顾客主动，要力争将顾客的需求细分再细分，满足顾客的个性化需求，以此构成独特的产品优势。高度重视客户关系管理，将客户视作企业最重要的资源加以开发和维护。

（2）Cost（成本）

强调以顾客可接受的成本（价格）提供产品。这有两层意思，①因为互联网同类产品很多，很难依靠信息不对称守住高价，所以只能按顾客最能接受的价格制订预算，将成本控制在需要的范围内；②对于某些暂时还没有竞争者的产品，尤其是差异化很大的个性化产品或服务，按成本加成法定价不能充分挖掘出顾客价值，因此可以用拍卖竞价的方法以顾客能接受的最高价格出售。

（3）Convenience（便利）

互联网购物需体现方便性，购物过程过于复杂肯定门庭冷落。除了购物，在售后服务或其他附加服务方面也要尽可能周到，使消费者感到方便、贴心。

（4）Communication（沟通）

强调顾客是改进工作的最好的老师，要密切保持与顾客的联系，倾听顾客的意见，照顾好顾客的感受，以顾客所需来指导工作，使之不断改进。

落实 4C's 策略的主要手段有：病毒营销、Email 营销、数据库营销、定制销售等。

9.5.3　互联网营销与传统营销的关系及比较

互联网营销理论是在传统营销的基础上，对如何利用电子工具加强营销工作的思考和总结，是传统营销理论的有益补充。它关注的是营销过程的某一块，即与电子工具相关性较高的工作原则。从互联网营销的策略组成中，我们既可以看到浓重的传统营销策略的影子，也可以看到属于它自身的符合电子特性的表达（见表 9.2）。

表 9.2　互联网营销与传统营销的比较

互联网营销 的 4C's 策略	对应传统营销中 的 4P's 策略	不　同　点
Customer(顾客)	市场细分	强调顾客个性,市场细分的程度更甚。但不是所有产品都适合将市场无限细分直到个人的,传统细分中有关"选取有利的细分市场"的理念在互联网营销过程中仍然必须遵循
Cost(成本)	价格策略(Price)	传统营销理论中的价格策略在互联网营销中仍然有效,但互联网营销更有条件实现拍卖等以消费者定价为成交价格的交易
Convenience(便利)	产品策略(Products) 促销策略(Promotion)	传统营销中的产品策略早已指出,除了产品本身的使用价值外,服务等附加价值也必须作为产品的一部分予以设计。"Convenience"无疑是属于传统营销中的产品策略(Products)的 "Convenience"也稍微沾到了一点促销策略(Promotion)的边,但只能说这相当于"促销时服务态度要好了",对各种各样的促销手段组合则完全没有涉及
Communication(沟通)	产品策略(Products) 分销渠道策略(Place)	"Communication"强调的是服务,这点可归到传统营销的产品策略(Products)中。"Communication"中包含的数据库营销、Email 营销可以归到传统营销的分销渠道策略(Place)中,但仍未概尽互联网分销渠道建设的全面,如怎样选择互联网交易平台等,仍需用传统营销的分销渠道策略(Place)来解释

从表 9.2 中可以看到，互联网营销的 4C's 策略不是一个完整的营销策略，它只涉及传统营销中市场细分、产品策略（Product）、价格策略（Price）和促销策略（Promotion）中的若干方面，而且还很不完全，不能全面地指导互联网营销的所有方面。因此，绝不能把互联网营销作为传统营销 4P's 组合的取代物，只能作为传统营销的补充，在主体思路遵循 4P's 组合的基础上，根据互联网营销的特点，进一步加强市场细分和顾客沟通等环节。

9.6　典型操作方法

9.6.1　图片处理

　　首先需要说明一点：制作一幅好图片的根本在于拍摄阶段，用 PS（Photoshop）做后期处理是辅助手段。如果确实在短时间里不能熟练掌握摄影技术，拍出来的片子有一点儿曝光不足、偏色等问题，可以用这个方法解决。但不能把 PS 当成万能法宝，指望它解决一切问题，PS 过度滥用会破坏照片的真实性！

　　照片调色、调光、去背、做白底图片等对于 PS 菜鸟们来说也算是"高难度"的工作了，虽然有各式各样的教程，总是有些参数需要靠经验才能设置正确。下面告诉 PS 菜鸟们一个小招式，只要几下就能完成这些"高难度"工作了。

　　在拍摄宝贝照片之前，需要用白纸或白布做背景，大件（比如衣服等）也可以用白色的墙面。这一步需要注意 2 个问题：①纸或布必须平整，否则拍出片子后背景会有折痕，增加处理难度；②白色背景和宝贝之间要留足够的距离，免得被摄物体的影子投到背景上。都摆放好之后，就可以拍照了（图 9.11）。

图 9.11　白色的背景准备

在 PS 里打开刚照好的照片，在菜单栏里选"图像＼调整＼曲线"（或者直接使用快捷键：Ctrl＋M），在曲线对话框里点一下右下角的"设置白场"按钮，在背景上点一下，你会惊奇地发现原来偏色的图片马上恢复了原来的色彩，原来灰蒙蒙的图片一下子就亮起来了，调色、调光一步完成！如不太满意，可换个地方另点击一次，直到找到最理想的色彩和亮度（图 9.12）。

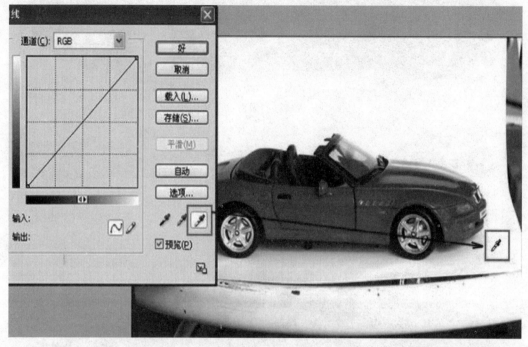

图 9.12　调色与调光工作

处理好的背景应该基本变成白色，这时只要使用 PS 的魔术棒工具在背景上一点，就可以全部选中背景（最大的好处是可以保留阴影！这对于将来做白底图片大有好处，使宝贝不像硬生生地"贴"在上面）。如果现在就执行"编辑＼剪切"命令（或者直接使用快捷键：Ctrl＋X），PS 就会把背景去掉，完成去背工作。在这里，我们可以用另一种办法替换背景：在菜单栏里选"选择＼反选"（或者直接使用快捷键：Shift＋Ctrl＋I，这样做是为了把选中背景改为选中宝贝）。然后在菜单栏里选"编辑＼拷贝"（或者直接使用快捷键：Ctrl＋C，这是把选中的宝贝复制到剪贴板），在以后的操作中可以随时黏贴在其他文件里。我们新建一个文件：在菜单栏里选"文件＼新建"（或者直接使用快捷键：Ctrl＋N），PS 会根据拷贝的文件尺寸新建一个文档，这时就可以把剪贴板里的图像黏贴在这个新建文档里了（快捷键：Ctrl＋V）。至此，我们已经完成了调色、调光、去背、做白底图片四项工作（图 9.13）。

如果还想发挥一下自己的创造力，可以换一个漂亮的背景（图 9.14）。

最后，再告诉大家一个利用上面方法给非白色背景图片快速调色、调光的小窍门。

在拍摄宝贝照片之前，用一小块白纸放在宝贝附近，需要注意 2 点：①要确保这块白纸不在照片构图区内，也就是说将来的图片会将它裁掉；②这块白纸一定要与照射光垂直，保证它能得到完全照明，也就是说要保证它看起来是白色的。好了，开始拍

图 9.13　去背景与做白底图片工作

图 9.14　换漂亮背景

照（见图 9.15）。

执行曲线命令，把设置白场指定到白纸上（图 9.16）。

如果有兴趣的话，请继续看看下面的解释。

【我们设置"白场"的目的是"告诉"PS：这个地方应该是白色的。然后 PS 就会根据指令分析这块白色东西是什么情况：是偏暗还是偏色，同时计算出纠正数据。如果属于偏暗，就会把图片加亮，让那块白纸变成纯白色，整个图像也跟着变亮；如果属于偏色，就会根据偏色情况把图片色彩调整一下。譬如：那块白纸带一点儿蓝色，PS 就会让图片少一点儿蓝色，少的程度以能把白纸恢复到纯白为止。既然白纸能正确用色彩表现出来，图像其他部位也就能正确用色彩表现出来，也就是后期调整白平衡。】

图 9.15　快速调色与调光

图 9.16　设置白场工作

9.6.2　计数器申请

　　有了计数器，可以知道店铺什么时候浏览量最大，一天有多少人来过店铺等等。一个小小的计数器可以帮助你更好地发展店铺生意。在这里，我们采集了卖家常用的一款计数器推荐给大家（图 9.17）。

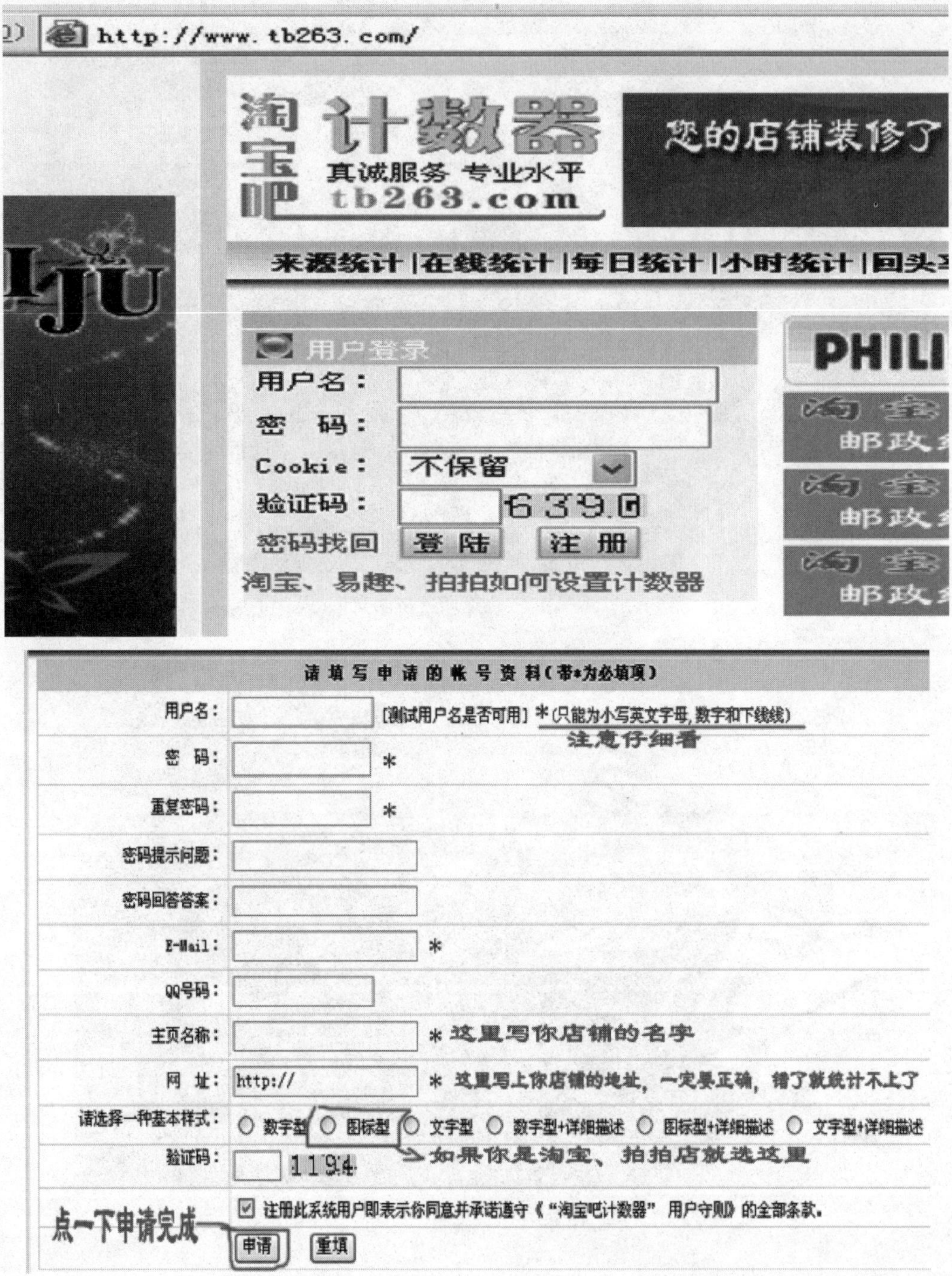

http://www.tb263.com/

淘宝吧 计数器
其诚服务 专业水平
tb263.com

您的店铺装修了

来源统计 | 在线统计 | 每日统计 | 小时统计 | 回头率

PHILI

用户登录

用户名：
密　码：
Cookie：　不保留
验证码：　6 3 9.0
密码找回　登陆　注册
淘宝、易趣、拍拍如何设置计数器

淘宝
邮政

淘宝
邮政

淘宝
邮政

请 填 写 申 请 的 帐 号 资 料（带*为必填项）

用户名：　[测试用户名是否可用] *（只能为小写英文字母,数字和下线线）
注意仔细看

密　码：　*

重复密码：　*

密码提示问题：

密码回答答案：

E-Mail：　*

QQ号码：

主页名称：　* 这里写你店铺的名字

网　址：　http://　* 这里写上你店铺的地址，一定要正确，错了就统计不上了

请选择一种基本样式：　○ 数字型　○ 图标型　○ 文字型　○ 数字型+详细描述　○ 图标型+详细描述　○ 文字型+详细描述

验证码：　1194　如果你是淘宝、拍拍店就选这里

点一下申请完成　☑ 注册此系统用户即表示你同意并承诺遵守《"淘宝吧计数器"用户守则》的全部条款。
申请　重填

图 9.17　淘宝吧计数器

首先登录网站 http://www.tb263.com，注册一个账号。注册好了就可以登录设置计数器了，见图 9.18。

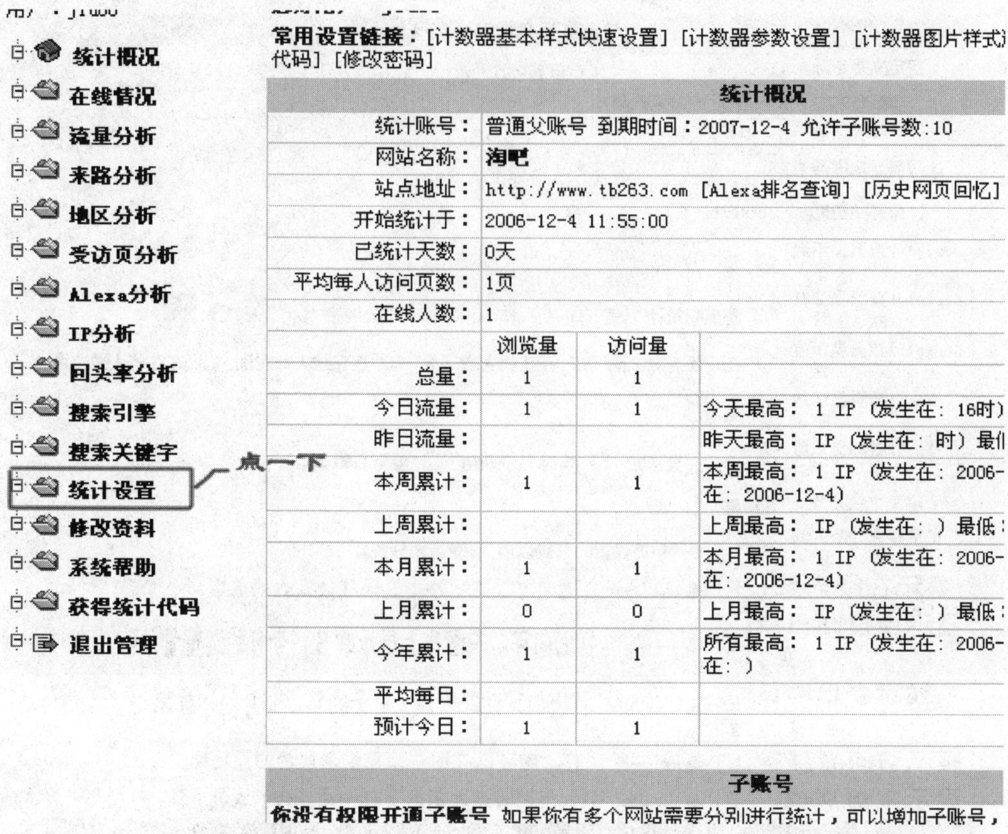

常用设置链接：[计数器基本样式快速设置] [计数器参数设置] [计数器图片样式] 代码] [修改密码]

统计概况		
统计账号：普通父账号 到期时间：2007-12-4 允许子账号数:10		
网站名称：**淘吧**		
站点地址：http://www.tb263.com [Alexa排名查询] [历史网页回忆]		
开始统计于：2006-12-4 11:55:00		
已统计天数：0天		
平均每人访问页数：1页		
在线人数：1		
	浏览量	访问量
总量	1	1
今日流量	1	1	今天最高：1 IP（发生在：16时）
昨日流量			昨天最高：IP（发生在：时）最低
本周累计	1	1	本周最高：1 IP（发生在：2006- 在：2006-12-4）
上周累计			上周最高：IP（发生在：）最低
本月累计	1	1	本月最高：1 IP（发生在：2006- 在：2006-12-4）
上月累计	0	0	上月最高：IP（发生在：）最低
今年累计	1	1	所有最高：1 IP（发生在：2006- 在：）
平均每日			
预计今日	1	1	

子账号

你没有权限开通子账号 如果你有多个网站需要分别进行统计，可以增加子账号，

图 9.18　登录设置计数器

按照图 9.18，点一下框里的"统计设置"按钮后，见图 9.19。

在图 9.19 中点下"参数设置"然后在框区里选择需要设置的计数方式，选择好后点"修改"。接下来点一下"淘宝图片选择"，见图 9.20。

在图 9.20 中已经看到图片里的说明了，有 2 种图片可供选择，"系统自带"和"系统默认"。选择喜欢的图片，然后再点"确定"就行。

图片选择好了，接下来要做的就是设置一下"字体"、"字体颜色"和"字体位置"情况。点"淘宝字体设置"按钮，出现图 9.21 所示的画面。

在图 9.21 也看到了图片上的说明，我们只要按照自己的要求设置图片上的文字字体、颜色与位置，只要自己觉得满意，然后再点"修改"就可以了。

最后，我们要取得代码，见图 9.22。

点一下框里的"获得统计代码"，见图 9.23。

图 9.23 里的说明指出，脚本统计代码只适合有网站的朋友使用。所以，淘宝的卖家用不着脚本代码，而是应该点图 9.23 框里的按钮"获得统计的淘宝的非脚本方式调用代码"，然后看到如图 9.24 所示画面。

我们按照图 9.24 的说明点"复制"，然后将代码放到淘宝店铺的公告里就完成了。可以先打开管理"我的店铺"，找到图 9.25 所示的"编辑源文件"点一下。

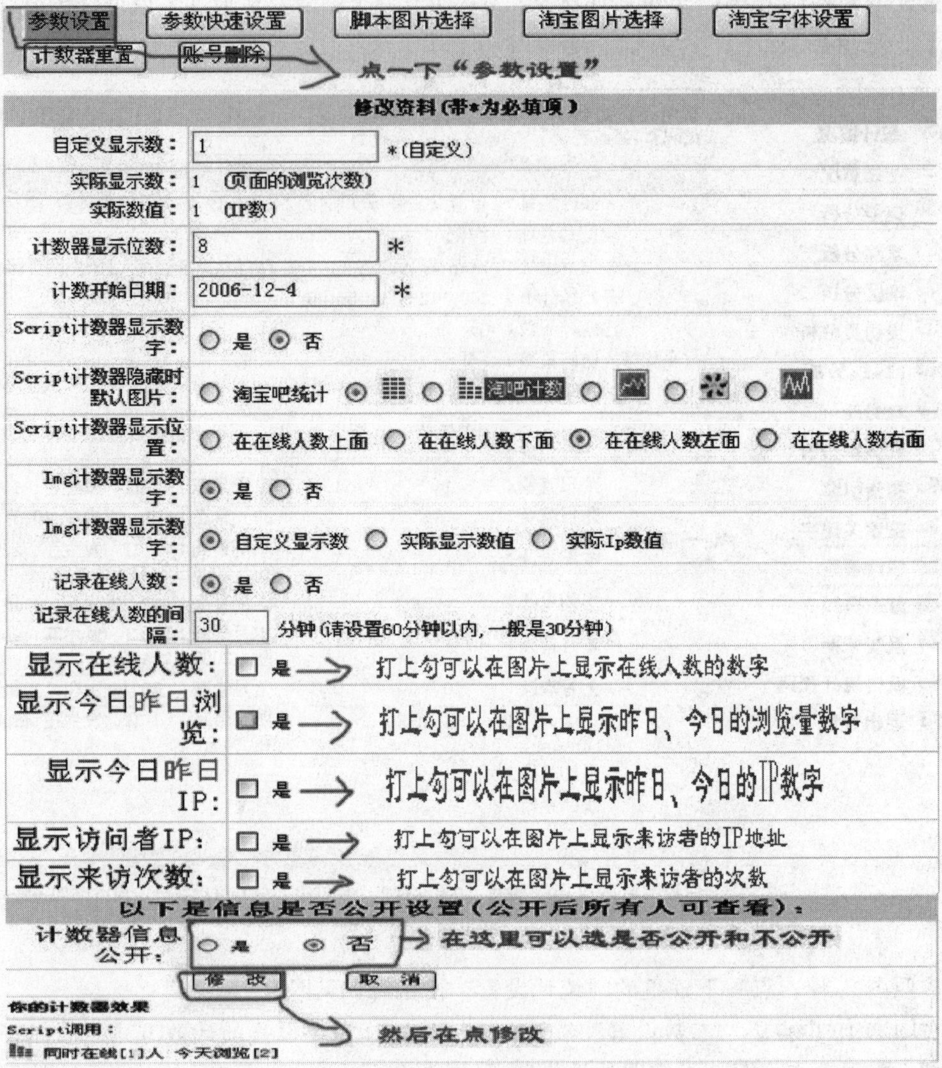

参数设置　参数快速设置　脚本图片选择　淘宝图片选择　淘宝字体设置

计数器重置　账号删除　→　点一下"参数设置"

修改资料（带*为必填项）

自定义显示数：　1　*（自定义）

实际显示数：　1　（页面的浏览次数）

实际数值：　1　（IP数）

计数器显示位数：　8　*

计数开始日期：　2006-12-4　*

Script计数器显示数字：　○ 是　◉ 否

Script计数器隐藏时默认图片：　○ 淘宝吧统计　◉ ▦　○ ▦淘吧计数　○ ◠　○ ✳　○ ◠

Script计数器显示位置：　○ 在在线人数上面　○ 在在线人数下面　◉ 在在线人数左面　○ 在在线人数右面

Img计数器显示数字：　◉ 是　○ 否

Img计数器显示数字：　◉ 自定义显示数　○ 实际显示数值　○ 实际Ip数值

记录在线人数：　◉ 是　○ 否

记录在线人数的间隔：　30　分钟（请设置60分钟以内，一般是30分钟）

显示在线人数：　□ 是　→　打上勾可以在图片上显示在线人数的数字

显示今日昨日浏览：　□ 是　→　打上勾可以在图片上显示昨日、今日的浏览量数字

显示今日昨日IP：　□ 是　→　打上勾可以在图片上显示昨日、今日的IP数字

显示访问者IP：　□ 是　→　打上勾可以在图片上显示来访者的IP地址

显示来访次数：　□ 是　→　打上勾可以在图片上显示来访者的次数

以下是信息是否公开设置（公开后所有人可查看）：

计数器信息公开：　○ 是　◉ 否　→　在这里可以选是否公开和不公开

修改　取消

你的计数器效果

Script调用：　▦ 同时在线[1]人 今天浏览[2]　然后在点修改

图9.19　统计设置与参数设置

点了"编辑源文件"后会看到图9.26，把计数器复制的代码黏贴到公告框里。然后再点"使用编辑器"。也可以先点"预览"看一下，最后点"发表"。

至此，计数器设置添加就全部做好了。

如果同时有多个网站需要统计，无须注册多个用户名，只要用"子账号"功能就可以了（图9.27）。

在图9.27中，点"添加子账号"，出现图9.28。

按图9.28所示填写各项内容，最后点"确定"，见图9.29。

点"进入管理"，可以进行"子账号"设置。"子账号"的设置和前面的设置是一样的。最后，如果有朋友想看视频教程，可参见 http://www.2t8.cn/download/download.htm❶。

---

❶ 九鼎设计-计数器教程详解。http://forum.taobao.com/forum-18/show_thread_7402765-.htm。

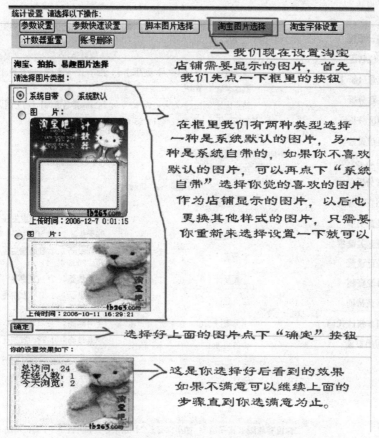

图 9.20 淘宝图片选择

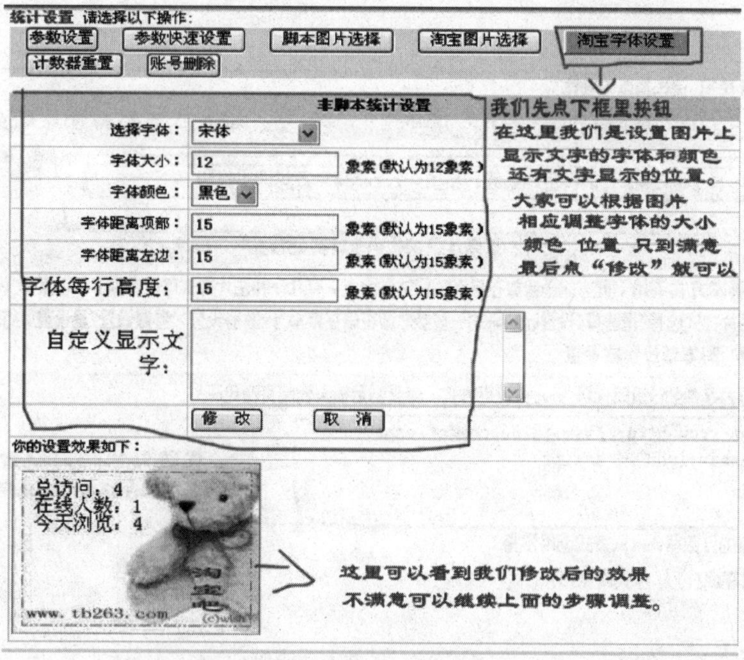

图 9.21 淘宝字体设置

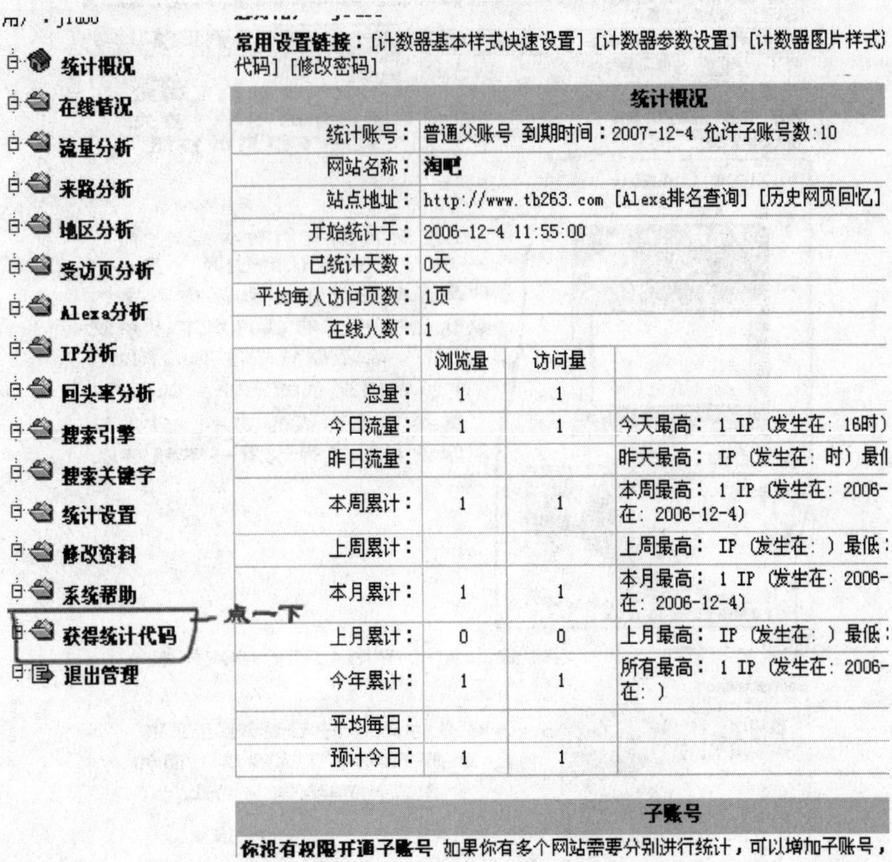

用户：jiu00

常用设置链接：[计数器基本样式快速设置] [计数器参数设置] [计数器图片样式] 代码] [修改密码]

点一下

统计概况			
统计账号：	普通父账号 到期时间：2007-12-4 允许子账号数:10		
网站名称：	**淘吧**		
站点地址：	http://www.tb263.com [Alexa排名查询] [历史网页回忆]		
开始统计于：	2006-12-4 11:55:00		
已统计天数：	0天		
平均每人访问页数：	1页		
在线人数：	1		
	浏览量	访问量	
总量：	1	1	
今日流量：	1	1	今天最高：1 IP（发生在：16时）
昨日流量：			昨天最高：IP（发生在：时）最低
本周累计：	1	1	本周最高：1 IP（发生在：2006-在：2006-12-4）
上周累计：			上周最高：IP（发生在：）最低
本月累计：	1	1	本月最高：1 IP（发生在：2006-在：2006-12-4）
上月累计：	0	0	上月最高：IP（发生在：）最低
今年累计：	1	1	所有最高：1 IP（发生在：2006-在：）
平均每日：			
预计今日：	1	1	

子账号

你没有权限开通子账号 如果你有多个网站需要分别进行统计，可以增加子账号，

图 9.22　取得代码框图

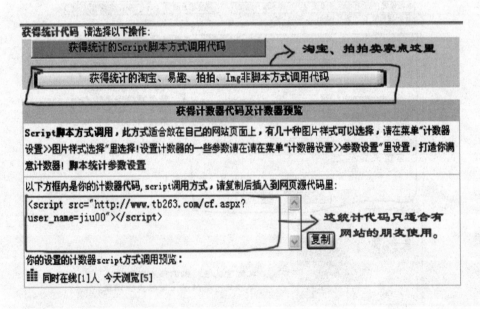

图 9.23　获得统计代码

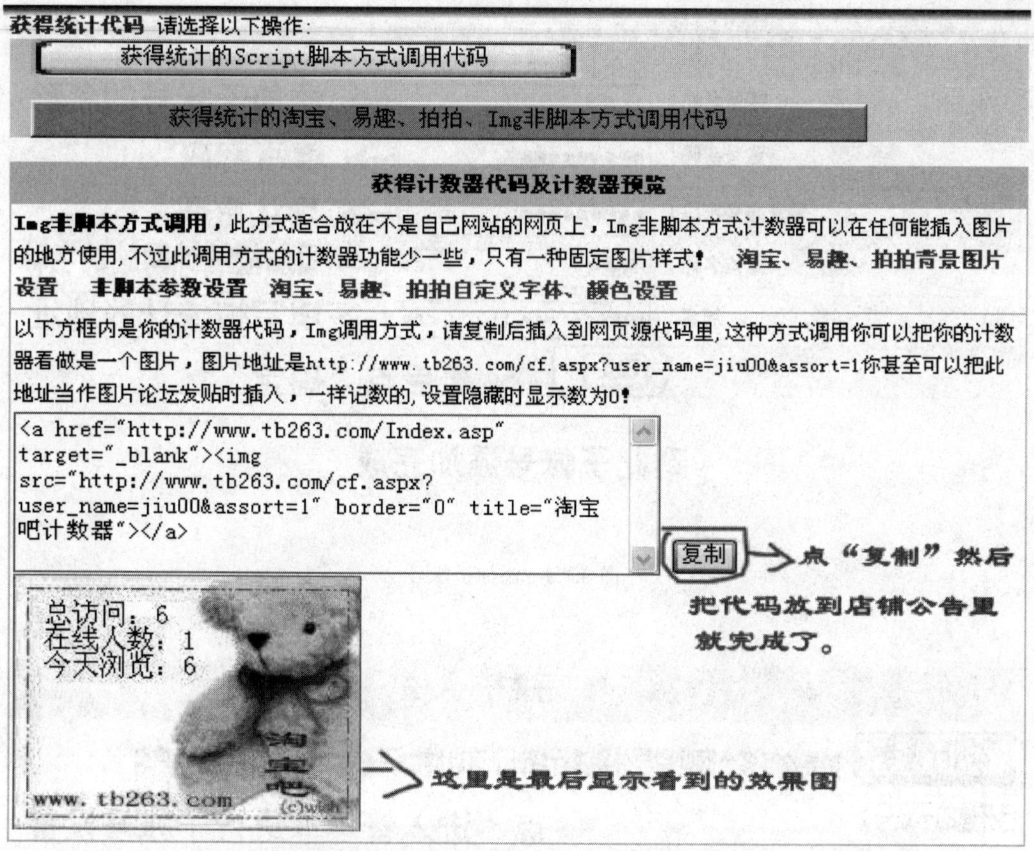

获得统计代码 请选择以下操作:

> 获得统计的Script脚本方式调用代码

> 获得统计的淘宝、易趣、拍拍、Img非脚本方式调用代码

获得计数器代码及计数器预览

Img非脚本方式调用，此方式适合放在不是自己网站的网页上，Img非脚本方式计数器可以在任何能插入图片的地方使用，不过此调用方式的计数器功能少一些，只有一种固定图片样式！ 淘宝、易趣、拍拍背景图片设置 **非脚本参数设置** 淘宝、易趣、拍拍自定义字体、颜色设置

以下方框内是你的计数器代码，Img调用方式，请复制后插入到网页源代码里，这种方式调用你可以把你的计数器看做是一个图片，图片地址是http://www.tb263.com/cf.aspx?user_name=jiu00&assort=1你甚至可以把此地址当作图片论坛发贴时插入，一样记数的，设置隐藏时显示数为0!

```
<a href="http://www.tb263.com/Index.asp"
target="_blank"><img
src="http://www.tb263.com/cf.aspx?
user_name=jiu00&assort=1" border="0" title="淘宝
吧计数器"></a>
```

复制 → 点"复制"然后把代码放到店铺公告里就完成了。

总访问: 6
在线人数: 1
今天浏览: 6

www.tb263.com

→ 这里是最后显示看到的效果图

图 9.24 获得统计的淘宝的非脚本方式调用代码

| 字体 ▼ | 字号 ▼ | 📋 ✂ 📋 ✕ | **B** *I* U̲ | ≣ ≣ ≣ | T̲ |

编辑源文件 ── 点一下

图 9.25 编辑源文件

| 主营项目: | _____ | (30个汉字以内) |

| 公 告: | 使用编辑器 预览 | 点一下，也可以点旁边的"预览"先看下 |

图 9.26 使用编辑器

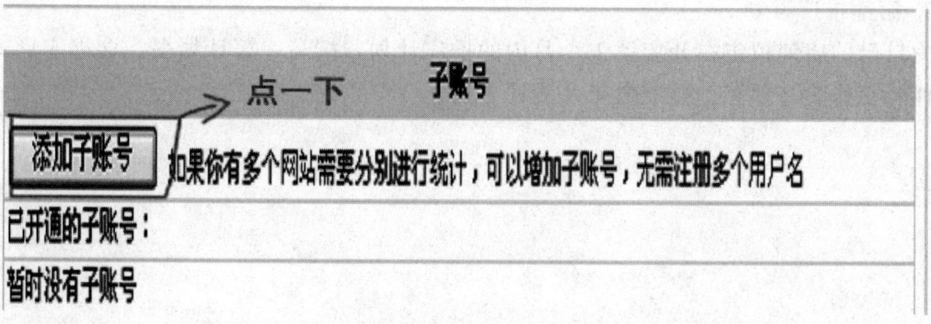

点一下 → **子账号**

添加子账号 如果你有多个网站需要分别进行统计，可以增加子账号，无需注册多个用户名

已开通的子账号:

暂时没有子账号

图 9.27 "子账号"功能

添加子账号

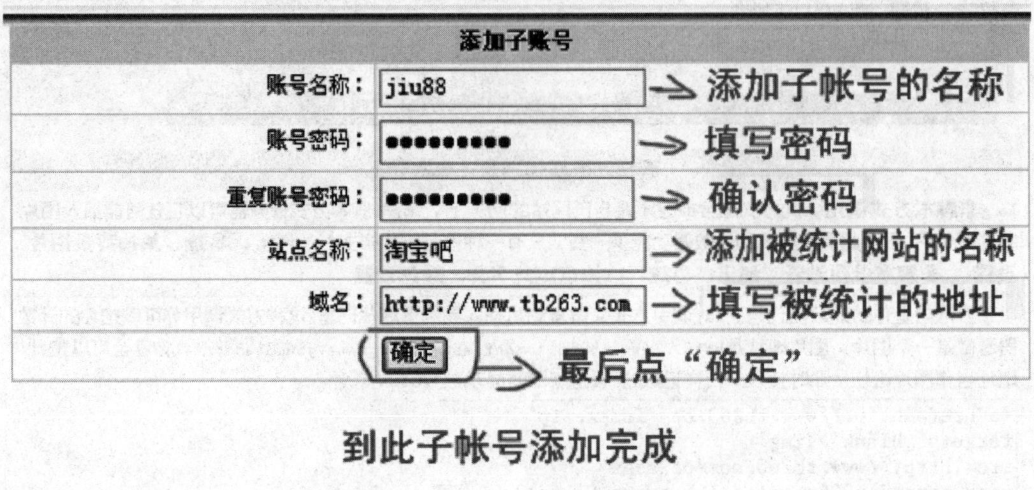

账号名称：	jiu88	⟹ 添加子帐号的名称
账号密码：	●●●●●●●●●●	⟹ 填写密码
重复账号密码：	●●●●●●●●●●	⟹ 确认密码
站点名称：	淘宝吧	⟹ 添加被统计网站的名称
域名：	http://www.tb263.com	⟹ 填写被统计的地址
确定		⟹ 最后点"确定"

到此子帐号添加完成

图 9.28　添加子账号

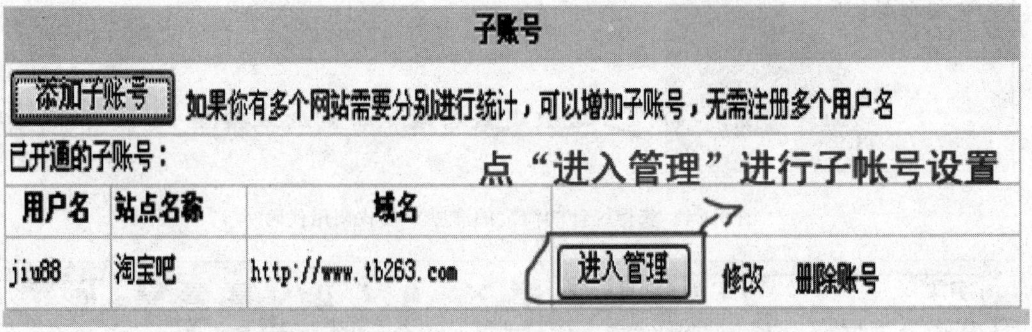

子账号

添加子账号　如果你有多个网站需要分别进行统计，可以增加子账号，无需注册多个用户名

已开通的子账号：　　　　　　　　点"进入管理"进行子帐号设置

用户名	站点名称	域名		
jiu88	淘宝吧	http://www.tb263.com	进入管理	修改　删除账号

图 9.29　子账号设置

操作练习题

1. 创建互联网商店

根据本章"自己动手"中拟定的商品列表，完成一个淘宝店铺的全套建设，包括店面装修、商品陈列、商品销售说明等。

2. 店铺推广策划

为自己的店铺拟定在开店第 1 个月内的推广计划，撰写一篇计划书。含推广形式、合作伙伴、工作量、预算、预期效果及测评方法。

第10章

微信——释放你的微活力

10.1 手把手教你申请微信

(1) 申请条件

申请成为公众账号支付商户需要满足以下条件。

① 拥有公众账号，且为服务号；

② 必须经过微信认证，认证费 300 元/次，且为企业、网店商家、其他媒体认证类型。

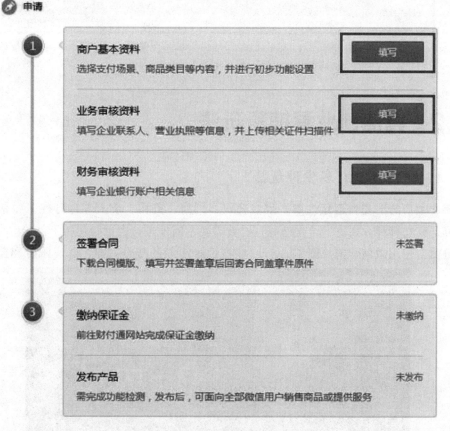

图 10.1 微信商店注册流程

（2）申请流程（图 10.1）

注意事项。

① 我司合同审核时间为 7 个工作日（收到合同起计算时间）。

② 通过审核后，商户便可在线下载合同，盖章后请根据指引寄回。

③ 我司在收到合同确认无误后，会尽快盖章寄还商户（顺丰快递）。

④ 为了不耽误进入下一步，建议商户将签订合同与开发工作同步进行（审核通过时，我司会将微信支付相关重要开发参数发送至"业务审核资料"时设置的邮箱中）。

⑤ 若审核不通过，可在微信公众平台"通知中心"查询审核不通过的原因，请修改后再邮寄至我司。

⑥ 商户盖章时请注意加盖骑缝章（文件几页纸张的边缝连在一起盖章）。

（3）费用构成（图 10.2）

认证费	保证金	费率
300 元/次，微信支付	20000 元，冻结在财付通账户中	0.6％

商户功能风险保证金、费率、结算周期

一级类目	二级类目	三级类目	商品类型	保证金	费率	结算周期
	综合商城	线下商超		2W	0.60%	7个工作日
服饰鞋包		服饰		2W	0.60%	7个工作日
		鞋类箱包		2W	0.60%	7个工作日
运动户外		运动户外		2W	0.60%	7个工作日

图 10.2　微信注册的费用构成

10.2　微信创业营销新玩法

10.2.1　微信营销有多少种玩法？

随着微信的出现和迅猛发展，很多公司、厂商、机构、个人等都盯住了微信这块蛋糕。可是究竟哪种方式更适合自己呢？这就需要不断地进行尝试和创新了。

目前，使用微信营销（图 10.3）一共有两种不同的账号，即：普通账号和公众平台

图 10.3　微信营销

账号，二者各有优势，并驾齐驱。

10.2.1.1　普通账号

在个人使用手机登录时，可以使用普通账号。这时候，可以通过加 QQ 好友、查看附近的人、摇一摇等方式来圈住粉丝；营销的时候，可以主动出击，来去自如。

(1)　点击按钮"摇一摇"

"摇一摇"是微信推出的一个随机交友应用，用户只要将手机或点击按钮模拟摇一摇，就可以联系到同一时段触发该功能的微信用户，实现彼此间的互动，增加用户间的互动和微信黏度。那么，如何使用这一功能呢？

① 在"摇一摇"的入口，找到界面（图 10.4）。

进入"摇一摇"界面，轻轻摇动手机（图 10.5），微信就会帮助用户搜寻到在同一时间摇晃手机的人。

摇到之后，直接点击"开始聊天"（图 10.6），就可以和对方聊天了。

图 10.4　微信"摇一摇"界面　　　图 10.5　摇动手机　　　图 10.6　开始聊天

② 点击"设置"，既可以查看到上一次摇到的人群，还可以更换自己喜欢的背景图片。

③ 点击"头像"，可以查看到好友的一些基本信息和状态。

需要注意以下几点。

① 在摇到的人中，一般来说都是按照距离方位的远近来排列的。在微信聚合效应下，同一段时间内可能会摇到同一个人。

② 微信个人签名字数有限，只能输入 29 个字符，因此要简单说明你经营的内容，充分利用好这块广告位。为了让其他用户看到你的签名，主动搭讪，每 15 分钟就要刷一次"摇一摇"功能。

这种方式主要适用于出租车、超市、快餐店、美容美发、快消品商家等。

比如：K5 便利店采用的就是这种方式。

K5 便利店（图 10.7）位于海南大学附近，通过查找"附近的人"功能，可以精准定位周边大学生消费群体。K5 有自己公众的微信账号，头像是企业的 LOGO。他们会开启找朋友功能搜索，编辑信息，每隔 15 分钟发布一次，并跟每一个回信息的客户做好互动。他们还给微信客户建立了一个档案，会定期进行回访，建立客户的忠实度。K5 便利店只要不断地传播店面地址、发送优惠信息，就可以将顾客吸引过来。

图 10.7 K5 店面

（2）积极寻找"漂流瓶"

如何使用漂流瓶呢？

首先，在找朋友界面找到漂流瓶的入口（图 10.8）。

① 第一次使用漂流瓶，要设置企业的漂流瓶头像（图 10.9）。如果没有设置，漂流瓶会默认使用企业的微信头像。

图 10.8 微信"漂流瓶"入口

图 10.9 设置漂流瓶头像

② 如果企业的信息不全，会提示补充完整（图 10.10）。

接着，进入漂流瓶界面，可以选择"扔瓶子"、"发一段语音"、"文字"，话语就会被装进瓶子扔向大海（图 10.11）。

图 10.10 补充完整信息

图 10.11 扔漂流瓶

③选择"捡瓶子",企业会从茫茫大海中捡到漂流瓶。看到相关内容后,既可以回应他,也可以扔回海里。

④ 如果想重温之前捡到的瓶子、或者和瓶友聊天,只要点击"我的瓶子"(图 10.12)就可以了。

漂流瓶,并不适合所有的商家,因为他需要动用大量的员工账号来操作。

这种方法适用于:电商、品牌商、知名企业等。

比如:招商银行"爱心漂流瓶"采用的就是这种方式,见图 10.13。

图 10.12　我的瓶子

图 10.13　招商银行"爱心漂流瓶"

活动中,微信官方改变了漂流瓶的参数,使合作商家在某一时间段内抛出的"漂流瓶"数量大增,普通用户"捞"到的频率也大量增加;活动期间,微信用户捡到招行的爱心漂流瓶的机会有十分之一。

由于"漂流瓶"可以发送不同的文字内容等,使用正确的营销方式,就会产生不错的营销效果。唯一不足的是,这种方式只能在微信用户的一小部分用户中起到宣传作用,毕竟捡漂流瓶的用户还是少数。

(3) 在朋友圈和大家一起分享

微信的朋友圈是一个类似 QQ 空间的圈子,在这里大家既可以倾诉自己的心情、分享图片文字;也能够对微信朋友的心情、图片进行评论,见图 10.14。

微信开放平台是微信 4.0 版本推出的新功能,应用开发者可以通过微信开放接口接入第三方应用,还可以将应用的 LOGO 放入微信附件栏中,这样微信用户就可以方便地在会话中调用第三方应用进行内容的选择与分享。比如:美丽说×微信。

用户可以将美丽说中的内容分享到微信中。微信用户彼此间具有某种更加亲密的关系,当美丽说中的商品被某个用户分享给其他好友后,就相当于完成了一个有效到达的口碑营销。

其实,微信朋友圈就是在微信上通过一些渠道认识的朋友形成的一个圈子。这个营销功能不仅需要一定的好友数量,还需要企业有不断更新的产品或活动、有新鲜的内容推送,好友才会不断关注,并与其互动。

图 10.14 朋友圈分享

那么，如何转发到朋友圈呢？

① 在微信朋友圈里找一个"分享"，长按文字，跳出一个"提示"，选择"复制"。如图 10.15 所示。

图 10.15 长按文字

② 点击图片放大显示，长按图片跳出一个设置栏。点击"保存到手机"，就可以将图片保存起来了。如图 10.16 所示。

图 10.16 保存图片

③ 在朋友圈主界面，先点击右上角的相机图标，再点击"从手机相册选择"。选好图片后会自动进入发送界面。如图 10.17 所示。

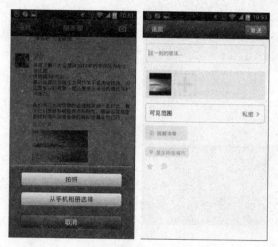

图 10.17　选择图片

④ 在文字输入界面长按，会跳出一个"黏贴"。然后，点击选择，可以对文字进行修改。如图 10.18 所示。

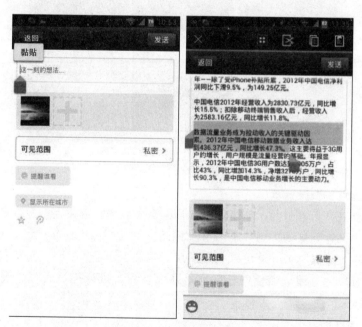

图 10.18　修改文字

⑤ 在发送界面可以对该文章的可见范围进行修改，比如：删除添加图片、添加提醒谁看、显示所在城市……一切就绪后，点击"发送"即可。如图 10.19 所示。

⑥ 如果发送时选择的是私密，文章会保存到朋友圈里的"我的相册"里。如果想将这篇文章公开，可以点击文章；然后在文章界面点击右上角，选择"设为公开照片"即可。如图 10.20 所示。

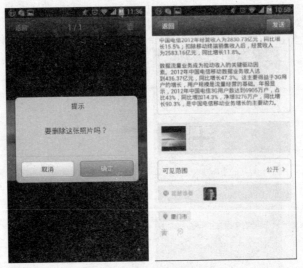

图 10.19　发送分享

图 10.20　设置公开

（4）主动建立一个微信群

微信群是腾讯公司推出的一种微信多人聊天交流服务，群主在创建群以后，可以邀请朋友或者有共同兴趣爱好的人到一个群里面聊天。

在群内，不仅可以聊天，还可以共享图片、视频、网址等。当通过微信积攒到一定的受众数量后，可以通过建立微信群，绑定潜在消费者，进行统一管理、统一传播，统一互动。

a. 创建微信群的方法

① 点击微信界面右上角的魔法棒图标，然后点"发起聊天"见图 10.21。

② 勾选想要添加到群里的好友，然后单击"确定"，企业的"微信群"就建好了！见图 10.22。

③ "微信群"创建成功！可以群发送语音或者文字图片了！见图 10.23。

④ "微信群"管理。

点击聊天界面右上角的按钮，如果想删除成员，只要点击成员头像左上角的"—"就可以了；如果想添加群成员，则可以单击"＋"，见图 10.24。

图 10.21　发起微信聊天

图 10.22　添加聊天好友

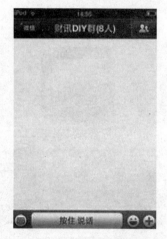

图 10.23　微信群建立完成

图 10.24　微信群管理

⑤ 更改"微信群聊"名称。

点击聊天界面右上角的按钮，选择"群聊名称"；然后输入新的群名称，保存即可！见图 10.25。

b. 加入微群

目前，加入微信群一共有两种方法：一种是通过扫描群二维码加入；另一种是通过好友邀请加入，见图 10.26。

如果企业经常使用这个群，可以将这个群保存到企业的通讯录，再次想找这些好友群聊的时候，直接选择这个微信群就可以了。

c. 退出微群

点聊天界面右上角的按钮，然后选择"删除并退出"后，就可以退出这个群了！见图 10.27。

d. 保存通讯

登录微信后，选中某个群组，进入群聊界面；点击右上角多人头像，选择详细设置，点击保存到通讯录。

e. 群组上限

微信群组成员人数上限，最多为 40 人。

10.2.1.2　公众账号

如何用公众平台账号来绑定粉丝呢？目前，一共存在以下几种推广和互动方式。

（1）充分利用"微生活会员卡"为企业谋福利

微信的微生活会员卡，主要是针对地标购物中心而采取的一种营销方式。通过微信扫描商场二维码获得微生活会员卡，不仅可以享受到商家的优惠，还可以了解一些商家的优惠信息和特权优惠政策。

这种方法主要适用于：餐饮、商场、超市、百货等。例如：北京朝阳大悦城，采用的就是这种方式。

北京朝阳大悦城是第一批使用微生活会员卡的商家，消费者只要使用微信扫描二维码就可以免费获得会员；同时，开卡有礼，还有机会获得 QQ 公仔、抱枕或可乐等奖品（见图 10.28）。

图 10.25　更改微信群聊名称

图 10.26　加入微信群

图 10.27　退出微信群

图 10.28　大悦城微信会员卡

（2）运用"微信签到有礼"吸引粉丝

对于公众账号来说，由于不能登录手机微信，因此享受不到查找"附近的人"和"摇一摇"这样的福利，为了吸引粉丝，只能在对外宣传上下工夫，比如：在一些户外广告、电梯广告、宣传彩页、易拉宝上都会有微信二维码（见图 10.29）。

图 10.29　微信二维码

虽然公众微信不能通过早期微博转发有奖的形式来吸引粉丝，但可以通过线下活动签到来增加粉丝数量。这种方式适用于：展会、会议、影院、咖啡馆的聚众地点。

比如：创业影院，采用的就是微信签到有礼。创业影院是北京地区最高效的第三方创业投资平台之一，每个星期都会不定时地举办线下创业投融资对接会，每期都会邀请 TMT、移动互联网等圈内人士、投资界大牛以及创业团队进行面对面交流。这类活动的来宾，绝大多数都是使用智能手机的人群，免不了都在使用微信，为了增加粉丝，初次参加活动的人只要使用微信签到，都可以得到小礼品一份。

图 10.30　开心茶馆微信

（3）巧用"自定义回复"吸引粉丝

目前，公众平台后台可以设置的自定义条目上线是 200 条，如果是单纯的设置"你好"、"地点"、"简介"等关键词就有点太普通了，反而容易让新粉丝感到无趣。

在这个基础上，企业要动一下脑筋，继续挖坑，可以设置一下自动回复的内容，如："很高兴关注我们 XXXX！如果想了解我们，请回复数字 1；如果想了解优惠信息，请输入 2；如果想了解礼品，请输入 3；如果想了解地点，请输入 4……"以此类推，就会引起新粉丝的互动；当粉丝输入数字后，还可以设置下一条内容，一步一步地让自定义回复更有趣味性。

案例：IT 茶馆。

IT 茶馆采用的就是这种方式。微信用户只要对 IT 茶馆表示关注，就会获得相关信息。当粉丝回复茶馆信息后，系统会自动回复一些优惠信息，比如：获得 XX 的优惠券、iPhone 超薄手机壳等。

前段时间，IT 茶馆微信公共账号发起了一个"开心茶馆"的微信活动，引起了广泛关注。IT 茶馆利用了微信公众平台的自定义回复功能，以过关问答的形式和用户造成互动，不仅活跃了粉丝，还有力地传播了自己的品牌（图 10.30 是"开心茶馆"的第一期题目设置）。

（4）运用"陪聊"与粉丝会话

公众平台提供了基本的会话功能，企业可以主动与微信粉丝发起会话，进行交互沟通。可是，粉丝越多，陪聊

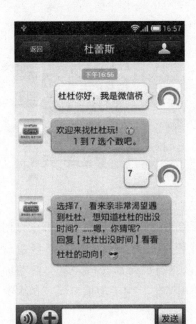

图 10.31　杜蕾斯微信公众

的人工成本就越大，企业要根据自身的经营范围来考虑是否要采取这种方式。

案例：杜蕾斯。

为了与粉丝互动，杜蕾斯微信团队，专门成立了一个 8 人陪聊组，主动与粉丝进行真人对话。由于产品的特殊性，企业在互动上沿用了"谈性说爱"的方式。这种营销方式有趣味，容易让粉丝接受，调动了粉丝互动的积极性和活跃度。见图 10.31。

俗话说得好，目的决定行动路线！不管采用哪种方式，企业都要明确自己的营销目的，是为了提高品牌知名度，还是为了达成实际销售交易额？

（5）积极利用二维码的妙用

在微信中，用户只要用手机扫描商家的独有二维码，就能获得一张存储于微信中的电子会员卡，可以享受到商家提供的会员折扣和服务。

有些企业就设定自己品牌的二维码，用折扣和优惠来吸引用户关注，比如：深圳海岸城"开启微信会员卡"。见图 10.32。

深圳大型商场海岸城推出了"开启微信会员卡"活动，微信用户只要使用微信扫描海岸城专属二维码，就能够免费获得海岸城手机会员卡，享受海岸城内多家商户的优惠特权。

（6）和粉丝积极开展互动

通过一对一的推送，企业可以与"粉丝"开展个性化的互动活动，提供更加直接的互动体验。例如：星巴克《自然醒》。见图 10.33。

当用户添加"星巴克"为好友后，用微信表情表达心情，星巴克就会根据用户发送的

图 10.32　海岸城微信会员卡

图 10.33　星巴克《自然醒》

心情，用《自然醒》专辑中的音乐回应用户。

10.2.2　微信如何让标题飞一会儿?

常言说得好"语不惊人死不休"! 微信标题起得越轰轰烈烈，就越能吸引眼球。见图10.34 事实证明，起一个好的标题，能够提高微信推送消息打开率，那么，如何为企业的微信标题命名呢? 下面就给大家介绍几种方法。

图 10.34　微信标题

(1) 可以巧妙加入一些数字

为了吸引眼球，可以把文章中含有的数字加入标题中，数字越极限（特别大或特别小）越好。这里有两个窍门可供参考。

① 数字越多越好，比如:《女大学生白手起家一年赚到 300 万》肯定比《看她如何用 100 元在两天时间内赚得 6000 元》要好。

② 数字太平常，既不很大又不是很小，可以化整为零或数据汇总。

(2) 可以写的神秘一些

为了给用户以足够的想象空间，标题要尽量写得神秘一点。如果想写 XX 品牌的雪糕，可以这样写:①XX 雪糕需要细细品味;②亲吻的味道。很明显，第一个的语言比较平实，第 2 个更能让人产生想象空间。因此，第 2 个题目更适合。

(3) 可以将俗语改动一下

将生活中的俗语改一两字，可以产生意想不到的效果。比如:如果企业做的是 XX 内衣品牌，可以借用"提高回头率"这句俗语，起名为:提高回床率的秘密。

(4) 可以引用其他语言

引用其他语言，就是借东风，尤其要引用最近互联网或社会的流行语。

可以引用的语言有以下 2 种。

① 引用流行语，比如:"元芳，你怎么看"、"让 xx 飞一会"等。

② 引用经典小说中的语句，比如:"降龙祛痘十八招"、"葵花点痘手"等。

(5) 可以给自己的标题上点文艺色彩

要给自己的标题起个调调。如果厂家是生产破碎机的，为了推送破碎机，可以这样定标题:①破碎机的发展历史;②XX 厂家破碎机;③世界工厂网，破碎机腾飞的翅膀。

打开微信，首先映入眼帘的是标题，好的标题可以吸引人的眼球，无聊的标题往往被遗弃，可以说有一个好的标题，文章就成功了一半。虽然商家可以采用上面的几种方法制订好的标题，可是在制订标题的时候，有些方面还是需要注意的。

a. 要控制好标题的字数

如果说简单明了是新闻的最大特色，那么字数就是微信最大的特色。在推送信息的时候，标题要尽量做到不折行，不裂句。标题字数最好控制在 14 字，以整行的形式出现，既不会太短也不会折行，形式上更美观。

b. 标题要简单明了

在推送信息的时候，最好能将整个事件的时间、地点、结果都包括进去。题目，相当于文章的衣领，要让用户看到题目大抵能明白什么时间发生了什么事。比如：新闻《南京孩子埃及神庙刻"到此一游"当事人父母道歉》值得借鉴。

这个题目中，介绍了事件发生的地点、人物、结果，用户只要一看到题目就知道发生了什么事。企业在设置标题的时候，也要让订阅者大眼一观就知道发生了什么，这样他们才会及时了解最新的商家资讯。

c. 标题可以采用提问式

如果标题使用的是问句，更可以引发用户的共鸣，如果正好用户也想要知道答案，就会点击阅读。比如：微信账号医疗美容的标题中，就使用了提问式——《有氧减肥，你知道多少？》、《沐浴也能祛痘，你知道吗？》。

当然，不管采用哪种方式，标题都要与内容相符合，千万不要做"标题党"，否则将适得其反。所以，不管标题怎样起，内容为王依然是微信推送的基本原则，违背了这个原则，微信营销就无从谈起了。

10.2.3 如何使用微信会员卡做营销？

微信会员卡是在腾讯公司的各种产品基础上，延伸出来的一个全新产品，主要专注于生活电子商务与 O2O。依靠腾讯亿级的用户群体，借助微信、微博、手机 QQ 等手机产品，通过微信会员卡就能让更多线下与线上的用户享受到移动互联网的便捷。

那么，如何利用微信会员卡做营销呢？

微信在公众平台中引入了自定义回复功能，提供了一个非常重要的应用接口，为打造基于微信的 Lite App Store 提供了可能。通过该接口，第三方软件公司一卡易就可以快速和微信会员卡形成对接。这样，一卡易手机会员卡不仅可以招募会员，还可以用手机刷卡、查看消费数据，甚至还能向商户进行订购或预定。

商户可以在这里申请公众账号、设计宣传招募海报，如图 10.35 所示。

顾客扫描二维码，添加"卡西图"为好友后，就可以发送"一卡易"收到回复信息，如图 10.36 所示。

如果是新会员，就会提示其注册会员；如果是老会员，一卡易服务器就会对该手机号码在商户的会员卡号进行检索，并加密生成二维码显示在微信中。然后，继续点开商家账号，就能够进入其手机会员卡，如图 10.37 所示。

二维码刷卡器会解密手机会员卡中的二维码，并将其传输到商户原有系统，自动识别会员身份，如图 10.38 所示。

图 10.35　宣传海报

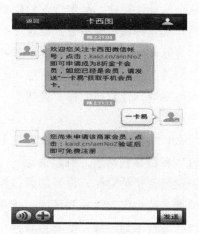

图 10.36　回复信息

图 10.37　微信会员卡

图 10.38　二维码刷卡器

这样，会员不仅可以在手机会员卡上查询积分和消费记录，还可以在线预定服务和订购商品，所有的数据都是通过一卡易服务器获取。

10.2.4　微信营销：创意十二"易"经

今天，微信营销，顺理成章地成为一种颇具吸引力的"微营销"方式。可是，当很多企业满怀着搭上微信掘金列车的美好愿望时，却不得不面对一个残酷的现实——车门在哪、怎样上车？

今天，企业拥有自己的微信已经不是什么新鲜事了，很多企业在"微营销"领域中做了大量的工作，有的"粉丝"数量甚至超过了百万，但大多数企业还是获益微薄，这着实让各个企业感到头疼。

2002 年五一期间，由陈道明先生代言的某品牌沙发，上演了一场"偷窥无罪"的活动。企业利用小小的微信轻松地获得了上千个精准客户，实现了百万的成交额。家居广场上，印着四个巨大"二维码"的白色房子成为消费者关注的亮点。

房子上没有任何的品牌信息，只有大小不等的一些洞洞，隐约可以看到里面浮动的人影。消费者感到很好奇，纷纷上前"偷窥"，顿时房子被围得水泄不通。同时，如果围观者拿出手机，扫描房子上的"二维码"，便会将沙发附近店面的优惠信息传送到手机上！

这个活动，让这个品牌沙发的销量瞬间突破了百万。

为什么这种微信营销方式会这么火爆呢？创意。

随着互联网的出现，人们的消费习惯已经发生了改变。在这个信息爆炸时代，消费者每天都会接到各种各样的商家信息，时间长了就会出现一些审美疲劳，如果能够将营销做得更有趣一些，让营销变得"柔软"一些，消费者自然就能在快乐的同时对你的产品和品牌多一些了解。

那么，微信营销如何才能在创意上制胜呢？

（1）积极寻找话题，引起议论

做微信营销的时候，设置的话题要富有话题性，最好能引起用户的议论。这样，才能够在消费者当中引起议论和传播，受众面才能扩展开来。

（2）不要千篇一律，要有差异性

人们都不喜欢毫无差异的东西，千篇一律的东西会让人感到厌烦。微信营销的时候，设置的创意要有差异性，千万不要看别人怎么做自己也怎么做。

（3）积极满足客户的需要，设置诉求点

制订营销方案的时候，要设置一个诉求点，而且只能传达一个诉求点，并始终传达这一个诉求点。这样，当这个诉求点满足了消费者需要的时候，他们就会掏钱购买。

（4）晦涩难懂无人理，要浅显易懂

企业面对的消费者，都是普通人，如果创意艰涩难懂，是不会引起人们的兴趣的。唯有浅显易懂的东西，才能让人接受，才有利于人们的参与。

（5）换个思路，让自己的营销有意义

做微信营销的时候，企业要换个思路，让自己的营销富有意义。因为只有富有意义的创意，才能够让消费者感受到有意义。

（6）样式精美，给客户以好感

举办微信活动的时候，创意要精美，要给用户一种赏心悦目的感受。如果让人看起来不舒服，怎么能吸引人群？

（7）内容适宜，力求差异性

设置推送内容的时候，针对性要强，要针对不同的用户推送不同的信息。如果千篇一律，忽视了不同群体的需求差异性，轻者会引起人们的反感，重者会丢失掉这个潜在客户。

（8）不要过于平实，要有艺术性

做微信营销的时候，创意要具有一定的艺术性。无论是营销活动还是消息推送，都要美观，不要过于平实。

（9）给自己的微信创造点公益性

今天，很多企业都非常注重公益活动，因为这些能够给企业带来好的口碑，要想赢得利润，口碑相传很重要。如何让微信做的有创意？可以从公益性入手。

(10) 依托用户，最可靠

好的创意来源于对用户的洞察！创意不是孤立的，依托在人们的生活中；如果离开了用户，创意就会变得毫无意义。

(11) 给粉丝留下深刻印象

富有创意的东西，一般都会给用户留下深刻的印象，这样用户在下次选购商品或服务时才会想到你。

(12) 积极寻找，完美整合

开始微信活动的时候，要有一个好方法——移花接木。将多种元素、活动完美整合在一起，就是一个好创意。

10.2.5 如何将顾客"钓"上门？

要想将自己的产品销售出去，离不开用户，因此"钓"用户就成了众多企业的重要任务。那么，做微信营销的时候，该如何挖掘精准的用户呢？

(1) 微博群、行业网站和论坛用户直接导入

在微博群、行业网站及论坛用户平台上，聚集的都是具有同样属性的用户群体，他们大多具有同样的爱好，对于行业产品及服务都具有同样相对强烈的兴趣及需求。比如：天涯论坛（图10.39）、猫扑社区、搜狐论坛、凤凰论坛、网易论坛、新浪论坛、凯迪社区、强国论坛等都有着很强的影响力，企业完全可以从这些地方完成用户的导入。

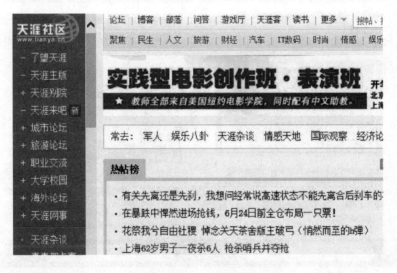

图 10.39 天涯论坛

(2) 利用 QQ 的力量来挖掘用户

结合企业自身的行业属性，在 QQ 群中进行关键词检索，就能更好地找到精准属性的潜在用户群。同时，如果能将 QQ 账号与微信的打通，就可以大大增加用户转化的便捷度。

实验证明，通过 QQ 邮件、好友邀请等方式，都能批量实现 QQ 用户的导入。见

图 10.40 查找 QQ 群

图 10.40。

事实证明，通过对相应企业公众账号的推广，可以让企业获得一定比例有效用户的转化。虽然数量有限，但用户忠诚度往往更高。

（3）通过公众账号的客户关怀吸引客户

通过公众账号的客户关怀及服务、特惠推广等形式，可以将用户转化为忠诚用户。见图 10.41。

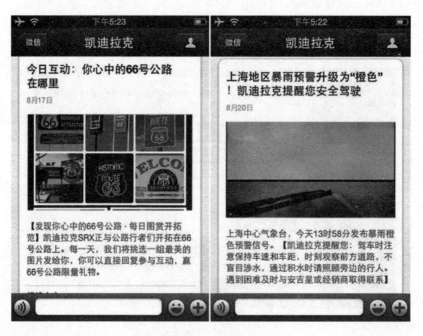

图 10.41 凯迪拉克微信公众号

（4）结合传统介质和载体做推广宣传

通过宣传单、海报、产品包装、名片等形式，可以将公众账号二维码进行很好的展示及传播。特别是针对具有线下店面的企业和商家，能更好地吸引用户实现重复购买。见图 10.42。

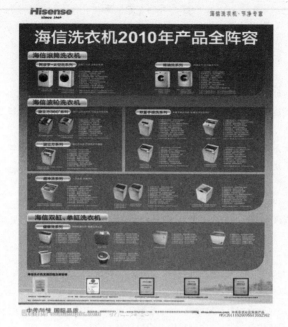

图 10.42　品牌展示

操作练习题

1. 注册一个微信商店。
2. 按照本章介绍的方法，布置自己的微店。
3. 按照本章介绍的方法，选择一种商品，尝试销售一下，并写出自己的心得体会。

参 考 文 献

[1] 汪伟．计算机网络对社会发展的影响 [J]．合作经济与科技，2005，(12)：62-64.

[2] 张建波，娄东生，石玉华．计算机网络对人类社会的影响 [J]．统计与咨询，2001，(3)：38.

[3] 吴兆彤．互联网络对社会的影响分析 [J]．科学管理研究，2004，22 (6)：63-67.

[4] 钱晟磊．论计算机网络对社会发展的影响 [J]．市场周刊：研究版，2005，(S1)：79-81.

[5] 崔建国．试论网络传播及其对社会的影响 [J]．贵州社会科学，2007，216 (12)：17-20.

[6] 徐召．网络对社会交往行动的影响 [J]．江苏社会科学，2006，(2)：239-240.

[7] 张悦．网络对传统思维方式的冲击 [J]．国外社会科学，2005，(1)：77-79.

[8] 张琴．试论网络对社会发展的影响 [J]．成才之路，2008，(9)：101.

[9] 周成龙．信息网络对现代社会关系的影响 [J]．山西师大学报：社会科学版，2007，(2)：43-46.

[10] 暮枫．网络对社会的影响 [J]．国外社会科学，2005，(2)：85-86.

[11] 王宇．给客车赋予互联网思维 [J]．交通世界，2014，(15)：8.

[12] 林朝辉．论网络对青少年的影响及对策 [J]．福州党校学报，2005，(1)：72-74.

[13] 王钦祥．网络快讯 [J]．国外社会科学，2005，(2)．

[14] 魏晶晶．网络看上去并非很美 [J]．健康大视野，2000，(4)．

[15] 张璇．都是网络惹的祸？[J]．时代教育，2004，(13)．

[16] 赵俊杰．大学生网上创业能力培养问题研究 [J]．电脑与电信，2012，(9)：35-36.

[17] 林木．以理念创新引领模式创新 [J]．中国储运，2014 (11)：32-33.

[18] 刘洁．大学生基于互联网创业意愿实证研究 [D]．昆明：昆明理工大学，2010.

[19] 孙松滨．网络 [J]．教书育人，2005，(11)．

[20] 梁燕君．电子商务物流新旧模式之比较 [J]，商品储运与养护，2003，25 (5)：14-17.

[21] 王文斌，马祖军，武振业．现代物流业与区域经济发展 [J]，经济体制改革，2002，(1)：122-125.

[22] 李辉民．现代物流的形成趋势与对策 [J]，集装箱化，2000，(4)：12-14.

[23] 汪鸣，冯浩．我国现代物流业发展政策及建议 [J]，宏观经济研究，2002，(5)：52-59.

[24] 张林红，陈家源．新世纪我国航运企业物流运作模式的探讨 [J]，世界海运，2011 (5)：25-27.

[25] 王成钢，陈登斌．B2C 电子商务配送系统建设 [M]．长沙：湖南师范大学出版，2008.

[26] 仲岩，芦阳，李霞．电子商务实物 [M]．北京：北京大学出版社，2009.

[27] 常连玉，陈海燕．B2C 电子商务配送模式的思考 [J]．物流技术．2010，(8)．

[28] 孙勇．我国 B2C 电子商务物流配送问题与对策 [J]．现代商业．2010，(7)．

[29] 胡桃，沈莉．国外创新创业教育模式对我国高校的启示 [J]．中国大学教育，2013，(2)：91-94.

[30] 周桂瑾．高职院校创新创业教育机制构建策略 [J]．江苏高教，2011，(6)：146-147.

[31] 黄林楠，丁莉．构建大学生创新创业教育模式的探索 [J]．高等工程教育研究，2010，(6)：158-160.

[32] 董世洪，龚山平．社会参与：构建开放性的大学创新创业教育模式 [J]．中国高教研究，2010，(2)：64-65.

[33] 华春革，王晶晶．浅析我国高校创新创业教育改革——由大学生就业难引发的思考 [J]．山西财经大学学报，2011，33 (1)：240-241.

[34] 范建丽，陈国平．应用型本科院校大学生创新能力培养模式的研究与实践 [J]．科技信息，2013，(5)：14-15.

[35] 杨勇军，招建贞，李新庚．关于应用型本科培养大学生创新创业能力的探讨 [J]．经济师，2015，(2)：226-228.

[36] 赵宗英．应用型本科院校大学生创业教育研究 [J]．中国科教创新导刊，2013 (25)：1.

[37] 苏毓敏．大学生创新型创业团队培养模式研究 [J]．科技致富向导，2013 (17)：334-335.

[38] 谢蓉．应用型本科院校大学生电子商务创业教育研究 [J]．经济技术协作信息，2014，(24)：26-27.

[39] 张恩韶，李清晨．新建应用型本科院校大学生创新创业教育的实践与探索 [J]．山东青年政治学院学报，2015 (2)：73-77.

[40] 李海舰．互联网思维与传统企业再造 [J]．中国工业经济，2014，(10)：135-138.